U0812961

大学生创新创业与创赛教程

（活页式）

唐蓉萍　段修龙　主编

冯辉霞　蒋秋燕　李少华　朱志伟　任　磊　副主编

電子工業出版社

Publishing House of Electronics Industry

北京·BEIJING

内 容 简 介

本书是在党的二十大指明“深入实施科教兴国战略、人才强国战略、创新驱动发展战略”，各高校贯彻“三个融合”，加强创新创业教育，以及中国国际大学生创新大赛的大背景下，由多所高校的创新创业专家和企业导师联合编写的一本活页式教材。

教材从大学生参与创新创业大赛的实践视角，按“赛教一体”的理念，把课程学习和实践分为“双创唤醒”“方向锁定”“项目打磨”和“项目呈现”四大模块，旨在帮助大学生理解“创新精神”和“企业家精神”，使创新、创造成为习惯和发展的内驱动力；基于大学生实际，从社会痛点和需求中发现创新领域和创业机会，形成自身的创业实践项目；运用设计思维，针对痛点需求提出创新性解决方案，设计切实可行的商业模式；并在创新创业大赛中呈现项目，从而做到“以赛促学”“以赛促教”和“以赛促创”。教材配有大量活页工具、案例分析，以引导学生在结构化思维和实例基础上打开思路，高效设计，聚焦产出。

本书主要适合参与大学创新创业课程的教师和学生、参与大学生创新创业大赛辅导的校内外指导教师使用，同时也可以为致力于“专创融合”教学创新的专业课教师提供参考。

图书在版编目（CIP）数据

大学生创新创业与创赛教程 ： 活页式 / 唐蓉萍，段修龙主编. -- 北京 ： 电子工业出版社，2024. 12.
ISBN 978-7-121-49380-5

Ⅰ. G647.38

中国国家版本馆 CIP 数据核字第 2024BY8324 号

责任编辑：刘子杭
印　　刷：中煤（北京）印务有限公司
装　　订：中煤（北京）印务有限公司
出版发行：电子工业出版社
　　　　　北京市海淀区万寿路 173 信箱　　邮编：100036
开　　本：787×1 092　1/16　印张：14　字数：336 千字
版　　次：2024 年 12 月第 1 版
印　　次：2024 年 12 月第 1 次印刷
定　　价：55.00 元

凡所购买电子工业出版社图书有缺损问题，请向购买书店调换。若书店售缺，请与本社发行部联系，联系及邮购电话：（010）88254888，88258888。

质量投诉请发邮件至 zlts@phei.com.cn，盗版侵权举报请发邮件至 dbqq@phei.com.cn。

本书咨询联系方式：luy@phei.com.cn。

前　言

在 21 世纪这个充满变革和创新的时代，大学生作为国家未来的建设者和接班人，其创新创业能力的培养显得尤为重要。本书旨在为广大学生提供全面、实用的创新创业指导，开启创新思维，培养创业精神，为未来的职业生涯和社会的繁荣发展奠定坚实的基础。

在全球化和信息化的背景下，创新创业不再是一个遥不可及的领域，而是一种必备的能力和素质。创新能激发全社会的创新潜能和创业活力，成为推动经济发展的新引擎，为国家实施创新驱动发展战略注入强大动力。为了加强高等院校的创新创业教育工作，国务院办公厅发布了《关于深化高等学校创新创业教育改革的实施意见》，强调了创新创业教育在高等教育中的重要性，要求各高校将创新创业教育纳入人才培养体系。

作为人才培养的重要基地，高等院校承担着培养大学生创新精神、提升其创业能力的重任。本书紧密结合当前经济和社会发展趋势，对大学生在创新创业过程中可能遇到的问题进行了深入浅出的解析，并提供了一系列实用的方法和策略。通过阅读本书，大学生不仅能够获得丰富的理论知识，还能够培养自己的实践能力，提高创新创业的成功率。

本书注重理论与实践相结合，确保读者在掌握理论知识的同时，也能获得实际操作的指导。每一章都配备了案例分析，帮助读者更好地理解和应用所学知识。此外，本书还邀请了多位在创新创业领域具有丰富经验的专家撰写扩展阅读和案例，为读者提供了更为丰富的学习资源。

本书不仅可以作为普通高等院校大学生创新创业课程的指导教材，也可以为大学生创业者和社会创业工作者提供有价值的参考。在编写过程中，我们参考了大量的国内外文献和资料，借鉴了大量的创业指导与创业教育研究方面的文献资料以及专家学者的理论与观点，在此表示感谢。本书结合了最新的研究成果和实践经验，力求使本书的内容既具有前沿性，又具有实用性。尽管我们在编写过程中付出了巨大的努力，但限于时间和水平，书中难免存在不足之处。我们真诚地欢迎广大读者提出宝贵的意见和建议，以便我们不断改进和完善。同时，我们也希望通过本书的出版，激励更多的大学生投入创新创业的实践中，为国家发展和社会进步贡献自己的力量。

最后，我们衷心感谢所有为本书编写和出版付出辛勤努力的专家、学者和工作人员。相信在大家的共同努力下，本书将成为广大学生在创新创业道路上的得力助手和宝贵财富。

目　　录

模块一　双创唤醒

模块三　项目打磨

模块四 项目呈现

模块一　双创唤醒

第一章　唤醒创业意识

学习内容

本章以概念介绍、案例分析、行为激发为主，整体介绍创新创业以及大学生创新创业的意义，激发大学生创新创业的热情。本章学习内容思维导图如图 1-1 所示。

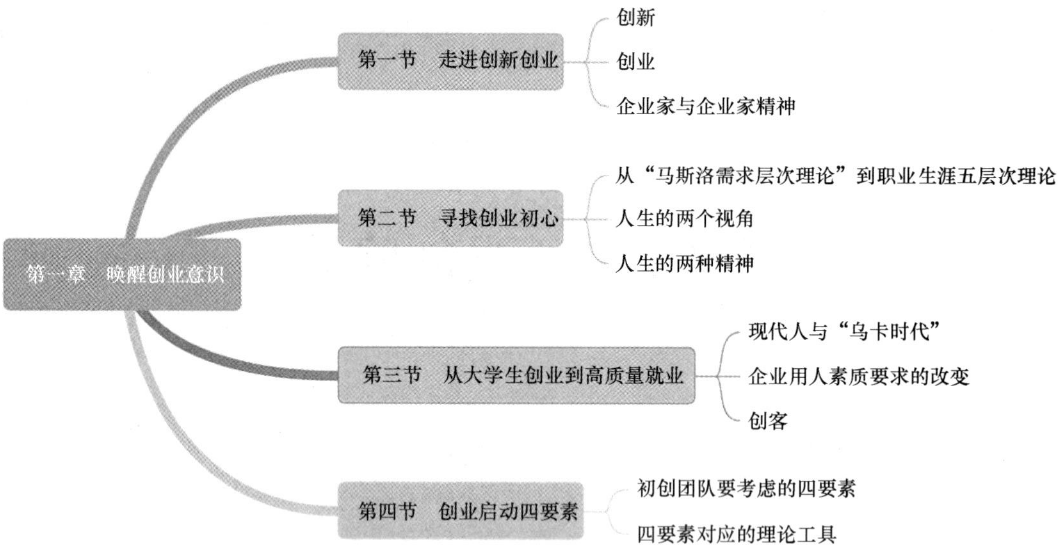

图 1-1　本章学习内容思维导图

学习目标

通过教学情境和案例学习，读者可以了解创新创业的概念，熟悉创业四要素，认识学习构建创新创业思维对当代大学生的意义，为今后的学习实践打下理论基础。

成果产出

制定团队契约；

描绘创业愿景。

第一节　走进创新创业

一、创新

创新是推动人类历史发展进步的核心动力。创新涉及科技、商业、经济和社会等各个领域，发挥着至关重要的作用。创新，从字面上理解，就是引入新东西、新概念，创造新变化。它是一种人类特有的认识能力和实践能力，是人类主观能动性的高级表现形式。

（一）释义

广义的“创新”更加广泛地涉及科学、技术、教育、政治和经济等多个领域。它不局限于技术和经济层面，还可以表现在制度、思维、知识等不同层面。例如，制度的创新可以推动社会的进步和发展，使社会更加公正、公平和有序；思维的创新可以带来新的思考方式和解决问题的方法，推动人类思想的进步；知识的创新可以推动科学的进步和发展，为人类认识世界和改造世界提供更多的理论支撑和实践指导。

狭义的“创新”主要侧重于技术和经济的结合。通过研发新技术、推出新产品、开拓新市场等方式，企业可以推出更具竞争力的产品和服务，满足消费者需求，从而在市场中获得更大份额。这种创新主要关注产品和服务本身的改进和升级。

（二）创新的特征

1．创造性，即创造出新的东西。

2．新颖性，即与现有事物有所不同。

3．实用性，即能够满足市场需求并带来商业价值。

4．可行性，即能够实现并得到推广。

创新是推动人类历史发展进步的核心动力和源泉。

（三）创新的实践意义

创新推动着企业和社会的进步与发展。通过不断创新，企业可以开发出新的产品或服务，满足市场需求并获得竞争优势；可以提高企业的竞争力和市场地位，推动产业升级和发展。此外，创新还可以促进社会进步和发展，推动科技创新和产业升级，提高国家的综合实力和国际竞争力。作为大学生和未来的建设者，我们更有理由不断探索、尝试和创造，为社会进步和发展做出更大的贡献。

二、创业

（一）释义

不同的人从不同的角度，对创业有着不同的理解。创业的字面意思是创造性地开展业务活动，通过创新和创造实现经济价值的过程，但它还有更加丰富和深刻的内涵。

《辞海》中有“创立基业”，意指开拓或创立个人、集体、国家的各项事业以及取得成就。

广义的创业：一个人为了在社会生活的某个领域里开创新的事业，所从事的社会实践活动。其主旨是主体在社会实践中发挥出的主观能动性，在实践中展现出的精神能力和行为方式。

狭义的创业：一个人为创造价值或创造就业机会，通过组建一定形式的团队（通常为企业），为社会提供产品或服务的经济活动。

创业是一种勇气和冒险精神的体现。它意味着敢于挑战常规、突破传统，不畏失败、追求成功的决心和勇气。创业者们常常面临着巨大的压力和风险，但他们愿意承担，勇于挑战，因为他们相信自己的梦想和能力。

创业也是一种机遇和契机的把握。在快速变化的商业环境中，创业为个人和团队提供了充分施展才华、实现自我价值的平台。创业者们能够通过创新和创造，发现新的商业机会和市场空白。

创业是一种积极向上的行为，是个人和社会进步的驱动力。它不仅是一种经济活动，更是一种精神追求和社会责任的承担。

（二）创业的意义

1. 实现个人价值

创业是实现个人价值和梦想的重要途径之一。通过创业，个人可以发挥自己的能力和潜力，实现自己的商业目标和社会价值。

2. 促进经济发展

创业是促进经济发展的重要力量之一。创业可以创造新的就业机会和税收来源，促进经济增长和社会发展。

3. 推动社会进步

创业是推动社会进步的重要途径之一。创业可以推动科技创新、商业模式创新和社会服务创新等，促进社会进步和发展。

创意、创新和创业是相互关联和相互促进的三个概念。通过训练创意的方法，我们可以提高创新思维能力，从而为创业提供更多的灵感和思路。通过训练创新的方法，我们可以推动产品和服务的创新，从而为创业提供更多的机会和价值。最后，通过创业的过程，我们可以实现个人价值、促进经济发展和推动社会进步。

（三）创业教育的意义

大学生创业教育重点不在“创业”，并非鼓励大学生在没有创业知识、技能、经验、指导的前提下，盲目创办企业；而在“教育”，旨在培养学生的创新思维和创业精神，了解创业的基本知识和技能，提高创业意识和能力，从而为未来的创业活动做好准备。学生盲目创业，忽略了创业的复杂性和风险性，可能会带来不必要的压力和损失。

首先，创业是一个复杂的过程，需要具备丰富的知识和技能。创业者需要了解市场、商业计划、融资、团队管理等多个方面的知识。此外，创业还需要具备创新思维、解决问题的能力、领导力等软技能。这些知识和技能不可能凭空而来，需要通过系统的学习和实践来获得。

其次，创业需要有足够的经验和指导。大学生缺乏社会经验和商业经验，如果盲目创业，很可能会面临种种困难和挑战。因此，他们需要得到有经验的导师的指导和支持，以便更好地应对创业过程中的各种问题。

最后，我们不能忽视创业的风险。创业是一项高风险、高回报的活动。尽管创业可能会带来巨大的成功和回报，但同时也可能面临失败和损失。因此，我们需要教育学生理性看待创业，充分评估自己的能力和资源，谨慎选择创业项目和时机。

只有这样，才能真正发挥大学生创业教育的价值，为未来的创业活动做好准备。此外，我们还可以邀请有经验的创业者来校授课或担任导师，给我们提供更具体的指导和建议。

一些高校已经开展了大学生创业教育的新模式，如“校企合作”模式，通过与企业合作，为学生提供实践机会和资源；“校园孵化器”模式，通过学校提供的场地和资源，帮助学生实现创业想法；“导师制”模式，通过导师的指导和支持，帮助学生解决创业过程中的问题。这些新模式为大学生创业教育提供了有益的探索和实践经验。

三、企业家与企业家精神

尽管我们不鼓励大学生在缺乏创业知识和经验的情况下盲目办企业，但却非常提倡“企业家精神”。

“企业家”一词源自法文 entrepreneur，原指“冒险事业的经营者或组织者”。在现代企业中，企业家大致分两类：企业所有者企业家和职业企业家。换言之，老板和员工都能扮演企业家角色，推动企业发展。企业家需要具备创新精神、市场洞察力和领导力等关键素质，以应对不断变化的市场环境和竞争压力。

企业家精神是一种特殊的才能和精神力量，它体现了企业家对变化和机遇的敏锐洞察力和创造力，它的核心要素包括以下几点。

1．创新精神：这是核心，企业家需要具备独特的眼光和思维方式，敏锐发现并抓住市场中的机会，勇于尝试新的想法和做法，不断推动产品和服务的改进和创新。

2．冒险精神：愿意承担风险并追求更大的成功。他们不满足于现状，勇于挑战未知领域，不断探索新的商业机会和市场空间。

3．团队协作精神：与团队成员建立良好的合作关系，善于倾听他人的意见和建议，尊重他人的贡献和价值，共同推动企业的发展和进步。

4．社会责任感：关注社会和环境问题，积极履行企业的社会责任。他们注重企业的可持续发展和长期利益，为社会创造更多的价值和做出更多的贡献。

5．开放和与时俱进的心态：善于学习和吸收新知识、新技能和新经验，不断适应市场的变化和发展趋势，保持企业的竞争力和领先地位。

在现代社会中，企业家精神已经成为推动经济发展和社会进步的重要力量。它不仅为企业家个人带来了成功和成就，也为整个社会带来了更多的机遇和繁荣。因此，我们应该积极倡导和弘扬企业家精神，鼓励更多的人勇于创新创业，为社会的进步和发展做出更大的贡献。

团队契约（Team contract）

为了高效的项目进程和团队成员之间的相互了解，定义课程或项目中的成员角色、合作方式和团队目标。

① Roles 我们团队谁主要扮演什么角色？（队长名字旁加注☆号）

知识担当
团队中的维基百科

创意担当
团队中的点子王

发声担当
团队中的代言人

巧手担当
团队中的执行官

组织担当
团队中的指挥官

② Team name 我们队叫什么？

③ Collaboration 在合作过程中，我们将遵守怎样的准则？

Communication我们沟通时需要注意些什么？

Decision-making我们做决定时的方式是什么？

Conflict resolution我们如何化解冲突？

④ Goals 在课堂中我们希望达成哪些目标？（目标制定为具体产出，且可明确判断是否达成）

第二节　寻找创业初心

一、从“马斯洛需求层次理论”到职业生涯五层次理论

在马斯洛需求层次理论（见图 1-2）中，需求从低到高分成生理需求、安全需求、社交需求、尊重需求和自我实现需求。与这五种层次需求相对的，是职业生涯五层次理论。

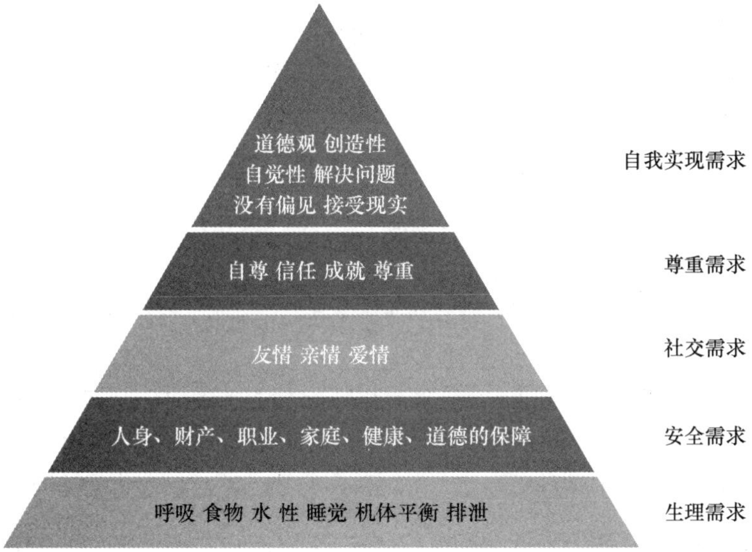

图 1-2　马斯洛需求层次理论

1. 任务：这是最低的一层，通常是指定的、有明确的目标和时间节点，具有阶段性和被动性。对应生理需求。

2. 工作：程序化的任务。工作意味着有明确的分工和职责，并因此获得薪水和晋升。对应安全需求。

3. 职业：个人所从事的服务于社会并作为主要生活来源的工作，是对工作的态度。对应社交需求。

4. 事业：事业是职业的意义，事业就是你能解决什么问题以及你能为这个社会做出怎样的贡献。对应尊重需求。

5. 人生：人生是一种生活方式，也是事业的归宿和可持续发展的方向。对应自我实现需求。

二、人生的两个视角

结合以上的职业生涯五层次理论，我们可以发现人生的两个视角。

第一是就业视角，主要对应前三层——任务、工作、职业，常为被动接受，以服从和执行为主。

第二是创业视角，主要对应后两层——事业、人生，需要主动思考，以创业视角看待职业生涯，将会有更高层次的追求。所以真正的创业初心应该是为了事业发展和人生意义，而非简单的开公司赚点钱。

当人用“创业视角”去对待学习、工作、人生的时候，就是真正为了自己的事业和人生意义而努力，在工作中感受到人生的价值与意义。

三、人生的两种精神

创业是一个过程，通过投入必要的时间和努力创造有价值的新事物，创业伴随着财务和社会风险，最后指向获得金钱、个人满足感和独立性。

创业不仅是工作和职业，还应该成为一个人的思维方式、行为方式和生活方式。与人生的两个视角相对应的，是两种精神。

（一）就业精神（三大特质）

1．专业能力：对于个人，要在某领域有丰富积累和深度实践；对于企业，则要提供专业化产品或服务，这是专业能力。

2．执行力：指在方向明确的情况下，坚决执行。对方向的坚持和相信，也是一种对事业的信仰。

3．责任感：事业的最终目的是要对自己以及对社会做出一些影响或改变，这种影响和改变是积极的、正向的，这就是责任感。

（二）创业精神（六大特质）

1．创新精神：独立思考，批评怀疑，勇于探索。

2．冒险精神：承担风险，这是创业的必然要求和重要前提。

3．科学精神：勇气、担当，探求真理。

4．商业精神：回归商业基础，考虑利润与存活。

5．开拓精神：开拓进取，这是创业中克服困难、补齐短板的关键。

6．合作精神：财散人聚，而非财聚人散。

活页工具 1-2：描绘创业愿景

创业愿景画布（Starting-up vision canvas）

大胆畅想创业的初心、项目、价值以及对自己、身边人和社会的影响。

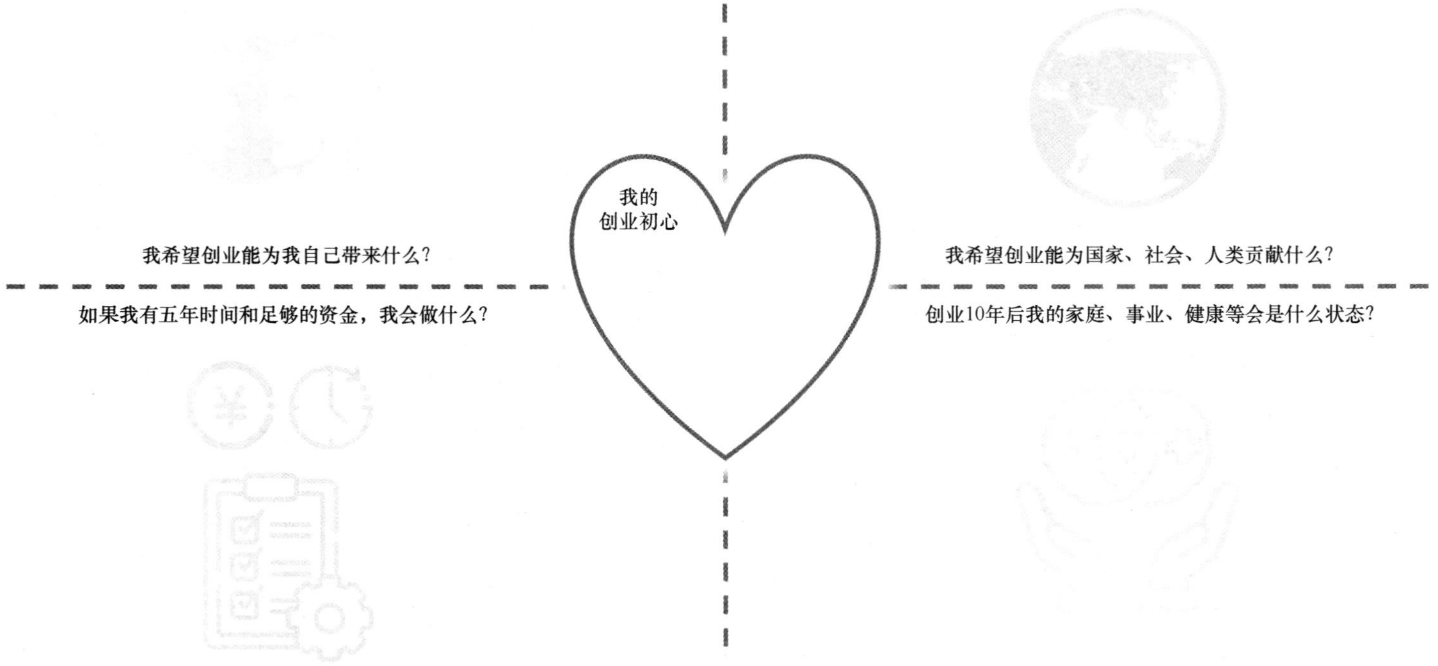

第三节 从大学生创业到高质量就业

在创业道路上，大学生们面临着诸多挑战，如资金短缺、市场竞争激烈、管理经验不足等。但正是这些挑战，激发了他们不断学习和进步的动力，让他们更加成熟和坚强。

一、现代人与“乌卡时代”

自从人类进入工业时代后，社会发展速度日益加快。宝洁公司前首席运营官罗伯特·麦克唐纳（Robert A. McDonald）曾借用军事术语 VUCA（汉语音译为“乌卡”）描述了新的商业世界格局，因此人们也常用“乌卡时代”形容当今时代。

VUCA 四个字母分别代表了现代社会的典型特点：易变（Volatile）、不确定（Uncertain）、复杂（Complex）、模糊（Ambiguous）。乌卡时代的出现，主要是源自科技革命、互联网浪潮、经济危机、地缘冲突、全球化、逆全球化带来的社会变化等因素的共同作用。简言之，科技信息技术的不断进步导致了易变性，价值观的开放和多元导致了不确定性，“互联网+”时代的不断创新导致了复杂性，传统思维习惯导致了模糊性。

对尚未正式踏入职业世界、创业世界的大学生来说，乌卡时代最显著的特点就是行业知识技能迅速更新，职业环境飞速变化。

二、企业用人素质要求的改变

（一）新时代企业用人的新要求

过去，员工只需要和领导思想保持一致就行，领导交给什么任务，就做什么，有执行力，按照一定的固化模式，按时按质按量就能交差。但现在雇主对雇员产生了新的要求。传统与新时代企业用人素质要求对照如表 1-1 所示。

表 1-1 传统与新时代企业用人素质要求对照

传统企业用人素质要求	新时代企业用人素质要求
拥有专业能力（静态）	拥有学习能力（动态）
关注自身（制造、销售等）	关注客户（需求、体验等）
守好自己的“一亩三分地”	全局意识
按部就班	应变适用
推动执行	分析决策
遵循一定流程、规范	有创新意识，敢于质疑，打破定势
完成任务，验收达标	工匠精神，持续迭代

在遇到变化跟计划不一致的时候，要有应变能力；

遇到突发问题，自己就能灵活处理，想方设法解决，不必层层上报，事事让领导来决策。从以前的思维定式，到今天不断提出创新意识；从以前的达标交差，到今天需要用工匠精神做好岗位上的每件事情。

从以前的自我为中心，到今天要不断关注客户，包括事业单位、办事部门、国企，都在强化服务职能。

以前拥有相关能力就可以，现在要不断学习，保证拥有最新的能力。

以前守好一亩三分地就可以，现在要有全局意识，才能更好地做决策。

企业对从业者能力要求的变化，需要我们成为“超级个体”。

（二）职场核心竞争力

不管是创业还是就业，新时代要求每个岗位配备更多有创业精神的从业者。大学生需要尽快通过学习、实践培养“职场核心竞争力”，适应快速变化的世界。

基于近年参与校招的企事业单位以及创新创业活动对大学毕业生普遍的能力要求，可以提炼出大学生就创业竞争力模型指标，包含 8 个一级维度和 29 项二级指标（见图 1-3）。

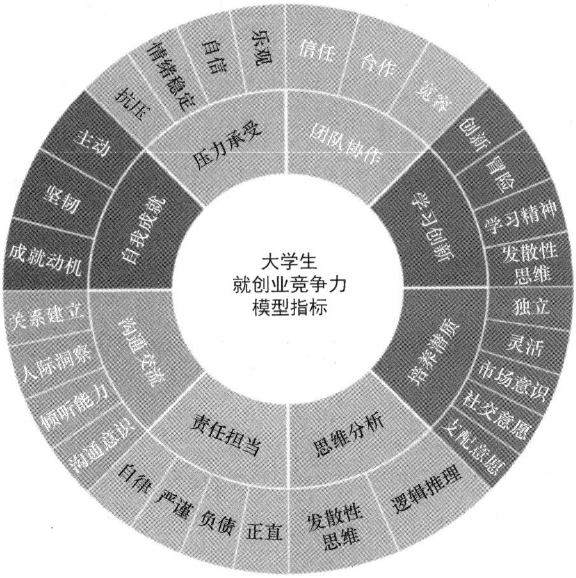

图 1-3　大学生就创业竞争力模型指标

除了与“创新”“发现问题”“分析解决问题”等相关的底层能力，创业者还需要：

从启动项目开始，就善于运用市场调研能力、创业资源整合能力等；

在路演、汇报、融资的过程中，体现愿景、视野、沟通表达能力等；

在项目落地后，施展战略规划能力、经营管理能力、产品设计能力、财务分析能力、预算计划能力等。

即便未来没有选择自主创业，但只要人在职业世界，这些就都是必不可少的职业能力。职业世界的佼佼者必然是那些善于发现问题、创新性解决问题的“创客”一族。

三、创客

（一）释义

“创客”（maker）一词源自美国麻省理工学院的一个实验课题，他代表了一群热爱技术、勇于创新，致力于将个人设计、制造变为现实的学生。如今，“创客”已泛指所有凭借兴趣与热情，将创意转化为实际产品或服务的人。

（二）创客角色

1. 精灵——创意者

创意者，如同“精灵”，敏锐洞察生活中的痛点与需求，善于发现问题并提出改进方案。他们的点子涉及产品、服务、商业模式等各个方面，挑战传统，突破思维定式，不断为创新注入新的价值。

2. 魔法师——设计者

设计者，被誉为“魔法师”，将创意转化为可执行的图纸或计划。他们运用设计思维和工具，将概念转化为实际可行的解决方案，注重细节与用户体验，追求完美和极致。他们用专业技能把创意转化为具有吸引力的产品或服务。

3. 剑客——实践者

实践者，则如同“剑客”，是创新实现的最后一道关卡。他们具备高超的“剑术”，将图纸与计划变为现实。实践者注重执行力和效率，能迅速将创意转化为实际产品或服务，并经受市场验证。他们具备跨学科知识，勇于应对挑战，追求创新和突破，为实现目标不懈努力。

这三者共同构成了创新的强大力量，推动梦想变为现实。

第四节　创业启动四要素

案例分享：“三国杀”问世记

卡牌桌游“三国杀”曾经风靡一时。这款游戏源于中国传媒大学 2004 级游戏设计专业的两位本科生黄恺和李由。他们以国外桌游“Bang!”为灵感，制作出了独具中国特色的“三国杀”。

雏形阶段的“三国杀”直接挂在淘宝上销售，但销量惨淡。幸运的是，他们偶遇了清华大学计算机专业博士杜斌。杜斌发现了桌游在中国的巨大商机，并建议将“三国杀”商业化，加入更多三国元素和武将技能，以增强游戏的策略性和趣味性。于是，三人组成团队，改良和迭代游戏。他们深入研究和融合各种版本的三国故事，为每个武将设计了独特的技能。经过 3 年打磨，“三国杀”终于在 2007 年年底推出了 5000 套推广版，标志着产品设计的完成。

2008 年，三人正式成立“游卡桌游工作室（后文简称游卡桌游）”，开始构建商业模式、运营模式和营销推广模式，正式走向商业化运作。随着“三国杀”的火爆，游卡桌游逐渐成为中国桌游界的领军企业。

2009 年，游卡桌游获得了盛大的两笔投资，合计超过两千万元，拥有了本阶段资本运作的资金，发展因此提速。他们横向拓展，公开向桌游深度玩家征集创意，组织培训，投资小型工作室；还同步推出了在线版的“三国杀 Online”，增加了新的武将和拓展包，进一步提升了游戏的可玩性和商业价值。

“三国杀”大卖的同时，游卡桌游不断丰富产品线，降低对单一产品的依赖。事实证明这是明智之举。如今“三国杀”热度不再，但游卡桌游依然保持着强大的市场地位和创新能力，每年推出至少十款不同类型的产品，持续引领中国桌游行业的发展。

“三国杀”的成功不仅归功于三位创始人的努力和创新精神，也归功于整个团队的协作和商业模式的有效运作。他们的故事激励着更多的人勇敢地追求自己的创业梦想，通过团队协作和创新精神开创属于自己的成功之路。

一、初创团队要考虑的四要素

创业充满机遇和挑战。“三国杀”案例可以说明，对于每一个创业者而言，理解并掌握创业启动的要素至关重要。只有如此，才能有效地推动创业项目的成功实施。因此，在启动创业之前，我们需要针对以下四方面深入思考，避免盲目行动。

（一）灵感选择

事关“我们要解决什么问题”。

创业启动首先需要有一个关于创业项目的想法，也就是项目雏形，它在创业过程中发挥着引擎作用。创业项目的想法有时来自学习实践活动中的“灵光一现”。但灵感不会凭空而来，创新创业的灵感来自对“问题”“痛点”的实际观察和体验，在思考和尝试解决问题的过程中产生创造性思路。

（二）产品设计

事关“我们要提供什么样的产品或服务”。

产品作为商品提供给市场，被人们使用和消费，并能满足人们某种需求的任何东西，包括有形的物品、无形的服务、组织（平台）、观念或它们的组合。产品是以使用为目的的物品和服务的综合体。产品设计时，需要弄清几个关键问题：

- 销售的是产品还是服务？
- 是什么样的产品或服务？
- 软件还是硬件？
- 产品或服务解决哪类用户的什么痛点？
- 如何解决他们的痛点？
- 产品或服务具体为用户提供什么价值？

产品的价值是由用户来衡量的。“做产品”的出发点不是“我想做什么”“我能做什么”，而是“目标用户需要什么”。

（三）团队组建

事关“我们需要和谁一起做这个项目”。

一个成功的创业项目离不开高效、专业且协同工作的团队。选择合适的团队成员，构建高效的协作机制，是创业成功的基石。

首先，我们要精心挑选团队成员。他们不仅要具备与项目相关的专业技能和经验，还需具备良好的团队协作和沟通能力。个人品质、职业背景和价值观都是我们考量的重点，也是确保团队成员间能建立信任、尊重和支持的基础。

其次，明确团队的定位和目标至关重要。每个成员的角色和职责需清晰界定，团队整体的目标和方向也要明确。这有助于团队成员统一行动，提高工作效率和执行力。

团队建设还需注重培养协作精神和团队意识。团队成员应相互依赖、互助合作，形成紧密的合作关系。加强沟通、协调、合作和培训，有助于培养这种关系。

在创业初期，团队规模不宜过大，以免增加成本和管理难度。核心成员先行确定方向和产品想法，再逐步扩大团队规模。团队成员间应优势互补，确保团队整体能力满足项目需求。

团队建设是创业成功的关键。选择合适的成员，明确团队定位和目标，培养协作精神，是创业道路上不可或缺的一环。一个高效、稳定、协作的团队是实现商业价值最大化的重要因素。

（四）商业模式

事关“我们如何将项目持续做大做强”。

深入分析商业模式的过程中，我们主要关注企业在市场中的各类关系，尤其是与用户、供应商及其他合作伙伴之间的互动。这些关系涵盖了物流、信息流和资金流等多个方面，共同构成了企业运营的核心要素。

简而言之，商业模式描述了企业与其生态系统中其他实体的互动方式，包括企业与企业之间、企业的不同部门之间以及与顾客和渠道之间的交易关系。随着技术的发展和市场的演变，商业模式也在不断地创新，呈现出前所未有的多样性和变化性。

二、四要素对应的理论工具

综上所述，初创团队思考的核心问题是：我们团队和谁在一起，通过什么样的产品或服务，解决社会上什么样的问题，并把项目做大做强？

上述四要素代表了初创团队收集灵感、设计产品服务、组建创业团队、构建商业模式等一系列漫长的过程。而在每个要素（阶段）落地的过程中，都有更多更具体的理论、工具作为支撑。

在灵感来源方面，对大学生团队而言，主要是通过桌面调研，利用破坏性创新，或借鉴相关行业解决方案（竞品）、非相关行业解决方案等。这部分内容将在第五章深入讨论。

在解决方案设计方面，如果是偏向产品服务设计，最经典的方法是设计思维；如果是偏向技术创新，则有 TRIZ 这一经典的系列方法论。第三章将会浅析设计思维和 TRIZ，而第七章至第九章会更详细展开设计思维。

在商业模式设计和创新方面，最常用的工具是“商业模式画布”。我们将在第十章深入探讨商业模式，分享其背后的原理、最佳实践以及未来趋势。通过了解和掌握这些知识，读者将能够更好地应对市场的挑战，并找到最适合企业的商业模式。

至于团队组建，有包括“贝尔宾团队角色理论”在内的理论和工具。这部分内容将在第十一章涉及。

第二章　孕育创新思维

学习内容

在第一章中，我们唤醒了创业意识，深入探讨了创新创业的概念和意义。现在，我们将进一步培养读者的创新思维，让读者更好地准备迎接创业的挑战与机遇。

本章的学习内容将以概念介绍、案例分析和行为激发为主，旨在帮助读者全面了解创新创业的本质和要素，激发创业热情，打好创新思维的理论基础。本章学习内容思维导图如图 2-1 所示。

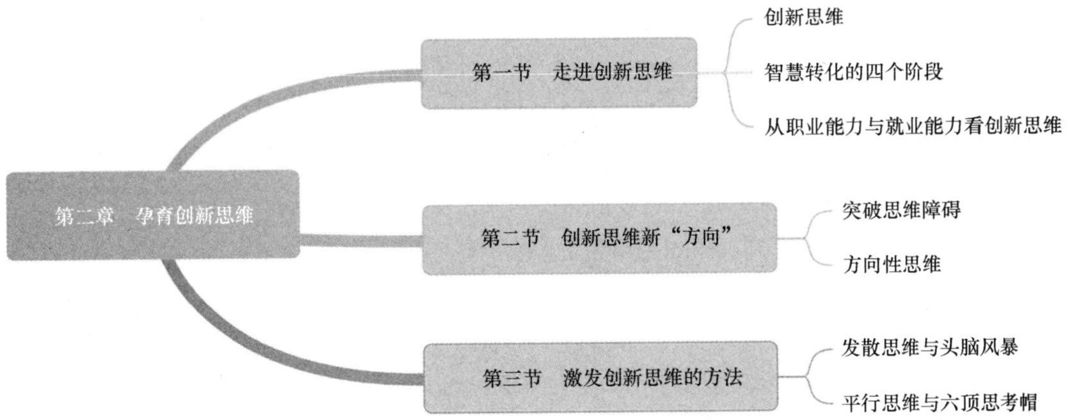

图 2-1　本章学习内容思维导图

学习目标

通过教学情境和案例学习，深入了解创业四要素，学会描绘创业愿景，并认识到构建创新创业思维对于当代大学生的重要意义。让我们一起探索创业的奥秘，为自己的未来探索新的可能性。

成果产出

突破思维障碍，培养创新思维；

进行创业头脑风暴。

第一节　走进创新思维

创业必须具备创新思维，而创新不仅需要有丰富的知识和信息，还需要有灵活的思维和实践能力。创新思维是当今社会和经济发展的重要驱动力，也是个人职业和就业的核心竞争力。

一、创新思维

创新思维指能跳出传统框架，勇于挑战常规，不断探索和提出新想法的思维方式。它是在解决问题、面对挑战或追求新机会时所展现出的一种思考方式，强调从不同角度思考问题，寻找新的解决方案，并将这些想法付诸实践以实现创新。创新思维不局限于某个领域或行业，而是一种通用的思维模式，可以在各种情境下发挥作用。

创新思维的核心特征之一是开放性。创新思维者会保持心灵开放，接受来自各种来源的新观点和想法。创新思维的另一个重要特征是灵活性。创新思维者具有灵活的思维方式，能够从不同的角度看待问题，并随时调整思维路径。他们不会被固有的观念所束缚，而是愿意接受新的思维模式和方法论。灵活性使他们能够在快速变化的环境中迅速适应，并及时做出反应。

此外，创新思维还强调勇于冒险的精神、实验精神、团队精神和沟通交流。只有拥有这些特征的人才能在快速变化的环境中脱颖而出，实现个人和组织的创新和发展。

二、智慧转化的四个阶段

创新的智慧并不是凭空而来的。智慧转化是指将数据、信息、知识和应用相互转化的过程，它是创新思维的基础和前提。智慧转化分为四个阶段。

（一）观察数据

数据是客观存在的事实和现象，是创新思维的原材料。观察数据要求有敏锐的洞察力和广泛的视野，能够从多角度、多层次、多维度收集和分析数据，发现数据背后的规律和趋势，提出有价值的问题和假设。

（二）获取信息

信息是对数据的解释和加工，是创新思维的燃料。获取信息要求有批判的思维和创造的思维，能够从多种渠道和资源获取和筛选信息，对信息进行归纳和整合，形成有意义的概念和模型，验证问题和假设的正确性和可行性。

（三）习得知识

知识是对信息的理解和运用，是创新思维的工具。习得知识要求有学习的能力和方法，能够从多个领域和学科学习、借鉴知识，对知识进行深入和广泛的掌握、运用，形成有逻辑和系统的理论、框架，解决问题和假设的难点、关键点。

（四）实操应用

应用是对知识的实践和创新，是创新思维的成果和目的。实操应用要求有实验的精神和实践的能力，能从多角度、多方面设计和实施应用方案，评估和改进应用效果，形成有价值和影响的产品、服务，满足社会和市场的需求、期待。

三、从职业能力与就业能力看创新思维

创新思维可以从以下几个方面提升个人的职业能力和就业能力。

（一）专业技能

创新思维可以帮助个人掌握和运用专业知识和技能，解决专业领域内的问题和挑战，提高专业水平和效率，增强专业竞争力和影响力。

（二）通用技能

创新思维可以帮助个人发展和运用通用的知识和技能，如沟通、协作、分析、决策、管理等，适应不同的工作环境和岗位，提高工作质量和效果，增加工作机会和选择。

（三）创新技能

创新思维可以帮助个人培养和运用创新的知识和技能，如创造、发现、改进、创业等，发现和创造新的价值和机会，提供新的产品和服务，创造新的市场和利润，实现个人和社会的发展和进步。

创新思维需要通过智慧转化的四个阶段，将数据、信息、知识和应用相互转化，形成有价值和影响的创新成果。创新思维也是一种能力和素质，它可以从专业技能、通用技能和创新技能三个方面，提升个人的职业能力和就业能力，实现个人和社会的共赢和共享。

第二节　创新思维新“方向”

一、突破思维障碍

大学生创业面临诸多挑战，其中思维障碍尤为关键。

传统观念往往认为创业是冒险的和不确定的，这让许多大学生对创业持观望态度。他们担心失败和不确定性，因此不愿意尝试新的想法和方法。此外，缺乏实践经验也限制了他们的思维。大学生通常对市场、行业及商业模式了解不深，难以制订切实有效的创业计划。

为了突破这些思维障碍，大学生创业者需要采取一系列方法和策略。首先，应该积极拓展视野，了解最新的市场动态和趋势。通过参加创业讲座、行业研究和市场调研等活动，加深对市场和行业的认识，为创业计划提供有力支持。

其次，勇于创新是突破思维障碍的关键。大学生创业者应敢于尝试新的想法和方法，不断挑战自我，超越传统思维模式的束缚。同时，加强实践也是非常重要的。通过参与实践活动、实习和创业竞赛等，积累宝贵的经验，提升创业技能。

树立正确的创业观念也是突破思维障碍的关键一步。大学生创业者应认识到创业不仅是一种挑战和机遇，更是一种成长和锻炼的过程。他们应该接受失败和挫折的可能

性，保持积极乐观的心态，坚定走向成功的信念。

此外大学生创业者还可以通过与人合作、不断学习、注重反思和保持乐观态度等方法，突破思维障碍。合作可以汇聚多方智慧，共同应对挑战；学习可以不断提升自身能力，为创业提供有力支撑；反思则可以帮助创业者发现问题、完善策略；保持乐观态度可以在困难面前保持信心，勇往直前。

总之，通过拓展视野、勇于创新、加强实践、树立正确观念、与人合作、不断学习、注重反思和保持乐观态度等方法，大学生创业者可以有效地突破思维障碍，充分发挥创业潜能，实现个人和团队的创业梦想。

二、方向性思维

创新思维是在面对问题、挑战或机会时展现出的一种特殊思考方式，它强调跳出传统框架，勇于挑战常规，不断探索和提出新的想法和解决方案。我们可以从不同的方向——发散和收敛、正向和逆向、纵向和横向，去突破思维定式。

（一）发散思维与收敛思维

一个水杯除了用于喝水，还能做什么？你能想出 100 种用途吗？

回答这样的问题需要借助发散思维“放飞自我”。发散思维也称为辐射思维、放射思维、多向思维、扩散思维或求异思维，也就是运用已知的经验和知识，通过推测、想象、沿着不同的方向去思考，充分发挥人们的探索性和想象力，重组记忆中的信息和眼前的信息，产生新信息的一种思维方式。一题多解、一事多写、一物多用……都是发散思维的表现。

1. 发散思维的三个特点

要培养发散思维就要掌握它的三个特点。

（1）流畅性

集中在“量”，也就是在短时间内迅速做出尽可能多的反应，尽可能追求更多的答案。例如上例提到的“水杯的 100 种用途”，能快速想到的用途越多，流畅性越强。

但只有思维流畅性也不够，因为有时候基于一个点，可以发散出无数同类的答案，例如水杯可以装米、装沙、装笔、装硬币……但这些答案本质没有太大不同，都是围绕着“容纳”这一个功能去“刷数据”，而未涉及其他功能。因此发散的“质”也很关键。

（2）变通性

这就是“质”的指标。变通性也称为灵活性，指发散的思路能迅速地转换，能触类旁通，从而提出不同凡响的新观念、解决方案，产生一些超常的构想。例如从水杯“容纳”的功能，举一反三，想到它本身有一定重量，具备类似“压制”的功能，可以做镇纸，又有一定的形状，具备充当绘图工具的功能，而且它有不同的材质、不同的大小……能发挥其他不同的功能。

（3）独特性

我们能想到的，可能别人也能想到。要创新，必须要从发散思维中获得不同寻常的、异于他人的反应能力，突破常规和经验的束缚，获得新颖独特的创新成果。

这三个特点相互联系。独特性是最高目标，但流畅性是前提，变通性是关键。所以才有“数量决定质量”这一说法，换言之，如果没有基数的保证，不容易挖掘出好的想法或方案。

2. 如何发散

“发散”不等于想到什么说什么，否则很容易像上面提到的那样，一直围绕着某一个或几个点上，发散出大量低质（或同质）的结果，而遗漏了其他结果。发散的关键在于找到“锚点”，先发散出多个锚点，再在每个锚点的基础上继续发散。例如上面提到的“容纳”“压制”“形状”“尺寸”“材质”等就是不同的锚点。基于这些锚点，再次发散，无论是数量还是质量，都会提升。例如，围绕“材质”，我们不难想到，玻璃水杯作为“玻璃”可以发挥的功效、纸杯作为“纸”可以做什么……事实上，玻璃、纸、塑料等，又可以是“材质”下面的小锚点，基于它们，还能进一步发散。

这种基于锚点层层发散的过程，与“思维导图”的逻辑完全一致。“思维导图”正是帮助我们发散思维的经典工具。

3. 重在收敛

要得到解决方案，“散”是基础，而“收”是目的。收敛思维也称为集中思维、集合思维，它以某个思考对象为中心，尽可能运用已有的经验和知识，将各种信息重新进行组织，从不同的方向和角度，将思维指向一个中心点，从而达到解决问题的目的。

例如洗衣机的发明——围绕着“洗”这个关键，人们发散出各种各样的洗涤方法：洗衣板搓洗、刷子刷洗、棒锤敲打、河中漂洗、流水冲洗、脚踩洗……在发散的基础上，我们充分吸收、整合各种方法的优点，结合现有的技术条件，制定出设计方案，然后不断改进，形成最终的方案。

收敛思维具有三个特点。

（1）逻辑性：因为收敛思维强调严密的逻辑思维，强调需要冷静的科学分析，一旦选择不当就可能造成难以弥补的损失。这不仅要进行定性的分析，还需要进行定量的分析。

（2）对比性：在收敛思维的过程中，我们必须对现有的各种方案进行比较，确定最终的方案。

（3）唯一性：通过对比，我们选择相对优良的方案，不允许含糊其辞，模棱两可。

（二）正向思维与逆向思维

正向思维的“正”代表创造性思维活动中沿袭某些常规思路去分析问题，按照事物的发展进程进行思考、推测的思维方式。例如创业团队要贷款，通常情况是看哪家银行额度高、利息低，又如一些谚语——“月晕而风，础润而雨”“朝霞不出门，晚霞行千里”等，是劳动人民长期观察自然界之后得出的结论，也属于正向思维。

正向思维是大多数人的习惯性思维，所以要想创新，很多时候必须“反其道而行之”，这就是逆向思维。逆向思维也称为逆反思维、反向思维，引导人们与常规思路背道而驰，往不同的方向去想。任何事物和过程都包含着相互对立的因素，如果正向思维一直没有理想的方案，何不换个角度呢？

例如拍摄集体照时，无论“一二三”喊得多整齐、照多少次，总免不了有人闭眼。有位摄影师就换了一个思路，先让所有人闭上眼睛，喊“一二三”时一齐睁眼，结果拍出来的照片个个神采奕奕。

又例如今天的智能手机与早期的智能手机相比，外观最显著的不同，就是没有键盘，这也是逆向思维。早期的智能手机，例如诺基亚和黑莓，都是沿着传统电话设计的正向思维，设置了实体键盘。几十个按键把手机变成“小电脑”，这是一种进步，但又带来了小键盘操作不易、占据手机外形空间等难题，直到苹果手机反其道而行之——与其在实体键盘上进退两难，不如取消它。

（三）纵向思维和横向思维

1. 纵向思维和横向思维

纵向思维是指在一种结构范围里，按照有顺序的、可预测的、程式化的方向进行的思维形式。这是一种符合事物发展方向和人类认识习惯的思维方式，遵循从低到高、由浅到深、由始到终等线索，清晰明了，合乎逻辑。

纵向思维是分析性的、按部就班的，相比之下，横向思维是启发性的、可以跳跃的。

案例：曾经的胶卷龙头柯达公司在1963年推出了一种大众化的自动照相机。这种照相机一经问世，广受欢迎。这时柯达公司并没有像很多技术企业那样，去构建壁垒或者卖专利，反而宣布所有人可以仿制，于是世界各地出现了生产自动照相机的热潮。按常规思维，柯达公司自断财路，无法盈利，不料“氛围拉满”后，大量出现的自动照相机反而为柯达公司的胶卷开辟了广阔的销售市场。

柯达公司的这种推广方法就是横向思维——突破问题的结构范围，从其他领域的事物、事实中得到启发，而产生新的思维方式。柯达公司通过“自动照相机的普及”为它的胶卷销售铺路，从别的方面、方向入手，其思维的广度大大增加。

2. 横向思维的三个应用方法

（1）横向移入

例如跳出本专业、本行业的范围，摆脱习惯性的思维，从外部观察、学习、借鉴，然后解决本领域的问题，也就是“它山之石，可以攻玉”。有时，一个行业会把其他行业已经成熟的技术、方法、模式、原理等直接移植过来，加以利用，或者在此基础上做本地化改良。

例如100多年前，检查胸腔积水的方法相当简单粗暴：打开病人胸腔。但这种方法很危险，很多时候完全不必如此冒险。奥地利医生奥恩布鲁格一直在思考更好的检查方法。有天他突然想到了自己的父亲——一位酒商。从业经验“丰富”的父亲凭借叩击酒桶，听声就能知道酒桶里面有多少酒。奥恩布鲁格由此得到启发，想到胸腔积水就类似于酒桶装酒，如果用手敲胸腔，是不是也能通过声音诊断出胸腔积水的状况呢？“叩诊法”由此问世。

（2）横向移出

横向移出与横向移入方向相反，但逻辑相同：将现有的设想、发明、产品从现有的使用领域脱离出来，推广到其他意想不到的领域，也就是“寻找新的应用场景”。

例如法国细菌学家巴斯德发现：酒变酸、肉汤变质都是因为细菌作怪。他经过处理以后发现，消灭和隔离细菌就可以防止酒和肉汤变质。而李斯德把巴斯德的理论推而广之，发明了外科手术消毒的方法。

（3）横向转换

横向转换是指不直接解决问题，将其转换到其他问题。经典的例子就是曹冲称象——他把测量“大象重量”的问题转换成测量“船只入水深度”的问题，通过横向转换把复杂的问题简单化，取得了意想不到的效果。

又例如，飞船在重返地球大气层时，因高温摩擦会产生很多的热量，导致飞船表面被气化、损坏。科学家一度沿着正向思维，认为必须寻找一种能耐表面高温的材料，但每次都无功而返。后来有人把这个问题横向转换了：既然气化问题和材料问题无法解决，那么只需要保证飞船在被部分气化后，人员和设备安然无恙，不一定非要让整艘飞船毫发无损。所以，这个问题就从“寻找耐超高温材料”转换成了“如何让快速返回地球大气层的飞船不被完全汽化瓦解”，于是这个问题很快得到解决。

因此，我们可以做一个形象的比喻，把纵向思维比作把一个洞挖得更深的工具，而把横向思维比作在别的地方挖另外一个洞的工具。我们挖井、打水，需要两个方面，既需要横向也需要纵向。一个地方如果井下没有水，你挖得再深也没有水，换个地方，横向转换一下，可能就挖到水了。所以，挖井实际上包含着横向思维和纵向思维两个维度，应协调运用，创造发明活动同样如此。

第三节　激发创新思维的方法

一、发散思维与头脑风暴

头脑风暴是一种高效的创新工具。在头脑风暴过程中，所有成员都能自由发挥想象力和创造力，提出任何可能的想法和建议，从而充分挖掘团队成员的潜在能力，激发创意，集思广益，帮助创业者突破传统思维模式，发现新的商业机会，解决创业过程中的问题，推动创新和发展。

（一）头脑风暴的使用场景

在创新创业的各个环节，头脑风暴都能发挥巨大作用。

1．创业项目的构想和策划：创业头脑风暴可以帮助创业者发现新的商业机会，解决创业项目中的问题，制定创新性的商业模式和发展策略，从而促进创业项目的成功发展。

2．产品和服务的设计与开发：创业头脑风暴可以帮助创业者设计和开发出具有竞争优势的产品和服务，满足市场需求，创造价值，实现商业价值和社会效益的双赢。

3．市场营销和推广活动：创业头脑风暴可以帮助创业者设计和制定创新性的市场营销和推广活动，吸引客户和用户，提升品牌知名度和美誉度，促进销售和业务增长。

4．团队建设和人才培养：创业头脑风暴可以帮助团队成员发挥个人潜力，发现团队的集体智慧，促进团队合作和协作，提升团队的凝聚力和战斗力。

（二）创业头脑风暴的方法和技巧

1．设定明确的目标：在进行创业头脑风暴之前，首先需要明确目标和问题，确定需要解决的具体挑战或需要探索的商业机会。

2．鼓励自由发挥：在头脑风暴过程中，需要鼓励团队成员自由发挥想象力和创造力，不受任何限制和约束地提出想法、建议。不管想法是否切实可行，都应该允许团队成员畅所欲言。

3．避免批判和评判：在头脑风暴过程中，应该避免对想法和方案进行批判和评判。所有成员的想法都应该被尊重和接受，不管它们是否合乎常理或可行性如何。如果限制想法的产生和发展，不利于头脑风暴的进行。

4．量产思维：在头脑风暴过程中，应该鼓励团队成员量产思维，尽可能多地提出想法和建议。

5．有序进行：头脑风暴强调自由发挥和开放性，但也需要有序进行，以确保有效地达到预期目标。可以通过设立时间限制、分阶段进行、轮流发言等方式，组织头脑风暴的进行，保持整个过程的秩序和效率。

（三）创业头脑风暴的实施步骤

1．准备阶段：在进行创业头脑风暴之前，需要进行充分的准备工作。这包括确定参与头脑风暴的团队成员，设定明确的目标和问题，准备必要的工具和材料，确保头脑风暴的顺利进行。

2．发散阶段：发散阶段是头脑风暴的核心阶段，也是产生想法和方案的关键阶段。在这个阶段，团队成员应该自由发挥想象力和创造力，尽可能多地提出想法和建议，不受任何限制和约束地进行思维碰撞和交流。

3．汇总阶段：汇总阶段是对发散阶段产生的想法和方案进行整理和归纳的阶段。在这个阶段，可以将所有提出的想法和建议进行分类和整理，筛选出最有价值和可行性的想法和方案，为后续的评估和实施做好准备。

4．评估阶段：在这个阶段，可以根据预先设定的评价标准和指标，对每个想法和方案进行评估和打分，确定哪些是最具潜力和价值的，值得进一步深入研究和实施的。

5．实施阶段：在这个阶段，需要制订详细的实施计划和时间表，明确责任人和任务分工，确保所有的想法和方案都能够得到有效的实施和落实。

（四）创业头脑风暴的注意事项

避免群体思维：尽管创业头脑风暴强调集思广益，但也需要避免群体思维的影响。因此，在头脑风暴过程中，需要鼓励每个团队成员充分发挥独立思考的能力和个人创造力，提出自己的想法和建议。

1．保持专注和效率：在头脑风暴过程中，需要设立时间限制，控制讨论的范围和深度，确保整个过程的顺利进行和高效实施。

2．重视结果和实施：在头脑风暴过程中，需要重视结果和实施，及时将想法和方案转化为具体行动和计划，确保项目的顺利进行和最终的成功实现。

总之，创业头脑风暴是一种集思广益、激发创意的创新工具，对于推动创业项目的成功发展具有重要意义。通过设定明确的目标、鼓励自由发挥、避免批判和评判、量产思维和有序进行等方法和技巧，可以有效地组织和实施创业头脑风暴，发现新的商业机会，解决创业过程中的难题，促进创新和发展。

二、平行思维与六顶思考帽

平行思维是在面对问题、挑战或机遇时，同时运用多种思维模式和方法，跳出传统框架，从多个角度进行思考和分析，快速产生创新性的想法和解决方案的思维方式。与线性思维相比，平行思维更加开放、灵活和多样化，能帮助创业者更好地应对复杂多变的市场环境，实现创业项目的成功发展。

（一）平行思维的特点

1．开放性和多样性：创业者能够从多个不同的角度和思维模式出发，快速产生丰富多样的想法和解决方案。

2．跳跃性和创新性：创业者能够跳出传统框架，提出独特而创新的想法和解决方案。

3．灵活性和适应性：创业者能够根据不同的情况和需求，灵活运用不同的思维模式和方法，适时调整和优化想法和方案。

4．综合性和整合性：创业者能够综合不同领域和资源的知识和经验，形成系统性和综合性的解决方案，实现资源共享和互补，提高创业项目的成功率和效益。

（二）激发平行思维的“六顶思考帽”

创业者的六顶思考帽是剑桥大学医学博士爱德华·德·博诺（Edward de Bono）提出的经典思维工具，帮助创业者从多个角度审视问题，全面评估创业项目，避免无谓的争执。这种平行思考的模式寻求一条向前发展的路，也就是侧重于一个项目“能成为”什么，而非项目“本身”是什么，不是争论谁对谁错。

在全面思考一个问题时，我们每次只“戴上一顶思考帽”，也就是一次只从一个角度去思考，最后汇总起来，从不同角度看同一个问题，有助于创业者理解问题、发现机遇、解决难题，并做出明智的决策。

在使用六顶思考帽时，并不是简单地分类，戴帽子的先后顺序（组织思考的流程）才是关键。六顶思考帽不仅定义了思维的不同类型，而且定义了思维的流程结构对思考结果的影响。六顶思考帽的典型“佩戴”顺序为：白、绿、黄、黑、红、蓝。

1．白色思考帽：陈述问题

我们的思考从客观事实和数据开始。创业者需通过收集、分析和评估大量客观信息，了解市场、竞争、客户需求等，做出可靠的决策。陈述的方法包括以下几种。

（1）收集数据：通过调研、分析市场、了解竞争情报等方式获取相关信息。

（2）数据分析：运用统计学方法和数据工具深入分析收集到的数据，发现规律和趋势。

（3）风险评估：依据客观事实评估市场风险和机遇，制定合理策略，以降低风险。

2. 绿色思考帽：提出问题的解决方案

创造性想法、创新是成功的关键，创业者需要不断挖掘新的商业模式、产品设计和市场策略。在这个阶段，我们无须限制自己的想象，即便是天马行空的点子，也许最后也会带来惊喜。提出解决方案的方式包括以下几种：

（1）激发创造力：组织头脑风暴等活动，产生创新想法；

（2）探索新思路：鼓励团队尝试新方法，寻找创新解决方案；

（3）培养创新文化：建立创新氛围，鼓励团队成员创新。

3. 黄色思考帽：评估方案的优点

黄色思考帽代表乐观和积极，看到方案的优点。思考的方法包括以下几种：

（1）积极面对：勇于面对挑战，相信自己能克服一切困难；

（2）抓住机会：把握每一个机会，坚信未来会更好；

（3）鼓励团队：传递正能量，激励团队成员共同努力。

4. 黑色思考帽：列举方案的缺点

黑色思考帽代表考虑负面因素。创业者需审视事物的负面影响，避免盲目乐观。方法包括以下几种：

（1）风险分析：全面分析可能的风险和障碍，制定对策应对；

（2）考虑负面影响：思考潜在负面影响，制定应对措施；

（3）危机防范：预见危机，提前做好准备。

5. 红色思考帽：对方案进行直觉判断

红色思考帽代表情感和直觉。在创业中，除了理性思考，也需要倾听内心声音，感受情感上的指引。方法包括以下几种：

（1）冥想反省：通过冥想等方式倾听内心声音，发现情感和直觉的信息；

（2）观察情绪：关注自身情绪变化，获取灵感和启示；

（3）相信直觉：勇于相信自己的直觉，做出正确决策。

6. 蓝色思考帽：总结与决策

蓝色思考帽代表冷静和控制。创业者需冷静全面地思考问题，做出理性决策。方法包括以下几种：

（1）冷静分析：客观分析问题，制定可靠决策；

（2）整体思考：综合考虑各方面因素，制定综合性方案；

（3）决策控制：严格控制决策过程，确保科学性和可行性。

活页工具 2-1：六项思考帽

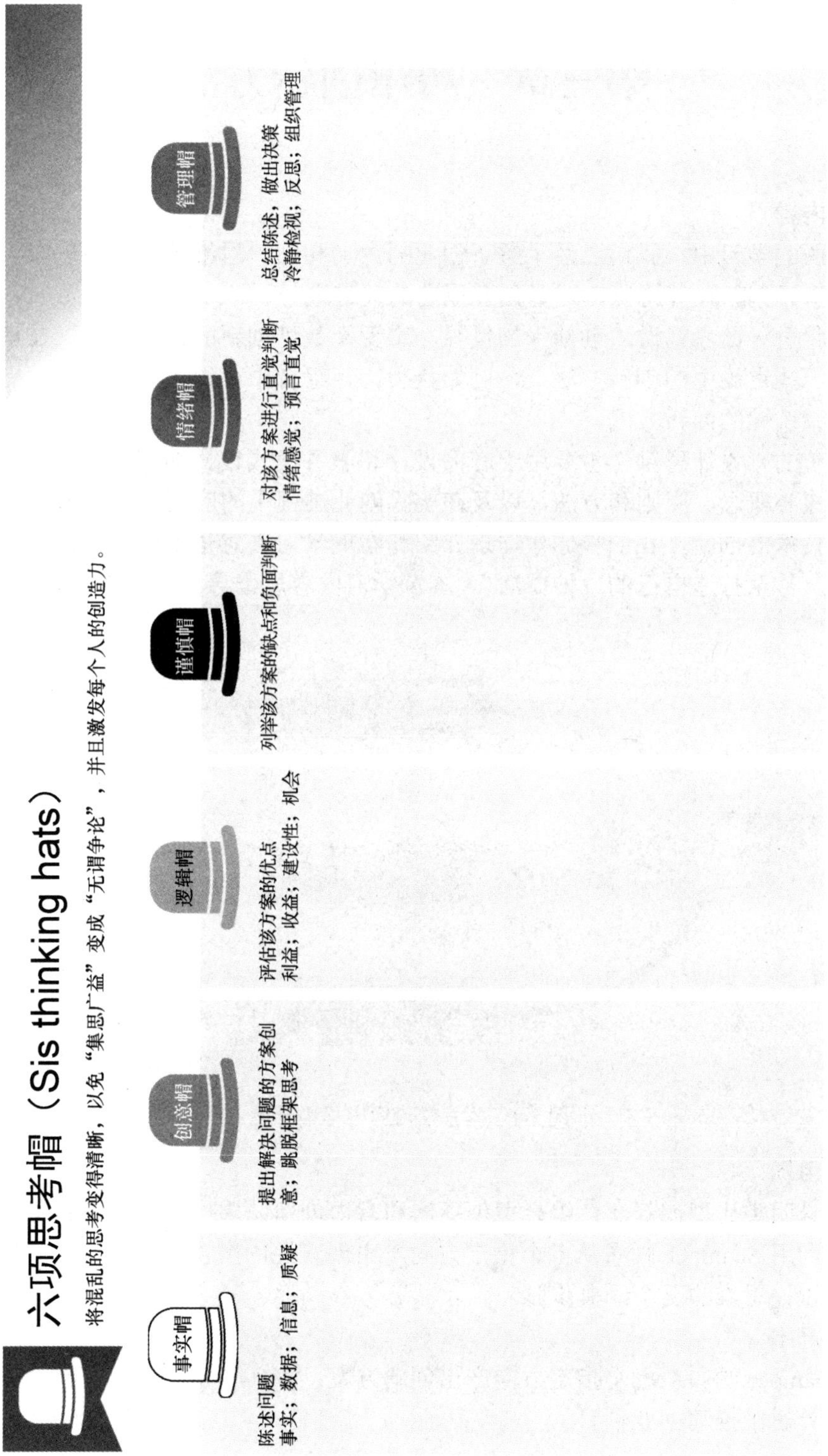

第三章　巧用创新方法

学习内容

在前面的学习中，我们已经了解了创业的意义和创新思维的培养。现在，我们将进一步深入探讨创新设计思维，这是创业成功的关键之一。

本章将引导读者畅游“创新”的世界，感受无数种创新的神奇方法。在第一节，我们聚焦在一些点滴中的创新方法上，例如从类比、组合中获得灵感。第二、三节则分别聚焦两种系统性的创新方法。

第二节的“设计思维”主要用于产品设计和服务模式设计的创新，学习内容包括设计思维的核心概念、原则和方法，以及在实际创业过程中的应用。第三节的 TRIZ 方法主要用于技术的创新，我们将通过原理介绍和案例学习去感悟如何用创新的思维，实现技术突破，甚至打造自己的“护城河”。本章学习内容思维导图如图 3-1 所示。

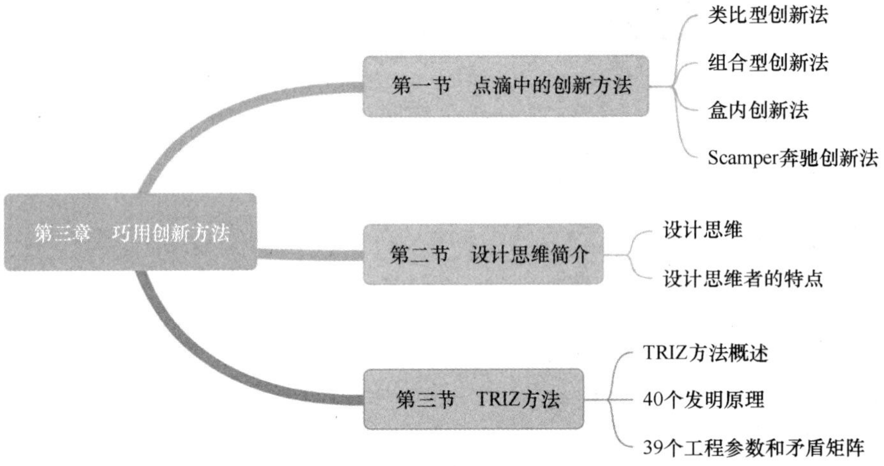

图 3-1　本章学习内容思维导图

学习目标

举例说明类比型创新法、组合型创新法和盒内创新法中的至少各三种形式。结合具体场景，利用 Scamper 画布从七个指定方向产出创新性的解决方案。结合案例或自行举例，解释设计思维的五个经典步骤。

成果产出

用 Scamper 画布从七个指定方向产出创新方案；

用设计思维推动创业项目。

第一节　点滴中的创新方法

人类因创新而进步，创新是推动社会发展的关键引擎，它源于对现实的不满、对未来的追求以及对问题的探索。在现代社会，创新已经成为企业发展、科学研究和社会进步的核心动力之一。然而，创新并非神奇的产物，而是需要系统性方法和思维方式的支撑。下面将探讨四种孕育创新的方法，包括类比型、组合型、盒内和 Scamper 奔驰创新法，并分析其应用场景和效果。

一、类比型创新法

类比型创新法是通过将一个领域或问题中的思维模式、技术或理念应用到另一个领域或问题中，以寻找新的解决方案或创意的方法。这种方法常常能够带来新的视角和灵感，激发人们跳出固有思维模式，开拓思路。例如智能手机的问世，就来自与电脑的类比：将手机界面设计得像一个小型的电脑操作系统。这一创新性的设计彻底改变了手机的使用体验，开创了新时代。

类比型创新法有不同的达成路径。

（一）原型启发

原型启发是根据人的创造思维和运行方式，将偶然遇到的某些事物经过观察和分析，突然间启发出的灵感。

有一位近视患者，不小心划伤了眼睛。伤口愈合之后，眼科医生意外地发现，患者的近视程度大大减轻了，并由此大胆假设：人为模拟的划伤是不是也可以改变眼睛的屈光度？在经过反复的实践后，眼科医生摸索出了一种全新的治疗近视的方法。

（二）移植

移植是将某个领域的原理、方法等引用和渗透到其他领域，用于改造旧事物或创造新事物。这本身是一种横向思维（参见第二章第二节）。

1. *原理移植*

由于技术原理自身带有一定的普遍性和通用性，因此可以根据不同的要求和目的，进行移植创造。

20 世纪 90 年代，汽车厂商普遍面临一个问题：随着人们对汽车的需求不断增大，车型也持续增加，但因为厂商难以预测不同车型的受欢迎程度，所以经常存在生产过剩的问题，造成设备、零件、人员等一系列的成本浪费。丰田汽车的一位高管有一天突然意识到，零售超市的商品种类比汽车行业纷繁复杂得多，人们对新产品的需求也难以准确把握，但零售超市却不像汽车行业那样，为这个问题所困。丰田汽车随机研究了一些零售超市的渠道、销售等管理方法，并从中得到启发，创造了汽车行业著名的 JIT（Just In Time，及时生产）法。后来以此为基础，发展出零库存生产模式，大幅降低了生产成本，极大提升了市场竞争力。

2. 结构移植

物体本身的特定结构，对其功能的实现具有重要作用，可以将不同的物体结构移植、渗透，就有可能产生新事物。

例如把缝衣线移植到手术中，并改良成专用的手术线。不仅如此，服饰上的拉链后来也被移植到了手术场景，可以取代手术线缝合，不仅提高了缝合效率，还因为不用拆线而减轻了病人痛苦。

3. 方法移植

科学研究每提出一种新的理论、技术创造，每完成一项新的发明，都伴随着方法上的更新和突破。17 世纪笛卡儿把代数方法移植到几何领域，使代数几何融为一体，从而创立了解析几何。同样的，人们还可以将发泡的方法，运用到泡沫材料、泡沫水泥中去。

此外，移植还包括技术移植、材料移植、功能移植等多种形式，不一而足。

（三）仿生法

仿生法是指通过模拟生物的结构、功能或原理等，而进行发明创造的方法。

例如，蛇、蚂蚁、蚱蜢等动物的身体后端，一直都是机器人科学家灵感的来源。加州大学伯克利分校生物学家罗伯特和他的同事通过研究飞龙蜥蜴在湿滑表面上跳跃的动作，来寻找改进机器人设计的灵感。他们用高速摄影和动画捕捉，观察飞龙蜥蜴从一个长方形的平台上跳到一个树枝上的情形。他们发现，如果平台上覆盖了沙子，飞龙蜥蜴不需刻意保持平衡，它的尾巴在跳跃过程中，一直保持向下。但当平台表面湿滑时，它会抬高尾巴，解决足部在湿滑表面上抓地力不足的问题。研究团队将飞龙蜥蜴翘尾巴的技能应用到一个小型的四轮车机器人上，使四轮车在爬行跳跃的过程中保持稳定。

二、组合型创新法

组合型创新法的理念来自“创新理论之父”——美籍奥地利裔经济大师熊彼特（Joseph Alois Schumpeter）。这种方法通过重新组合已有的元素或技术，创造出新的产品、服务或解决方案。组合型创新法强调创新并非完全依赖于全新的发明，而是可以通过巧妙地组合现有资源来实现创新。

（一）主体附加

主体附加就是以甲事物为主体，附上乙事物的某种属性。这类组合今天俯拾皆是，例如贺卡中添加播放音乐或闪光的元件、铅笔末端附上橡皮、电风扇中添加香水盒等。

（二）异类组合

异类组合将两种或多种不同种类的事物组合在一起，发挥出新的功能。例如扫描、复印、打印一体机，又例如苹果手机在它的第一场产品发布会上，就将主打卖点设定为：这是一款集电话、音乐、浏览器于一体的革命性产品。

（三）同物自组

同物自组即将若干相同的事物进行组合，从而产生新的功能或效果。例如几乎任何产品都可以用这种方法组合成“情侣套装”“家庭套装”等。

（四）重组组合

重组组合即先将某个事物或流程拆分成不同的要素，再按不同的逻辑、结构等，把这些要素再次集中在一起，形成与初始状态不同的事物或流程。“田忌赛马”就是经典的重组组合。传统的宾馆入住流程可分解为“到达宾馆—拿行李—去前台—录入个人信息—拿钥匙—去房间”等环节。这个流程可以按照时间或空间顺序重新进行组合，例如将“拿钥匙”放到“到达宾馆”之前，或者在人抵达宾馆前，行李已经先一步到达等。这些组合会孕育出新的技术、产品或者服务模式。

（五）信息交合

信息交合是建立在信息交合论基础上的一种组合创新技法。信息交合有两个基本原理：第一，不同信息的交合可产生新信息；第二，不同联系的交合可产生新联系。根据这些原理，人们在掌握一定信息的基础上通过交合与联系可获得新的信息，实现新的创造。例如牛顿交合了开普勒天体运动三定律和伽利略物体垂直运动与水平运动规律，创造了经典力学。

三、盒内创新法

创业者想要跳出传统思维的框架，实现思维创新，不妨采用“盒内创新法”。所谓“盒内创新法”，即通过系统性的方法，从现有资源出发，逐渐缩小与创新结果之间的思考跳跃距离，从而更加高效地获得创新的想法。

盒内创新的理念来自以色列。这个领土面积约 70%都是沙漠的国家，资源匮乏，生存环境的诸多限制迫使以色列人不断利用有限的资源（即在“盒子”内部）去创新。例如他们首创的滴灌技术已经用于全球一半以上的市场，海水淡化技术几乎被全世界的海水淡化厂采用。盒内创新的精髓是在有限资源的基础上克服思维定势，做到物尽其用、变废为宝、整合资源。这对于资源同样匮乏的初创团队来说，同样具有启发意义。

盒内创新的具体方法可通过四则运算来比喻。

（一）加法

在拆分系统（产品、服务或流程）之后，在某个环节部件增加一个新的功能。这类似于前面“组合型创新法”中的“主体附加”。盒内创新加法的典型流程是：

1．拆分系统；

2．选中被拆分的某个部件，再赋予它一个新的功能；

3．讨论新系统的价值；

4．讨论新系统的可行性。

例如纸质书上的二维码音频资料，又如健身发电机——在美国纽约一家健身房，健身爱好者们不仅能够练习肌肉力量，还能够人体发电，满足健身房日常照明所需。纽约运动俱乐部里挂着一张海报，写着“让你的健身成果转化为电能！不久你就可以在减小腰围的同时减少碳足迹”。俱乐部号召顾客使用踏板的力量，帮助创造一个更健康的地球。

很多人从电饭煲里舀完饭都会纠结：饭勺该放哪里？如果放在电饭煲里，塑料饭勺加热可能不健康，而放在桌上又容易脏。无印良品在电饭煲的锅盖上加了一个小小的改动，其实就是一个小底座，专门用来安放饭勺，这样饭勺舀饭的一端也无须接触桌面、灶台，也不用放在锅里面。这个创新完全不需要技术突破，但却是人性化的改良。小举动同样有大价值。

我们甚至还可以利用加法创新的思维逼迫自己“强制关联”，这是训练创新思维的一种好方法。例如把女士的背包与灯泡强制关联，创新一款新的潮包，我们可以从灯泡的特质进行分析，包括材料、特性、形状等，如发光、玻璃材质、里面有钨丝、圆形，可以插电等。

类似的，我们还能创意地想出有社交功能的杯子、能当闹钟功能的枕头……这些新点子不一定都靠谱，也不一定现在的技术能实现，但一定会打开思路，发现创意点。

（二）减法

就是把系统中最重要的部分拿掉。具体流程是：

1. 拆分系统；
2. 除去或减少最基本的某个部分；
3. 如果遇到困难，那就用系统内的其他部分来替代减少的部分；
4. 讨论新系统的价值；
5. 讨论新系统的可行性。

索尼联合创始人井深大曾要求团队开发一款砍掉录音和喇叭组件的录音机。当时很多人都不看好，觉得如果把最核心的部分都去掉了，产品就不是产品了，甚至有人认为这种“缺陷版”产品最多能卖出 5000 台。但事实上，这款产品全球销量超过 2 亿台，红极一时——这就是早年的潮人都渴望拥有的随身听。

例如苹果手机，把实体键盘全部去掉，只留一个 Home 键（参见第二章第二节的“正向思维与逆向思维”）；再到后来干脆全屏，连实体的 Home 键都不要了。儿童手机和老人机也运用了减法创新的原理，把智能手机的很多复杂功能都去掉，让儿童和老人都能便捷操作、使用其基本功能。

（三）乘法

乘法创新的关键是选择系统的某个部分，然后进行复制。具体流程是：

1. 把系统（产品、服务或流程）拆分成多个部分；
2. 选中被拆分的某个部分，将其复制一份或多份；
3. 对复制的一份或者多份的部分做出一些改变；
4. 讨论新系统的价值；
5. 讨论新系统的可行性。

宝洁公司专门邀请“盒内创新”的发明团队，为其旗下的电热空气净化品牌“纺必适”（Febreze）组织了一次创新工作改良。创新团队使用的就是乘法策略。

第一步，先分解，列出产品的组成部分。电热空气清新剂的工作原理其实并不复杂，就是用电热丝加热一瓶香精，散发出香味让空气更清新。空气清新剂的主要组成部分是液态香精、容器、外壳、插头，以及电热丝。

第二步，选择其中一个组成要素，进行复制，这是乘法创新的关键。那么对于电热空气清新剂的各个组成要素，应该复制什么呢？他们选择了复制“容器”。

第三步，重新组合产品。于是，得到了两瓶空气清新剂，还有一个电热丝。这个“灵感”听上去让人有点沮丧，但车到山前必有“套路”，他们还有下一招。

第四步，明确这种产品的优势和市场定位。他们用“形式为先，功能次之”的逻辑来接着分析，想到可以为一个电热丝搭配两瓶空气清新剂，放不同的香精。

“可为什么会有人需要两种不同的香精呢？享受气味混搭的感觉？”

这时，有人想到：“是否可以在不同的时间段，散发不同的气味呢？”

一种气味时间久了，人们就会习惯了，感觉不到香气。

这时换一种气味，会重新唤醒人们的嗅觉，再次闻到清新的香气。

这样，两种香气交替散发，人们一整天都会神清气爽！

第五步，思考“创新有没有可行性，如何提高可行性”。

大家一致觉得这个想法可行，于是开始改良，最终变成一瓶除臭剂和一瓶清新剂交替加热散发香气。几个月后，宝洁公司发布了新产品“纺必适提神清新剂”，销量几乎是宝洁所有其他空气清新产品的两倍。

乘法思维也体现在剃须刀的改进上。早年的活动式剃须刀是两层金属片紧紧地夹住一片刀片，在手柄的带动下剃须。1971 年，吉列公司的创新就是乘法策略。他们推出了双锋剃须刀，革命性地取代了传统单锋刀片，使男士们的剃须体验有了巨大飞跃，而一个行业、一种产品，也重新被定义。如今三层、五层刀片的剃须刀，依旧沿用了乘法创新。

（四）除法

这类似于前面提到的“重组组合”，也就是把一个产品分解成不同的部分，去自由思考更多维度，然后以时间或者空间为序重新组合这些部分。包括：

1．拆分系统；

2．将拆分的每个部分重新组合（在时间、空间等角度进行思考重组）；

3．讨论新系统的价值；

4．分析新系统的可行性。

例如早期空调机的所有功能组件——恒温器、风扇、制冷系统等，都集中在一起，相当占空间。在除法创新的思维下，这些组合元素被“分而治之”，再在空间上重构，压缩机被移到室外。

在今天的移动互联网时代，很多流程更是在被拆分后借助“线上 + 线下”的方式重新组合。例如在网络上购买火车票、乘坐飞机时的线上值机和线下托运行李，又例如现在习以为常的各类“共享”（同样的工具，但使用时间和使用者被重新组合）。

“除法”还有一种形式：缩小，包括功能、形状、规模等的缩小。例如从传统硬盘发展出 U 盘，宾馆从以前按日收费发展出“钟点房”等。

思考：很多城市的交通路口经常会出现非机动车闯红灯的情况，那么在机动车不能按喇叭、路口警察不够多、交通资源有限的条件下，如何更好地控制非机动车闯红灯的情况呢？（提示：我们可以拆解通过路口的流程，在时间、空间等维度增加一些要素，很可能就会发现改善的方案了。）

四、Scamper 奔驰创新法

Scamper 奔驰创新法是美国心理学家罗伯特·艾波尔（Robert F. Eberle）提出来的一种创意思考工具，常用在改进现有产品、服务或商业模式中。合成词 Scamper 的七个字母代表七种创新思路。

（一）替代（substitute）

我们首先要分析事物的元素，思考有哪些东西可以替代，替代很小的地方或一个部分，就能获得很好的创新效果。

例如网约车的核心创意就是将“线下叫车”的方式替代成“线上叫车”，“司机被动等待”的方式替代成“司机主动接单”。

又例如，显微镜是医生诊断疟疾的必备工具之一，但对于疟疾肆虐的非洲来说，显微镜价格昂贵，体积和重量较大，不方便乡间医生使用。于是，美国斯坦福大学的生物工程学家制造了纸板折叠显微镜，用纸板替代普通显微镜的结构。纸板折叠显微镜可以很方便地折叠，价格只约为人民币 35 元，它的发明大大减轻了医生的负担。

再例如，我们在做产品设计时，一个原本针对学生的旅游产品，如果把使用对象替代成白领，很可能就是一款完全不一样的产品。

（二）合并（combine）

合并是将事物的元素分解出来，思考与其他东西进行结合，发挥新的功效。这与“主体附加”或“加法创新”类似。例如在印度的农村，很多学生没有用肥皂洗手的习惯。一家卫生健康公司发现，当地学生在一种情况下会主动洗手——用粉笔做练习题后。于是，他们将肥皂与粉笔结合起来，制作出肥皂粉笔。学生洗手时，残留在手上的粉笔灰通过化学变化，会变成与肥皂效果类似的物质，从而保障学生的卫生、健康。

类似地，手机与汽车钥匙、银行卡、身份证，电视机、投影仪相结合，也会催生出不同的产品、功能，实现不同的效果。

（三）改造（adapt）

改造需要我们将原来的事物进行审视，发现它的特质和功能，并进行改造和优化，增加某个功能或属性，如好玩、好看、提神、有趣。

例如曾经爆红的答案茶，就是赋予了饮品一个新的功能——占卜，以此达到吸引用户的目的。脉动便是赋予了饮料提神的作用，虽然实际效果并不明显，也不妨碍它成为销量最好的功能饮料。

（四）修改（modify）

修改，就是对事物进行审视后，修改其特质，通过放大、缩小等方法改变其特性，也是对原有产品的更新升级。

例如，小孩的身体发育速度很快，今年买的鞋子可能到明年就穿不下了，对于贫困地区的人们这无疑增添了经济负担。一家公司发明了可以自主调整大小的鞋，鞋头设计了暗扣，家长可以根据孩子脚的实际大小进行调整。

（五）其他用途（put to another use）

其他用途，即把原事物应用于其他地方，创造出新的用法。例如品牌当中的借力和跨界，“奈雪的茶”不仅能喝能吃，还在 2019 年和腾讯“王者荣耀”合作，推出了多种联名产品，可以在游戏中兑换相应的礼包，起到了非常好的促销作用。

（六）去除（eliminate）

去除即做减法，是将原本事物的元素分解开，看看有哪些元素是可以被去除或省略的，去除产品中消费者不喜欢的元素，从而创造出新的事物。

例如，立陶宛的工程师将公交车外壳的颜色去除，发明了透明的公交车，从而减轻了公交车的重量，提高了能源的利用效率。

（七）反向（reverse）

反向即运用逆向思维，将事物的特性一一列出，并尝试将其中的某些特性翻转过来，通过反常规的方式突出产品特点。

在我们身边习以为常的一个例子，就是快餐店用餐的流程。传统饭店最初的结账顺序都是“先吃饭再结账”，麦当劳改变了传统的用餐结账顺序，让顾客“先结账后吃饭”，提高了效率。

再例如，我们反其道而行之，去思考：脏的东西也能吃吗？

答案是：能！脏脏茶、脏脏包，就是因为加引号的“脏”而变成网红的。猫屎咖啡、丧茶，也都是这个道理。

又例如，把手机做成双面屏幕、把摄像头一反常态地放在侧面、把按钮放在显示屏的上方、手机制造商为用户付钱之类的产品设计和销售设计方式也许听起来很奇葩，但说不定就会另辟蹊径。

假设我们要设计一款新的自行车，分别从这七个方向思考，就一定能打开思路。

S：替代，车轮的钢丝可以用什么替代？链条可以用什么替代？哪些材料可以用来做车架？可以做成充气自行车吗？

C：合并，如果自行车和酒吧合并会怎样？能变成可移动的酒吧吗？自行车和钢琴合并会怎样？会随着路况或蹬踏的节奏产生音乐吗？如果自行车和花盆合并，是否能让每辆自行车变成一簇美丽的风景？

A：改造，如果把车轮变成方的，会变成孩子们的玩具车吗？如果将车把手做成可拆卸的会怎样？如果不是坐着骑车而是躺着骑车，会是怎样的感觉？

M：修改，如果做成迷你自行车，可以放在背包中携带，会有哪些可能性？如果做成汽车大小的自行车，有什么好处？

P：其他用途，骑自行车的同时可以发电吗？可以用来做机器的动力源吗？可以用来在广场上画画吗？可以像打马球那样，用骑车的方式来踢足球、打曲棍球吗？这会不会发明出一项新的体育运动呢？

E：去除，去掉一个轮子会怎样？不用扶手把握方向有什么好处？

R：反向。动力轮变成前轮会有什么好处？正反方向蹬踏都可以前进的自行车有什么好处？

总之，在当今竞争激烈的时代，创新已经成为企业和个人不可或缺的能力。通过类比型、组合型、盒内创新法和 Scamper 奔驰创新法的灵活运用，我们可以在点滴中发现无限可能，不断创造出新的价值和意义。只有不断地创新与进取，才能在激烈的竞争中立于不败之地，赢得未来的成功与辉煌。

活页工具 3-1　Scamper 画布

奔驰创新法（Scamper）

通过替代、合并、改造、修改、其他用途、去除、反向激发创意。

S 替代	C 合并	A 改造	M 修改	P 其他用途	E 去除	R 反向
现有方式的替代方案 （如声控替代遥控）	将多个功能相结合 （如带橡皮的铅笔）	借用其他领域的想法 （如潜水艇）	改变外形或材质 （如异形书本）	改变用途或使用场景 （如发电自行车）	去掉某些设置或功能 （如触屏手机）	反向思考特质 （如无指手套）

第二节 设计思维简介

设计思维作为一种创新性的思维方式，已经成为许多成功创业者的核心竞争力之一。本节将探讨在创业中运用设计思维的重要性，以及推动创业项目成功发展的方法。

一、设计思维

（一）释义

设计思维（design thinking）本质上是一种以人为本、注重创新和解决问题的思维方式。这里的“设计”是广义的，所有的解决方案都需要设计，所以设计的过程涵盖了观察、理解、洞察、创造和实验等多个方面。

（二）以人为本的思考方式

如果乘客出行，都不愿意乘坐火车，而你要来解决这个问题，你会如何思考？

一些人会想：是不是火车出了问题？火车技术落后了？那我应该怎么改进火车、搞活动策划、宣传，让人们回归乘坐火车呢？

其实，这是惯性思维，也就是顺着“自己”的想法去找答案。

而有设计思维的人先考虑：乘客的需求是什么？他是希望速度更快，出行流程更便捷，还是性价比要更高？

然后顺着乘客的需求去找答案。如果是要速度，那么除提升火车时速之外，还有没有别的方法，例如别的交通方式？这样，思维就不会被限制在“火车”这一个思考方向上。所以说，设计思维的核心精神就是以人为本，具体到创新创业项目上，就是以用户为中心。这就需要创新创业者从用户的需求出发，多角度地寻求创新解决方案，并创造更多的可能性。

（三）设计思维的五个步骤

一个解决方案，从洞察问题的存在，到思考解决方法、验证方法，最后成为成熟的方案，会经过五个步骤，如图 3-2 所示。

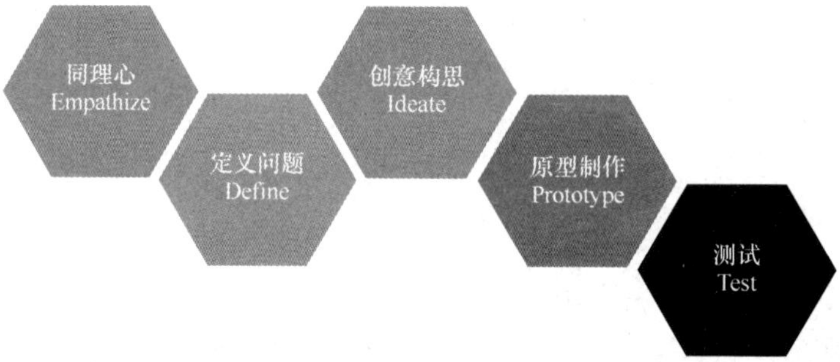

图 3-2 设计思维的五个步骤

1. 同理心（Empathize）

同理心也称共情、移情，指理解用户的需求。这个阶段的核心价值是以人为中心，一切需求的出发点是“人”，通过观察、倾听、访谈等方法与用户产生共情，进而分析出用户的核心诉求。

有一个公益项目，赞助方支持一家照顾伤残人士的非营利组织研发一款更轻巧便捷的轮椅。该组织委托一家生产商去设计。新轮椅半年后面世，赞助方在项目评估时访问了一批伤残人士，征询他们的意见，结果大部分人表示设计有缺陷。缺陷究竟在哪里？这些行动不便的受访者说：“请各位评委与我们一起坐在轮椅上出去走一趟吧！”他们去了医院、商场、公园和公共厕所后，之前迷惑不解的评委恍然大悟——如果不从用户体验的角度去看问题，设计出来的很可能是一张废纸。

2. 定义问题（Define）

定义问题要求以人为中心重新组织和定义问题。在定义阶段通常可以用一系列的提问来描述要解决的问题：

谁——确定服务的对象群体，也就是用户（user）；

有什么需要——目标用户的需求（need）；

我发现了什么——来自目标用户需求中的洞察（insight）；

定义阶段的核心价值是收敛，排定优先顺序，分辨出对用户来说什么是真正重要的，什么是我们应该花更多时间去投入的。

3. 创意构思（Ideate）

创意构思是在创意阶段发散思维产生许多点子或想法。在这一阶段，我们可以用各种方法来加强创造性，头脑风暴和草图是最为常用的，目标是产出尽可能多不同的概念，然后将它们可视化。构思过程的核心价值是创意自信。国际著名的创新设计公司 IDEO 的联合创始人汤姆•凯利（Tom Kelley）深有体会地说：“事实证明，创造力不是幸运的少数人才享有的一种罕见的礼物——这是人类思维和行为中自然的一个部分。它在我们太多的人中都被封住了，但它可以被解开。解开创意火花，对自己、对你的组织和你的社区可以有深远的影响。”

4. 原型制作（Prototype）

原型制作指设计产品原型或问题的解决方案。创意构思阶段结束后，产生了许多点子和想法，我们从中选取一些想法形成基本的概念模型，设计出相对详细的解决方案。原型制作的关键是生成最小可行性产品（Minimum Viable Product，MVP），通俗地说，就是以最经济的方式打个样，设计出一个不完美但大家能使用的产品或服务流程——也许是一款外观不怎么样但也具备基本功能的样机，也许是一种只在小范围展开的私人式的服务形态，甚至还可以是画在一页一页纸上的 App 界面，让用户模拟各种点击之后的画面——MVP 强调的是让一部分用户先用起来，然后观察、感受、倾听他们的意见。

宜家（IKEA）堪称把“原型制作”概念用到极致的典范之一。对一个计划家居装修的家庭而言，最痛苦的事莫过于找到不合适的人来咨询，特别是当客户连该问什么问题也不知道的情况下，也许他只晓得询问装修一个 100 平方米的房子需要多少预算、究竟要做多久等，其他更具体的情况，就完全一窍不通了。宜家明白客户的痛点及难处，看准这个问题，于是在自己的超大店面内，将公司所有售卖产品组装成大大小小不同示范单位，让客户身处其中感受由各种产品组合成型的效果，这样一来，客户就可以通过模拟摆设，清晰地了解家居设计需要考虑的方方面面，例如房间间隔如何调配、有哪些家具可供选择、家具颜色如何搭配、不同灯饰摆放后的效果等，让客户明白，原来房间的空间感可以通过家具的不同摆放方式，带来不一样的效果。一切有关家居设计需要考虑的，甚至连客户尚未考虑到的细节，例如窗帘布的墙身挂钩，也有很多启发。

5. 测试（Test）

测试指验证设计原型，并改进方案。测试阶段可以找同事进行，当然最佳方式是对用户进行测试，更具启发性，然后将测试的结果反馈到产品的下一个迭代版本中。所以，测试阶段的核心价值是迭代精神。

宝洁公司曾邀请 IDEO 为“高露洁”牙膏重新设计包装，原因是很多客户投诉牙膏管的螺纹经常被牙膏黏附，干涸后，牙膏管帽扭不紧，最后导致一支牙膏可能未用到一半就得扔掉。经过连番的讨论，IDEO 的设计师建议来个大突破，将原来带螺纹的管帽改为可以直接开合的平滑锥形管帽，并且做出不同的原型。他们原以为这种设计会大受欢迎。但当他们观察用户行为时，大吃一惊，原来人们还是习惯性地用“拧”的方式拔出管帽。设计师意识到，他们的创新虽然能解决牙膏干涸的问题，但同时又在与人们根深蒂固的习惯较力。他们随即修改了设计，先顺从用户既有的习惯，在锥形管帽的内侧加了一小段螺纹。结果这个设计正面刺激了牙膏的销售量。由此我们也能看到，测试的目的是让用户在真实使用场景中验证我们的设计。测试一方面让我们知道改进的方向，另一方面也把产品服务的投放风险降到了最低。

当然，设计思维的这五个步骤，并不一定非得从“同理心”开始，到“测试”结束。这五个步骤是一个螺旋式的循环，没有终结。我们可以从任何一个点开始。例如，我们一开始就有一个很好的想法，那就可以快速生成原型，然后测试以验证这个想法，或以此作为和用户交流的对象，从而探索出用户潜在或更深层次的需求，进而产生修订后的想法，甚至新的想法。不管从哪一步开始，我们都要切记以用户为中心，通过用户“验证”自己的想法，而不是向用户“推销”想法。

（四）IDEO 的超市手推车——设计思维经典案例

大家可以思考一个更具体的问题。各大超市手推车你用着还称心如意吗？如果让你来设计，你觉得手推车应该被设计成什么样子？

这也是 IDEO 设计师们遇到的问题。这群拥有设计思维的深度玩家首先展开调研，通过实地探查、亲身体验（同理心），明确了手推车的设计重点应该集中在“安全、便捷、防盗”等方面（定义问题）。团队随即进入了解决问题的思维发散阶段（创意构思）。团队里来自各行各业的人聚集在一起展开了头脑风暴，寻找一些疯狂的点子从而得到正常思维无法得到的点子，并将问题通过粘贴卡片的方式归纳整理至墙上，最终通过投票得出认可度最高的方案。

在确定了方案后，他们快速完成了产品的打样与制作（原型制作），一款全新的超市手推车便问世了。他们把这些独特的手推车投放到超市里，请购物者体验（测试）。

这款手推车不再设有篮子，只有金属框架，在购物时人们可以将手提购物篮置于金属框架上，将购物袋直接挂在挂钩上，这样既便捷又防盗。新的手推车又用一种巧妙的结构，既可保障儿童安全地坐在购物车上，又为其增加了玩耍的空间；手推车还增加了高科技的扫描仪，这样人们边采购，边扫码，省去了最后一大群人排队、慢吞吞扫码结账的过程。像这样，一辆既解决用户痛点又颠覆传统设计的手推车，从设计到完成产品交付，仅仅用了五天时间。

二、设计思维者的特点

设计思维者是那些能够运用设计思维方法和原则，致力于解决问题和推动创新的个体或团队。

（一）以用户为中心

设计思维者不仅关注产品或服务的外观，更注重了解用户的需求、期望和体验，从而为用户创造出更加贴近实际需求的解决方案。为此，设计思维者通常在项目的早期阶段就积极与用户互动，采用观察、访谈和反馈等方法，以获取有关用户需求的深层次信息。

（二）具备跨学科的思维能力

设计思维者具备跨学科的思维能力，能够融合不同领域的知识和技能，以更全面的视角看待问题。他们了解设计、技术、商业和社会等多个方面的知识，能够在不同领域之间建立连接，促进团队的协同工作。

（三）实验和迭代的态度

设计思维者对实验和迭代持有积极的态度。他们明白在创新的过程中，不同的尝试和实验是必不可少的。通过快速原型制作和用户测试，设计思维者能够及早发现问题，及时调整和优化设计方案。

（四）强调团队合作

设计思维者强调团队合作，认识到创新不是个人的事业。他们懂得在一个团队中发挥各种不同角色的重要性，鼓励团队成员分享想法，各抒己见，以促进创意的碰撞。设计思维者善于引导团队发挥协同效应，将每个成员的专业优势和观点有机结合，以产生更具创新性和全面性的解决方案。

（五）敢于质疑与挑战

设计思维者是敢于质疑和挑战传统观念的人。他们具备开放的思维方式，不会被过去的成功或固有的观念所束缚。设计思维者更愿意打破常规，思考新的问题，寻找更有前瞻性的解决方案。

（六）持续学习和适应变化

设计思维者具备持续学习和适应变化的品质。他们了解科技、设计和市场等领域的最新动态，不断更新自己的知识体系。在快速变化的商业环境中，设计思维者能够迅速适应变化，灵活调整策略和方法，以应对新的挑战和机遇。

（七）具备创新性思维

设计思维者具备创新性思维，他们能够以独特的视角看待问题，提出新颖的解决方案。他们勇于挑战现状，寻找改进的空间，从而推动项目向前发展。

（八）强调视觉与沟通能力

设计思维者需要通过视觉语言清晰地传达想法和概念，使复杂的信息变得简洁易懂。此外，他们还能够通过言语和文字有效地沟通，与团队成员和利益相关者保持良好的沟通和协作。

（九）拥抱失败与反馈

设计思维者拥抱失败与反馈，并从中吸取经验教训。他们明白在创新的过程中，失败是难以避免的一部分，但失败并不意味着终结，而是一个学习和成长的机会。他们视失败为一种宝贵的资源，能够从中发现问题和不足之处，并找到更好的解决方案，推动自己不断进步。

这些特点使得设计思维者能够不断推动创新和变革，实现个人和团队的成功。

第三节　TRIZ 方法

经济的发展离不开技术的推动，技术创新是推动社会进步和企业竞争的重要驱动力。而要实现有效的技术创新，需要借助各种方法和工具，其中一种长盛不衰的方法是 TRIZ 方法。

一、TRIZ 方法概述

TRIZ 来源于俄文 теория решения изобретательских задач 的拉丁字母转写 Teoriya Resheniya Izobretatelskikh Zadach（缩写为 TRIZ），意为“发明家式的解决任务理论”。这套解决发明创新问题的方法论由苏联科学家、科幻作家根里奇·阿奇舒勒（Genrich Altshuller）和他的团队在研究了 20 多万份高价值专利后，于 20 世纪 50 年代所提出，以帮助人们更好地解决技术难题，促进技术进步。这套方法论一度被苏联列为国家机密，与达尔文的生物进化论和斯宾塞的社会达尔文主义齐肩，合称为“三大进化论”。

TRIZ 方法的核心思想包括矛盾理论和 40 个发明原理。其中，矛盾理论指出在技术创新过程中常常存在矛盾，解决矛盾是创新的关键。发明原理是 TRIZ 方法的核心工具之一，它总结了大量的创新经验，为解决技术难题提供了指导。

TRIZ 方法中的另一个重要概念是“最终理想解理论”（Ideal Final Result，IFR）。它强调的是以现有条件可达到的最理想的结果，通过设想最终理想状态，帮助人们跳出局限性思维，寻找创新突破口，从而找到更好的解决方案。IFR 避免了传统创新设计方法中缺乏目标的弊端，提升了创新设计的效率。如果将创造性解决问题的方法比作通向胜利的桥梁，那么 IFR 就是这座桥梁的桥墩。IFR 有四大特点：保持了原系统的优点、消除了原系统的不足、不使系统变得更复杂、不造成新缺陷。

二、40 个发明原理

TRIZ 方法中的 40 个发明原理，是对历史上大量发明创造的总结和提炼，为解决技术难题、促进技术创新提供了重要的指导和帮助。

这 40 个发明原理分别为：分割与切割、分离与分开、局部质量、非对称、组合、多用性、嵌套、质量补偿、预先反作用、预先作用、预先防范、等势、反向作用、曲面化、动态化、部分超越、维数变化、利用机械振动、周期性作用、有效作用的连续性、快速、变害为利、反馈、中介物、自服务、复制、廉价替代品、机械系统替代、气压与液压结构、柔性壳体或薄膜、多孔材料、颜色变化、同质性、抛弃与再生、物理/化学参数变化、相变、热膨胀、加速氧化、惰性环境、复合材料。

以下介绍其中使用频率较高、应用较广的 10 个发明原理。

（一）物理/化学参数变化原理

物理/化学参数变化原理指的是通过改变某个参数的数值或范围，实现改进或解决问题。这个发明原理可以在各种技术领域中找到应用，例如调整温度、压力、速度等参数，以改变系统的性能或行为。

（二）预先作用原理

预先作用原理是指在系统中引入预先作用的元素或过程，以减轻或消除后续的不利影响。通过提前采取行动，可以避免问题的发生或降低影响。

（三）分割与切割原理

分割与切割原理是将系统或问题分解成更小的部分或组件，以便更容易理解、管理和解决。这个发明原理可以帮助人们对复杂问题进行分析和处理，提高解决问题的效率和准确性。

（四）机械系统替代原理

机械系统替代原理是指用另一种机械系统替代现有系统，以达到更好的效果或解决问题。通过引入新的机械系统，可以改善系统的性能、功能或可靠性。

（五）分离与分开原理

分离与分开原理是将系统中的不同部分或过程分离或分开，以减少相互干扰或提高效率。通过分离和分开，可以更好地控制和管理系统的各个部分，从而达到更好的整体效果。

（六）动态化原理

动态化原理是将系统中的静态部分或过程转变为动态的，以提高系统的灵活性和适应性。通过使系统更加动态化，可以更好地应对外部变化和需求变化，实现更好的性能和效果。

（七）周期性作用原理

周期性作用原理是在系统中引入周期性的作用或过程，以实现更好的效果或解决问题。通过周期性作用，可以使系统的行为更加稳定和可控，达到更好的性能和效果。

（八）利用机械振动原理

利用机械振动原理是利用机械振动的特性和效应来改进或解决问题。通过合理设计和控制机械振动，可以改善系统的性能、稳定性或可靠性。

（九）颜色变化原理

颜色变化原理是通过改变系统中的颜色或颜色的分布，实现改进或解决问题。通过调整颜色，可以改变人们对系统的认知和感知，从而影响其行为和反应。

（十）反向作用原理

反向作用原理是通过反向思考或采取与常规相反的方法，实现改进或解决问题。通过打破常规思维模式，可以找到更加创新和有效的解决方案。

通过有效运用这些发明原理，人们可以更加系统和有序地进行创新活动，发现问题的根源、寻找解决方案。这些原理不仅可以帮助人们解决具体的技术难题，还可以培养人们的创新思维和方法，推动科技发展和社会进步。

三、39 个工程参数和矛盾矩阵

在 TRIZ 方法中，39 个工程参数和矛盾矩阵是其中一个重要工具，它们可以帮助人们分析和解决技术矛盾，找到创新方向。

（一）39 个工程参数

TRIZ 方法中的 39 个工程参数是指在技术创新过程中常涉及的各种物理和技术参数。这些工程参数涵盖了各个领域的技术特征，对这些工程参数的分析，可以帮助人们更好地理解技术系统，找到创新突破口。39 个工程参数分别是：长度、高度、宽度、厚度、速度、加速度、频率、周期、功率、功率密度、能量、能量密度、温度、湿度、压力、重量、质量、强度、刚度、硬度、粘度、密度、透明度、电阻、电容、电感、电势、电流、磁场强度、磁通量、磁感应强度、化学活性、化学稳定性、可燃性、腐蚀性、摩擦系数、粗糙度、弹性模量、软度。

这些工程参数涉及物理、化学、力学等各个领域的技术特征，通过对这些工程参数的分析，可以全面了解技术系统的特性，为技术创新提供重要的参考。

（二）矛盾矩阵

在 TRIZ 方法中，矛盾矩阵是一个重要工具，它可以帮助人们分析和解决技术矛盾，找到创新方向。矛盾矩阵基于上述 39 个工程参数，将常见的技术矛盾分类，并提供相应的解决方案。通过对矛盾矩阵的运用，人们可以快速定位问题，找到解决方案。

矛盾矩阵通常由一个 39×39 的矩阵组成，其中行和列分别代表了技术矛盾的两个方面。通过对矛盾矩阵的分析，可以找到解决技术矛盾的具体方法和方案。矛盾矩阵分析示例（局部）如图 3-3 所示。

改善的参数 \ 恶化的参数	物质损失	信息损失	时间损失	物质或事物的数量	可靠性	测量精度	制造精度	作用于物体的有害因素	物体产生的有害因素	可制造性	可操作性	可维修性	适应性及多用性	设备复杂性	检测复杂性	自动化程度	生产率
作用于物体的有害因素	33, 22, 19, 40	22, 10, 2	35, 18, 34	35, 33, 29, 31	27, 24, 2, 40	28, 33, 23, 26	26, 28, 10, 18	+		24, 35, 2	2, 25, 28, 39	35, 10, 2	35, 11, 22, 31	22, 19, 29, 40	22, 19, 29, 40	33, 3, 34	22, 35, 13, 24
物体产生的有害因素	10, 1, 34	10, 21, 29	1, 22	3, 24, 39, 1	24, 2, 40, 39	3, 33, 26	4, 17, 34, 26		+					19, 1, 31	2, 21, 27, 1	2	22, 35, 18, 39
可制造性	15, 34, 33	32, 24, 18, 16	35, 28, 34, 4	35, 23, 1, 24		1, 35, 12, 18		24, 2		+	2, 5, 13, 16	35, 1, 11, 9	2, 13, 15	27, 26, 1	6, 28, 11, 1	8, 28, 1	35, 1, 10, 28
可操作性	28, 32, 2, 24	4, 10, 27, 22	4, 28, 10, 34	12, 35	17, 27, 8, 40	25, 13, 2, 34	1, 32, 35, 23	2, 25, 28, 39		2, 5, 12	+	12, 26, 1, 32	15, 34, 1, 16	32, 26, 12, 17		1, 34, 12, 3	15, 1, 28
可维修性	2, 35, 34, 27		32, 1, 10, 25	2, 28, 10, 25	11, 10, 1, 16	10, 2, 13	25, 10	35, 10, 2, 16		1, 35, 11, 10	1, 12, 26, 15	+	7, 1, 4, 16	35, 1, 13, 11		34, 35, 7, 13	1, 32, 10
适应性及多用性	15, 10, 2, 13		35, 28	3, 35, 15	35, 13, 8, 24	35, 5, 1, 10		35, 11, 32, 31		1, 13, 31	15, 34, 1, 16	1, 16, 7, 4	+	15, 29, 37, 28	1	27, 34, 35	35, 28, 6, 37
设备复杂性	35, 10, 28, 29		6, 29	13, 3, 27, 10	13, 35, 1	2, 26, 10, 34	26, 24, 32	22, 19, 29, 40	19, 1	27, 26, 1, 13	27, 9, 26, 24	1, 13	29, 15, 28, 37	+	15, 10, 37, 28	15, 1, 24	12, 17, 28
检测复杂性	1, 18, 10, 24	35, 33, 27, 22	18, 28, 32, 9	3, 27, 29, 18	27, 40, 28, 8	26, 24, 32, 28		22, 19, 29, 28	2, 21	5, 28, 11, 29	2, 5	12, 26	1, 15	15, 10, 37, 28	+	34, 21	35, 18
自动化程度	35, 10, 18, 5	35, 33	24, 28, 35, 30	35, 13	11, 27, 32	28, 26, 10, 34	28, 26, 18, 23	2, 33	2	1, 26, 13	1, 12, 34, 3	1, 35, 13	27, 4, 1, 35	15, 24, 10	34, 27, 25	+	5, 12, 35, 26
生产率	28, 10, 35, 23	13, 15, 23		35, 38	1, 35, 10, 38	1, 10, 34, 28	18, 10, 32, 1	22, 35, 13, 24	35, 22, 18, 39	35, 28, 2, 24	1, 28, 7, 10	1, 32, 10, 25	1, 35, 28, 37	12, 17, 28, 24	35, 18, 27, 2	5, 12, 35, 26	+

图 3-3　矛盾矩阵分析示例（局部）

（三）应用案例

某公司在设计一款新型汽车发动机时遇到了一个技术矛盾：要求发动机功率尽可能大，但同时又要求发动机的重量尽可能轻。通过对 39 个工程参数和矛盾矩阵的分析，人们可以发现功率和重量之间存在矛盾。通过矛盾矩阵的查询，人们可以找到相应的解决方案，如改变发动机的设计结构、采用新材料等。最终，该公司成功设计出了一款功率大、重量轻的新型汽车发动机，实现了技术创新的目标。

TRIZ 方法是一种强大的技术创新方法，通过 IFR、40 个发明原理以及 39 个工程参数和矛盾矩阵等工具，可以帮助人们更好地解决技术难题，推动技术创新的发展。在实际应用中，要灵活运用这些方法和工具，结合具体问题，找到最合适的解决方案，实现技术创新的目标。

第四章　强化创新能力

学习内容

本章以能力培养、方法指导、实践锻炼为主，重点介绍创新能力的内涵、要素、培养方法和评价标准，并提供创新能力的提升策略和实践案例。本章学习内容思维导图如图 4-1 所示。

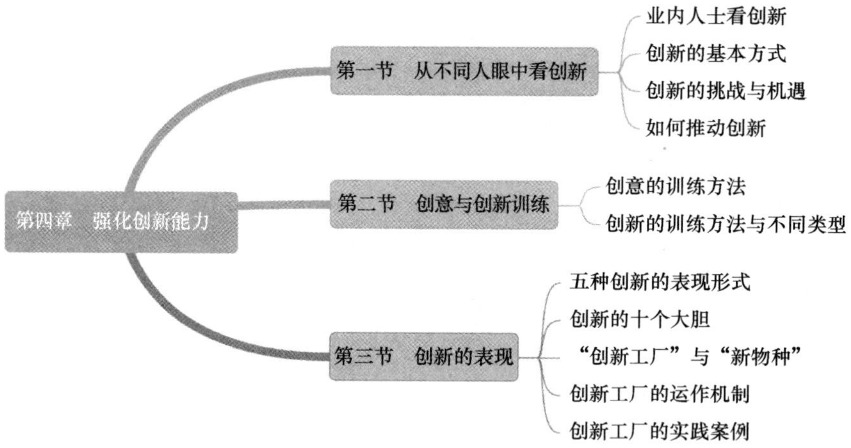

图 4-1　本章学习内容思维导图

学习目标

通过教学情境和实践活动，掌握创新能力的基本概念和理论框架，了解创新能力的培养路径和评价体系，提高创新能力的自我诊断和自我提升能力，为今后的创新创业实践打下坚实基础。

成果产出

创新能力自我诊断；

创新能力提升计划；

创新能力实践报告。

第一节　从不同人眼中看创新

一、业内人士看创新

（一）投资人眼中的创新

投资人通常关注的是企业的潜力和未来的发展。他们认为创新是企业成功的关键因素之一。在投资人眼中，创新意味着能够开发出独特的产品或服务，以满足市场需求，并获得竞争优势。他们希望看到企业具备持续创新的能力，能够不断推出新的产品或服务，并保持领先地位。

（二）企业家眼中的创新

企业家是企业的领导者，他们通常具备强烈的创业精神和创新意识。在企业家眼中，创新意味着能够打破传统思维和模式，寻找新的商业机会和解决方案。他们希望看到企业具备灵活性和适应性，能够快速响应市场变化和客户需求，并保持领先地位。

（三）科学家和行业领军人眼中的创新

科学家和行业领军人通常具备深厚的专业知识和技术背景。在科学家和行业领军人眼中，创新意味着能够探索新的科学和技术领域，推动科技进步和发展。他们希望看到企业具备创新能力和技术实力，能够开展基础研究和应用研究，并推动科技创新和产业发展。

二、创新的基本方式

（一）渐进式创新

渐进式创新，是指通过不断改进现有产品或服务，满足市场需求和提高竞争力。这种创新方式通常基于现有技术和市场趋势，通过不断优化和改进来提高产品质量与性能。渐进式创新是大多数企业所采用的创新方式，因为它风险较低且易于实施。

（二）突破式创新

突破式创新，是指通过开发全新的产品或服务，满足市场需求并获得竞争优势。这种创新方式通常需要大量的研发投入和技术突破，以实现产品或服务的根本性变革。突破式创新风险较高，但一旦成功，将为企业带来巨大的商业价值和市场份额。

（三）组合式创新

组合式创新，是指将不同领域的知识和技术进行组合与整合，创造出全新的产品或服务。这种创新方式通常需要跨领域合作和团队协作，以实现不同领域之间的交叉融合与创新。组合式创新是一种较为复杂和高级的创新方式。

三、创新的挑战与机遇

（一）创新的挑战

创新是一项艰巨的任务，需要面对许多挑战，主要包括以下几种。

1. *技术难题*

创新需要解决许多技术上的难题，包括研发、设计、生产、销售等方面的问题。这些技术难题需要投入大量的人力、物力和财力来解决，而且解决的过程往往充满风险和不确定性。

2. *市场接受度*

创新的产品或服务需要得到市场的认可和接受，而市场的需求和竞争环境是不断变化的。因此，创新需要充分了解市场需求和竞争状况，并采取适当的营销策略来推广和销售产品或服务。

3. 组织文化

创新需要打破组织惯性和传统思维，这需要改变组织文化和员工的行为方式。建立适应创新的文化氛围需要时间和努力，同时需要系统培养员工的创新意识和能力。

（二）创新的机遇

创新不仅带来了挑战，也带来了机遇。成功的创新可以为企业带来许多商业价值，包括提高市场份额、增加销售额、提高客户满意度等。此外，创新还可以帮助企业进入新的市场领域，开拓新的商业模式，提高企业的竞争力和可持续发展能力。

四、如何推动创新

（一）建立创新文化

企业应该建立一种鼓励创新的文化氛围，让员工敢于尝试和冒险，勇于面对失败和承担风险。

（二）投入研发资源

企业应该投入足够的研发资源，开展基础研究和应用研究，掌握核心技术和知识产权。同时，企业应该注重技术转化和商业化，将科技成果转化为商业价值，提高企业的竞争力和市场地位。

（三）跨界合作

企业应该寻求跨界合作的机会和合作伙伴，开展跨领域合作和交流，共同探索新的商业模式和创新机会。通过与不同领域的企业、机构合作，企业可以获得新的思维方式和资源支持，推动创新的实现和发展。

（四）优化组织结构

企业应该优化组织结构和管理方式，为创新提供更好的平台和支持。通过建立灵活的组织结构和扁平化的管理方式，企业可以更好地适应市场变化和客户需求，提高创新能力和市场反应速度。

从不同人眼中看创新，我们可以看到不同的观点和角度，也可以看到创新的多样性和复杂性。在实践中，我们需要克服创新的挑战和风险，同时也需要抓住创新的机遇和发展机会，提高自身的竞争力和可持续发展能力。

第二节　创意与创新训练

在第一章中我们浅析了创新与创业，但创新创业往往都是从点滴创意开始的，而且在创新与创业的过程中，也需要更多的创意。

创意是指具有独特性和新颖性的思维和想法，它能够打破常规，突破传统思维，创造出新的价值。创意的产生需要具备敏锐的洞察力和想象力，能够从不同角度和层面思考问题，寻找新的解决方案。

创意、创新与创业是相互关联、相互促进的三个过程。创意是创新的源泉，创新是推动社会进步和发展的重要动力，而创业则是实现创新的重要途径之一。

一、创意的训练方法

（一）观察与思考

创意的产生往往源于对周围事物的观察和思考。通过观察，我们可以发现事物的特点和规律，从而为创意的产生提供灵感。同时，思考可以帮助我们深入理解事物，挖掘其潜在的价值和可能性。

（二）激发好奇心

好奇心是创意的源泉。通过激发好奇心，我们可以主动寻找、探索新的知识和领域，从而为创意的产生提供更多的可能性。同时，好奇心也可以帮助我们保持对事物的热情和兴趣，从而为创意的产生提供持续的动力。

（三）跨领域学习

创意往往需要跨越不同领域的知识和技能。因此，跨领域学习是培养创意的重要方法之一。通过学习不同领域的知识和技能，我们可以获得更多的思维方式和视角，从而为创意的产生提供更多的灵感和思路。

（四）实践与尝试

实践是检验真理的唯一标准。通过实践与尝试，我们可以将创意转化为实际的产品或服务，从而为创意的实现提供更多的可能性和价值。

二、创新的训练方法与不同类型

（一）创新的训练方法

1. 问题导向

问题导向是创新训练的核心方法之一。它强调以解决实际问题为导向，通过分析和研究问题，寻找创新的解决方案。这种方法鼓励学生们从实际出发，关注社会、经济、技术等方面的问题，并运用所学知识进行深入思考和探索。

在问题导向训练中，需要学会如何识别问题、分析问题、提出解决的方案，并不断优化和完善。

2. 用户导向

创新强调以用户需求为导向，通过深入了解用户需求和行为，开发出符合用户需求的产品或服务。这种方法要求我们从用户的角度出发，关注用户的痛点、需求和体验，并努力满足用户的期望。

在用户导向训练中，我们需要学会如何进行市场调研、用户访谈、用户行为分析等，以便更好地了解用户需求和行为。

3. 技术导向

创新强调以技术发展为导向，通过不断研发新技术和新方法，推动产品和服务创新。这种方法鼓励我们关注技术发展趋势和前沿技术，并尝试将其应用于实际问题和产品开发中。

在技术导向训练中，我们需要学会如何进行技术研发、技术创新和新技术应用等。

（二）创新的类型

1. 产品创新

产品创新是指通过改进现有产品或开发新产品，满足市场需求并获得竞争优势的创新。这种创新通常涉及产品的设计、功能、性能、用户体验等方面的改进和优化。在产品创新中，我们需要学习如何进行市场调研、用户调研、竞品分析等，以便更好地了解市场需求和竞争情况。

2. 服务创新

服务创新是指通过改进现有服务或开发新服务，提高客户满意度和市场竞争力。这种创新通常涉及服务流程、服务体验、服务质量等方面的改进和优化。在服务创新中，我们需要学习如何进行服务设计、服务流程优化、服务质量提升等。

3. 组织创新

组织创新是指通过改变组织结构、管理方式和工作流程等，提高组织的效率和适应性。这种创新通常涉及组织结构的调整、管理方式的变革和工作流程的优化等方面。在组织创新中，我们需要学习如何进行组织结构设计、管理方式变革和工作流程优化等。

4. 商业模式创新

商业模式创新是指通过改变商业模式的要素和结构，创造新的商业机会和竞争优势。这种创新通常涉及商业模式的重新设计、商业模式的要素调整和商业模式的优化等方面。在商业模式创新中，我们需要学习如何进行商业模式设计、商业模式要素分析等。

第三节　创新的表现

创新需要具备创新思维和创新精神，需要不断探索新的领域和尝试新的方法。同时，创新也需要具备实践能力和经验积累，需要不断进行试验和改进，如此才能实现真正的创新。

一、五种创新的表现形式

（一）原始创新

原始创新，是指在某一领域或技术上，通过深入研究和探索，创造出前所未有的成果。这种创新具有较高的技术含量和新颖性，是推动科技进步和发展的重要动力。量子计算、人工智能等领域的突破性进展，都是原始创新的典型代表。

（二）集成创新

集成创新，是指将不同领域的知识、技术、资源等整合在一起，创造出新的产品或服务。这种创新需要将不同领域的元素进行有效的组合和优化，以实现更高的效益和更广泛的应用。智能手机、无人机等产品的出现，都是集成创新的典型代表。

（三）消化吸收再创新

消化吸收再创新，是指在引进、消化、吸收其他国家或企业的技术、知识和经验基础上，进行再创新。这种创新需要将引进的技术、知识和经验与自身的实际情况相结合，进行再创造和再发展。例如，高铁、新能源汽车等技术的引进和发展，都是消化吸收再创新的典型代表。

（四）协同创新

协同创新，是指通过企业、高校、研究机构等多方合作，共同推动创新。这种创新需要各方在资源共享、优势互补基础上，进行紧密合作和协同发展。例如，产学研一体化、创新创业大赛等活动的开展，都是协同创新的典型代表。

（五）全面创新

全面创新是指企业或组织在全面规划、统筹协调的框架下，进行多方面的创新。这种创新需要将企业或组织的各个方面进行综合考虑和协调发展，以实现全面的进步和发展。

例如，苹果手机就是全面创新的典型代表。苹果手机不仅在硬件设计、操作系统等方面进行了全面创新，还在市场营销、服务等方面进行了全面创新，从而实现了全面的发展和成功。

二、创新的十个大胆

敢于质疑：不轻信、不盲从，敢于对传统观念和权威进行挑战。
敢于尝试：勇于尝试新事物，不怕失败，不怕被批评。
敢于冒险：敢于承担风险，不畏难怕险，勇于挑战未知领域。
敢于犯错：在错误中吸取教训，不断改进和完善自己。
敢于失败：不怕失败，从失败中寻找成功的可能性。
敢于成功：不满足于现状，敢于追求更高的目标。
敢于挑战权威：勇于挑战传统观念和权威，推动科学发展和技术进步。
敢于揭短：不掩盖问题，敢于揭露自身的不足和错误。
敢于直言：不隐瞒自己的观点和想法，敢于直言不讳。
敢于超越：不满足于现状，敢于超越自己，追求更高的境界和目标。

三、“创新工厂”与“新物种”

（一）“新物种”的定义与特征

“新物种”是指那些在形态、功能、生态等方面都不同于原有物种的新生物种群。

这些物种具有独特的优势，能够适应不同的环境条件和生存竞争。在创新领域，“新物种”通常是指那些具有独特创新能力和竞争优势的新企业或新产品/服务。

（二）“创新工厂”的构建

为了培育和孵化“新物种”，需要构建一个有利于创新的环境和平台，即“创新工厂”。“创新工厂”可以提供良好的硬件设施、软件服务、人才资源、投融资渠道等支持，为“新物种”的成长和发展提供全方位的支持和保障。

（三）“新物种”的培育与孵化

在“创新工厂”的环境下，通过政策引导、市场机制、人才培养等多种手段，可以培育和孵化出具有独特创新能力和竞争优势的“新物种”。这些“新物种”可以带来新的经济增长点和社会价值，推动产业升级和发展。

（四）“新物种”的成长与发展

在“创新工厂”的支持下，“新物种”可以迅速成长和发展。它们可以通过不断的技术创新、商业模式创新和管理模式创新等手段，提高自身的竞争力和适应性，在市场中获得更大的份额和更多的资源支持。同时，“新物种”也可以通过与其他企业或机构的合作与交流，实现资源共享和优势互补，进一步推动自身的成长和发展。

四、创新工厂的运作机制

（一）创新生态的构建

创新工厂的核心是构建一个充满活力的创新生态，包括技术研发、人才培养、资金支持、市场应用等各个环节。在这个生态中，各个参与者可以相互合作、共享资源，共同推动创新的实现。

（二）创新资源的整合

创新工厂需要整合内外部的创新资源，包括技术、人才、资金、市场等。通过资源的整合和优化配置，为“新物种”的成长提供必要的支持和保障。

（三）创新项目的筛选与评估

创新工厂需要从众多的创新项目中，评估、选择具有潜力和市场前景的项目进行孵化。同时，需要对项目的进展和成果进行定期评估，确保项目的顺利进行和目标的实现。

（四）创新团队的组建与管理

创新工厂需要一支高素质、专业化的创新团队，负责项目的研发、管理和市场推广等工作。同时，需要建立完善的管理机制，确保团队的稳定性和高效性。

（五）创新文化的培育

创新工厂需要培育一种鼓励创新、宽容失败的文化氛围，激发员工的创新意识和创新精神，并通过文化的引导和激励，推动创新的实现和“新物种”的成长。

五、创新工厂的实践案例

（一）硅谷的创新工厂

硅谷作为全球知名的科技创新中心，拥有众多的创新工厂和孵化器。这些机构通过提供技术支持、资金支持和市场支持等手段，培育出了大量的科技“新物种”，如谷歌、脸书等。

（二）深圳的创新工厂

深圳作为中国改革开放的前沿阵地，拥有众多的创新工厂和科技企业。它们通过不断的技术创新和市场拓展，推动了深圳经济快速发展和产业转型升级。

（三）阿里巴巴的创新工厂

阿里巴巴作为中国最大的电商平台之一，也积极构建自己的创新工厂。通过整合内外部资源和技术支持等手段，阿里巴巴培育出了大量的电商“新物种”，推动了电商行业的快速发展和变革。

在实践中，我们需要不断完善创新工厂的运作机制和管理模式，提高创新的效率和质量。同时，需要注重人才培养和文化建设等方面的工作，为创新的实现提供必要的支持和保障。只有这样，我们才能更好地应对未来的挑战和机遇，推动社会的持续进步和发展。

模块二　方向锁定

第五章　寻找创业机会

学习内容

锁定创新方向之后，我们就要提出项目创新的方案，这会让人感到兴奋，因为一个独特的想法有可能改变世界。但同时，我们可能有些不知所措，因为不知道方案从何而来，而且在实现方案的过程中，也会面临很大压力。

本章将重点从身边的变化和社会痛点两大方向中寻找创业机会，正式开启自己的创业项目。本章学习内容思维导图如图 5-1 所示。

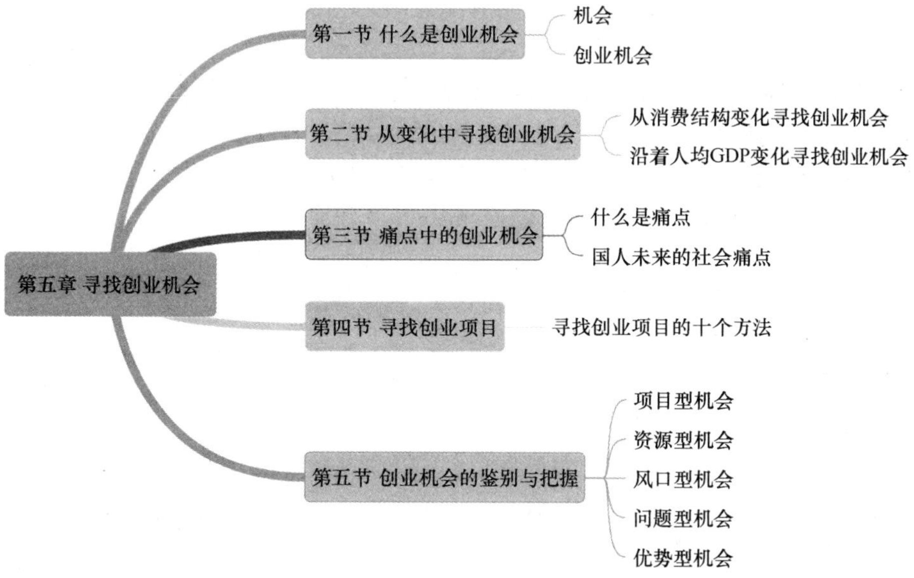

图 5-1　本章学习内容思维导图

学习目标

通过教学情境和案例学习，分辨机会与创业机会的不同，通过观察分析大众消费行为变化、社会普遍存在的痛点寻找创业机会，学会运用 10 个方法寻找创业项目，并用一句话描述一个确定的创业项目。

成果产出

找准创业项目的两大方向；

寻找创业项目的十大方法；

描述创业项目的三个要素。

第一节　什么是创业机会

案例：蔚来 EVE 与未来汽车理念

蔚来是一家全球初创电动汽车公司，创办于 2014 年 11 月，2015 年获得 FE 电动方程式赛事首季车手总冠军，2016 年发布全球最快电动汽车 EP9，已在上海、圣何塞、慕尼黑、伦敦等 12 地设立设计、研发、生产与商务机构，拥有 2000 多名员工。蔚来的投资者包括易车创始人李斌、京东创始人刘强东、汽车之家创始人李想，以及腾讯、淡马锡、红杉资本、高瓴资本、顺为资本、联想、GIC、TPG 等近 20 家知名企业和企业家。

2017 年蔚来在美国德州奥斯汀全球科技潮流盛会“西南偏南”上发布北美战略，并发布首款概念车 EVE。这是一个无人驾驶的移动生活空间，以“第二起居室”为设计理念，通过全景座舱、智能全息屏幕等交互技术，实现了车与环境、人与环境的融合。伴随着 EVE，蔚来同时发布了“NOMI”人工智能伴侣系统。NOMI 可以持续学习用户的习惯与兴趣，根据不同使用场景来满足每个人的个性化需求。

从给予人空间的自由到解放人在车上的时间，从与环境对立到融入环境，从纯粹的机器到有情感的伙伴，EVE 向用户展示了未来的汽车理念。汽车不再只是代步工具，而将成为人类的智能出行伴侣。蔚来的汽车理念诞生了无数个可能的、新的创业机会。

真的是未来已来，未来的创业机会在哪里？

一、机会

机会是具有时间性的有利情况，具体而言，是出现了新的选择、关键、要害。在个人发展方面，机会指利于成才或获得某种成功的机遇和时机，而在商业语境中，机会是指未明确的市场需求或未充分使用的资源或能力（伊斯雷尔·柯兹纳）。

机会具有以下特性。

（一）时效性

机会有时效性，而且多数机会稍纵即逝。若能及时抓住，它可能就是成功的起点，一旦失去，可能让人追悔莫及。

（二）风险性

机会大多与风险并存。由于大多数机会稍纵即逝，人们对它的全部本质往往看不太清，又因为它关系未来的事物，受多方条件制约，它常呈现若明若暗的状态。其实机会只属于那些捷足先登的策划人，在机遇和风险面前左顾右盼、裹足不前常常会错失良机，但不顾条件一味蛮干也会受到机会的惩罚。

（三）隐蔽性

机会有些是公开的，有些是隐蔽的，获利越大的机会往往隐蔽性越强，因为竞争对手们尚未发觉。机会虽处处存在，但由于隐蔽性，常常只有目光极其敏锐的人才能及时察觉它们、发现它们，并进一步利用它们。

（四）有限性

机会的效用除了时间上的限制，还有空间上的限制和它的受体对象的限制。同一事件对一个组织或一个人是机会，对另一个组织或个人就不一定是机会，因此抓住机会要客观地分析，不能人云亦云、随波逐流。

（五）竞争性

多数时候机会属于群体。最善于利用机会的策划人才会获得机会的青睐。机会受体越广，竞争性越强，机会显性越大，竞争性也越大。

（六）创新性和可拓展性

机会不仅可以被利用，而且在一定程度上可以被创造、被拓宽、被强化。聪明的人可以把对自己不利的事件巧妙地使之转变为对自己有利的机会。

（七）可测性

机会的产生有偶然因素，也有非偶然因素，但很大情况下是必然中的偶然，意料中的未料。捕捉机会绝不是碰运气，因为机会在一定程度上是可预见、可预测的。捕捉机会，尤其是捕捉那些隐蔽性的机会，很大程度上取决于人自身的素质、预测能力和对事物规律性的认识。

二、创业机会

（一）创业机会和商业机会

商业机会是指实现某种商业利益（盈利目的）的可行的突破口、切入点、途径、环境、空间、条件等，它包括了创业机会。创业机会是指有助于创办新的企业、实现某种商业利益（盈利目的）的可行的突破口、切入点、途径、环境、空间、条件等，是有助于创办新的企业的商业机会。创业机会和商业机会的重要区别在于创业机会是要创办新的企业。

（二）创业机会的判断标准

创业的过程可以描述为：创业团队在洞悉某一行业市场现状、需求基础上，经过慎重研究、思考寻找出创新的、未来有较大需求且可行的商业模式后，通过管理、技术、生产、营销等手段最大限度地实现团队预期目标，并为团队每个人和社会创造财富的过程。判断创业机会有以下几个标准。

1．产品或服务可满足顾客需求。一切创业机会都来源于顾客需求，能否满足顾客需求是评判创业机会价值的根本标准。

2．产品或服务有较大的市场容量。有些细分市场容量太小，导致投资成本过大，难以实现盈利。较大的市场容量带来旺盛的需求和较高的利润。同时，较大的市场容量意味着创业窗口关闭的时间比较晚，企业的发展空间比较大，利润的增长空间也比较大。

3．产品或服务满足需求的及时性。有些机会具有较大的市场容量，但是时机没有到，市场没有成熟。这样的机会风险比较大。只有能及时满足顾客需求的市场，才能支撑得起初创企业的生存。

4．有较明确的目标客户。如果一个创业机会连目标客户都不明确，就很难让人相信这个机会具有价值。具有价值的创业机会一般都比较清楚地知道自己服务的目标客户或消费人群。

总的来说，创业机会是需要我们主动寻找的，有利于创业但未完全明确的创业方向。在寻找和评估创业机会时，我们需要从多个角度进行考虑和分析，以确保我们的决策是基于充分的信息和理性的判断。

（三）抓住创业机会的窗口

创业机会主要是指具有较强吸引力的、较为持久的、有利于创业的商业机会。它也是预期能够产生价值的清晰的目的和手段组合，创业者据此可以为客户提供有价值的产品或服务，满足顾客的需求，同时使创业者自身获益，这是价值来源的根本。

对创业者而言，“机会窗口”很重要。新产品市场建立起来后，机会窗口就打开了。随着市场的成长，企业进入后有较大的盈利可能，而当市场日趋成熟，机会窗口往往会关闭。

1995 年第一个搜索引擎雅虎进入市场，随后市场迅速增长，雷克斯网站（Lycos）、Excite、奥塔维（Alta Vista）等先后进入市场，谷歌也在 1998 年利用高级搜索技术进入市场。此后，搜索引擎市场走向成熟，机会窗口实质上已经关闭了。现在，新创建的搜索引擎企业获得成功非常之难，除非它拥有明显的优势（例如微软大力扶植旗下的必应与谷歌抗衡）或者是采用示范方式定位于已有市场。

1994 年杰夫·贝佐斯（Jeff Bezos）放弃了纽约一家投资公司的优厚工作，因为他发现了一个更新、更有潜力的行业：互联网行业。当时网民数量增长率达到令人咋舌的 2300%，贝佐斯认为，在这种趋势下，投资网络的前途不可估量。经过筛选，他在西雅图创办了第一家网上书店，并用全世界第一大河——“亚马逊”命名。网络发展的无限可能性，加上贝佐斯团队的勤奋，使亚马逊如当初所愿的那样，成了一家“什么都能卖”的公司。

（四）创业机会的来源

约瑟夫·熊彼德说：“真正有价值的机会来源于外部变化，这些变化使人们可以做以前没有做过的事情，或者使人们能够以更有价值的方式做事”。创业机会主要来自于三个方面。

1. 技术机会

技术机会是指由于技术进步、技术变化带来的创业机会，例如工艺创新、技术扩散等，使创业者可以用新技术来改进生产过程，或者改进、迭代产品或服务。儿时的金·吉列（King C. Gillette）经常看到父亲用长柄剃刀剃须刮破脸，长大后自己也同病相怜，决心创造出一种更安全、更方便的剃刀。1903 年，世界上第一个可以更换刀片的安全剃须刀问世了。如今的吉列新产品竟有 30 多种功能、20 多项专利技术，年产值达数十亿美元，市值达 400 多亿美元。

2. 市场机会

市场机会即市场上存在的未满足的需求，也叫潜在市场。市场机会的出现往往是因为环境变化，市场的不协调或混乱，信息的滞后、领先或缺口，以及市场中各种各样的其他因素的影响。机会把握与否，取决于能否识别和利用这些变化与不完善。不同的市场机会价值差异巨大，且市场机会的价值受各方面不确定因素的影响始终处于变动状态。调查显示，在识别阶段产生的 3000 个机会中，只有 14 个能进入开发阶段，最终能够商业化而成功的只有 1 个而已。因此，为了选出价值较高的市场机会，创业者需要对发掘出的机会进行一系列调查研究和评估。

创业机会大多数情况下并不明显，需要创业者发挥想象力，发现事物背后的线索，或者用新观点、新视角去理解现实所发生的事，洞察机会。“变化”和“差异”往往隐含着市场机会。例如，当一个地区的经济发展到新阶段（如贫困到温饱、小康、富裕），消费者往往会有相应的新需求，市场供给缺陷会产生新的商机，而先进国家或地区的产业转移也会带来新机会。例如一位温州商人，在欧元纸币刚公布样式、尚未真正使用时，就敏锐地观察到欧元纸币比欧洲各国原有货币尺寸大，换言之，有接近 2 亿的欧洲人迟早会发现他们的钱包“变小了”。于是，他迅速募集资金，生产出一批成本低、质量好，专用于欧元尺寸的钱包。当样品摆在欧洲商人眼前时，他们惊奇万分，因为他们自己还没有意识到这一变化引起的新需求。

3. 环境机会

创业环境是一个客观存在，创业者无法阻挡创业环境的变化发展，但又可以利用创业环境变化中的有利因素，例如国家宏观政策法规的调整、经济发展形势的良性趋势、社会进步，以及创业者所在地区环境、行业发展等。

大学生李帅毕业后到家乡某村任村主任助理。当时他对农村工作毫无头绪，在理想与现实的落差中曾有过心理失衡。但镇里成立了大学生创业园后，他受到了极大的鼓励。他向村里汇报了创业的想法，并到当地一家公司毛遂自荐。该公司正在筹划一个生态养殖项目，热情欢迎食品专业出身的李帅。后来，李帅和镇里的招商分队一起到外地招商，并争取到客商投资 5000 万元以合建生态养殖项目。

大学生创业者在市场中常常面临巨大的挑战。创业不仅需要创新思维，更需要敏锐地捕捉和甄别机会。本章第二、第三节就分别聚焦“变化”与“痛点”解析其中的创业机会。

第二节　从变化中寻找创业机会

环境的变化为各行各业带来了新的机遇。产业结构调整、科技进步、通信革新、政府政策、经济信息化服务化、价值观与生活形态的变化，以及人口结构的变化等，都是我们寻找创业机会的重要方向。例如，移动互联网的普及催生了众多手机应用程序的开发公司，而微信的兴起也带动了小程序的发展。这些变化为创业者提供了无限的商机。

再以人口因素变化为例，随着人口老龄化，为老年人提供健康保障用品成为新的创业机会。随着 90 后独生子女增多和开放二胎三胎政策的落实，为独生子女照顾子女的服务项目也成为新的创业机会。针对女性既要考虑结婚生子又要承担职场压力的问题，为年轻女性和上班女性提供便捷的用品也是一个不错的选择。此外，由于我国男性比女性多出 2000 万人，且单身适龄男女众多，可以衍生出许多相关产品和服务。随着泛家庭娱乐场景的提升与孩子的增多，为家庭提供文化娱乐用品也将产生大量市场。总之，变化孕育着无限的机会，希望每位创业者都能够善于观察、思考和创新，抓住机遇，实现自己的创业梦想。

一、从消费结构变化寻找创业机会

随着生活水平的提升，消费者对产品需求不断升级，不再满足于低价和同质化产品。他们追求产品的多样性和高性价比，这为创业者提供了大量的机会。回顾我国的发展历程，消费需求也在不断演变。20 世纪 50 年代至 80 年代，满足基本的生活需求是人们的追求；到了 2010 年以后，人们更加关注健康饮食，这催生了一系列健康食品和有机产品的市场需求。

现代消费者的消费行为正在发生深刻变化。他们更加理性，对不良生活方式、不确定的解决方案和未知的产品成分持怀疑态度。这种变化使得市场需要更多能够真正改善生活，而非仅仅带来表面变化的产品。

今天的中国，物质产品丰裕，居民消费观念、行为和方式也在迅速转变。信息科技的飞速发展为消费升级提供了有力支持。数字技术与人们生活的深度融合，催生了新消费浪潮。以消费升级引领产业升级，通过制度、技术和产品创新满足并创造消费需求，将有助于提高经济发展质量、增进民生福祉、推动经济结构优化、激活经济增长内生动力，实现持续、健康、高效和协调发展。新型消费所催生的新业态、新产业和新商业模式带来了巨大的投资机遇和创业机会。

马斯洛需求层次理论指出，在基本需求满足之后，人们会追求更高层次的需求，如社交、尊重和自我实现。从西方发达国家的经验看，当人均收入超过一定水平时，消费会由小康型向享受型转变；当收入进一步提高时，消费会向休闲型转变；当人均收入突破一定阈值时，精神消费将取代物质消费成为主导，文化娱乐、体育休闲等新消费特征日益突出。目前，中国的人均 GDP 和人均国民总收入已经突破 1 万美元，进入上中等收入国家行列。随着居民收入的增加，生活和消费方式正在发生深刻变化。居民消费不断升级，消费观念从基本生活需求为主转向更高层次的品质化、个性化需求；消费对象从物质产品转向更多的服务；消费方式也从传统的提袋式消费转向体验式消费，新型消费模式不断涌现。

（一）与居民消费升级直接关联的领域

随着居民收入的提高和供给质量的提升，我国居民的消费观念正在发生深刻变化。

消费升级与产业升级将呈现出协同共进、良性互动的发展态势，与居民消费升级直接相关的领域蕴藏着丰富的创业机会。

1. 服务消费

服务消费持续增长，已经占据了居民消费的“半壁江山”。在教育、医疗健康、养老、文化、旅游等领域，与新技术结合的新消费方式和商业模式不断涌现。例如，知识付费、在线教育、远程诊疗、居家健身、网络赛事、智慧养老、在线探视、动漫体验、虚拟旅游、旅游社交分享等新兴服务消费领域，具有巨大的增长潜力和发展空间，为创业者提供了众多的投资机会。

2. 信息消费

新一代信息技术的广泛应用，特别是移动互联网的普及，催生了多种新型信息消费业态的兴起。社交平台分享、网红直播打赏、短视频、抖音分享等新兴信息消费方式层出不穷。随着5G技术的发展，可以预见，未来的信息消费新业态与新场景将不断涌现。

3. 绿色消费

在高质量发展阶段，生态文明理念和绿色消费观念逐渐深入人心。低碳、环保的生活方式已成为时尚，由绿色消费推动的生态农业、有机农业、节能环保、资源综合利用等领域的新产品及技术研发，具有大量的投资与创新创业机会。

4. 时尚消费

时尚消费越来越流行，消费者的消费行为不仅是为了购买商品，更是为了追求自我表达和价值观的认同。他们愿意为购物体验和休闲娱乐服务支付溢价。例如，以摩天轮著称的上海大悦城，推出下午茶套餐、情侣纪念品、照片拍摄等服务，旨在促进交叉销售，成为新的城市购物目的地；定位于“艺术购物中心”的武汉K11，设立了咖啡博物馆、草本健康区，实现以生活方式为导向的购物体验。顺应时尚消费趋势，立足于消费者体验、个性化设计、柔性制造等的相关商家及产业，将加速发展并具有良好的创业前景。

5. 品质消费

随着人民收入水平的提高和社会进步，消费者更加注重商品和服务的质量，包括品牌的美誉度、消费体验以及人文理念等。消费者的消费决策逐渐从过去以功能和价格导向为主，转向以品质决策为中心，“悦己型消费”逐渐兴起。顺应这种消费理念，各行业能够为消费者提供高品质商品和服务的商家将具有广阔的发展空间及投资机会。

6. 农村消费升级

随着乡村振兴和农村居民收入持续较快增长，农村在交通通信、文化娱乐、家电类耐用品及家用轿车等方面的消费需求将持续释放。同时，针对农村市场的销售网络、物流配送、农产品流通及供应链建设，以及其他基础设施与平台建设的投资空间与潜力将十分巨大。

综上所述，居民消费升级是新消费发展的持续动力，通过深入挖掘与居民消费升级相关的领域，结合新技术和市场趋势，我们可以发现并抓住更多的创业机会，创造更多的价值。

（二）未来十年消费领域变化引发新趋势

1. 红肉消费

红肉消费将逐渐下降，随着时间的推移，或许会成为很多追求健康生活人士的“禁忌”。从全球的营养大数据来看，与饮食相关的全球死亡人数每年约有 1100 万人，膳食质量对健康的影响已经超过了吸烟。而红肉又是一种对健康影响巨大的食品。红肉摄入越多，患Ⅱ型糖尿病和结肠癌的风险随之增加。

《“健康中国 2030”规划纲要》明确提出，把引导合理膳食作为重要抓手，联合国粮农组织也在大力提倡以影响改善为目标的农业支持体系，从而有效改善国民营养健康，促进农业可持续发展。减少红肉的食用数量，减少精制谷物、精加工食品及添加糖的摄入，较多食用富含膳食纤维的全谷类和薯类食物以及品种丰富的果蔬，更多食用白肉、坚果、豆类等来摄取蛋白质，以及适量吃奶制品，将成为更加健康的生活方式。

2. 基因解决方案

基因检测将成为个性化的健康主流，未来从饮食到皮肤和生活习惯，都是可以通过 DNA 检测做出个性化服务了。

人类基因组计划是人类科学史上的三大伟大工程之一，也带动了整个全球经济的发展。从 2011 年《人类基因工程的经济影响》（*Economic Impact of the Human Genome Project*）报告看，美国政府在人类基因组计划上面投入了 38 亿美元，推动了约 7960 亿美元的经济产出。

在基于基因技术的商业运营中，基因检测是重要一环。人们利用基因测序等技术手段，检测生物中的血液、体液、细胞中的 DNA，并分析该基因是否含有高风险遗传疾病以及基因表达是否正常，从而确定被检测生物的基因信息、诊断疾病、预知身体患某种病的风险等。2020 年全球基因测序的市场规模达 84.1 亿美元，据估计，这个数字在 2030 年可达 400 亿美元，年均复合增长率达 17.5%。

政策、需求与技术是我国基因检测行业增长的主要驱动力。在需求端，我国居民消费能力以及健康意识逐年增强，人均收入与医疗保健支出占比连年增长；在技术端，随着技术进步与竞争环境的变化，二代测序与三代测序技术互补发展，我国基因检测成本逐年下降，提高了基因检测服务在我国居民中的渗透率。基因检测市场主要分为科研基因检测、临床基因检测以及消费基因检测。2020 年，我国基因检测市场规模约为 187 亿元，预计到 2025 年，我国基因检测市场规模可达 555 亿元，年均复合增长率为 24%。其中，肿瘤早筛、肿瘤伴随诊断、无创产前筛查（NIPT）、传染病核酸检测等临床基因检测以及消费基因检测，将是重点应用场景。

3. 医美和健康产业被广泛认可

基于血液的美容、饮料、食品和个人护理方案将获得广泛认可，医美和健康或许将会融入生活的每个角落，也融入身体的每个角落。

随着我国居民人均收入的增长，以及互联网平台发达带来的短视频、网红经济，颜值焦虑为医美行业带来巨大的市场。我国医美行业得到了快速的发展，行业规模位列世界第二，约占全球医疗美容服务市场 13.5%的市场份额，增速为世界第一。《中国医美行业 2024 年度洞悉报告》显示，“医美行业作为情绪消费赛道的“新质消费力”，需求者的悦己需求仍在逐步提升。后疫情时代，大众消费有明显的“K 型分化”现象，即一部分群体消费增加，一部分却在降低。在医美领域，中高收入群体（家庭税前年收入超过 30 万的需求者）一方面在理性追求服务的性价比，同时也有意愿为高品质医美服务买单。比如在 2023 年，约 91%的中高收入医美需求者维持或增加了医美消费金额，而预计未来仍会继续保持或增加。高端医美需求客群（医美年消费金额大于 5 万）消费金额及项目持续扩展。以 2023 年为例，这一群体年均医美需求投入金额增加约 11%，更加注重机构或医生不同项目的专业度，且对身体塑形项目兴趣度更高。而在潜力医美需求客群一端（医美年消费金额小于 1 万），他们对选择机构及项目时较为谨慎，热衷清洁、水光和低价光电项目，在填充注射上有需求开发空间。

此外，我国医美领域还表现出“男性医美客群需求强劲”和“出境医美客群需求逐步多元化”两大特点。男性用户相比女性更注重医生专业度、资质和治疗前咨询服务，除光电项目外，在填充注射上仍有提升空间。而在处境医美方面，首选目的地为日韩两国，其次是我国的港澳台地区，用户对祛皱抗衰光电和填充剂注射的需求较往年更为旺盛。因此，在这一背景下，打造个性化品质服务和治疗体验是未来医美发展的必然方向。

一篇名为《未来十年，细数最好的医疗健康产业机会》的研究文章指出，中国大健康行业正经历颠覆性的转型：数字化医疗的真实落地，疫情导致的全球新竞争格局，外企巨头的本地化，民企独角兽的崛起，中国与世界的双循环格局，2030 健康中国的宏伟目标渐行渐近。中国大健康行业正迎来一系列创新加速：以患者为中心的解决方案取代单一产品，成为下一代企业竞争赛点；从医生主导到为患者赋能，不断打破空间和时间的限制，呈现数字化、智能化、个性化健康服务等新特征。中国医疗市场已成为全球第二大市场，产业结构正在不断革新、重塑，构建增长型生态圈势在必行。由 Med+研究院发布的《2021 大健康趋势发展报告》显示，当前，中国 65 岁以上老龄人口突破 1.9 亿，到 2030 年，中国 65 岁以上的老龄人口将超过 2.6 亿，届时，中国将步入“超级老龄化社会”。老龄人口的巨大医疗需求，对于医疗行业来说，既是挑战，更是机遇。大健康产业的创业领域主要有以下几个。

（1）养老产业。截至 2022 年年底，全国 60 周岁及以上老年人超过 2.8 亿，占全国总人口的 19.8%；其中，65 周岁及以上老年人达 2.1 亿，占全国总人口的 14.9%，高于 9.3%的世界平均水平。2022 年我国养老市场规模已超 9.4 万亿元，预计到 2030 年，我国 60 周岁以上人口将超 4 亿，养老市场规模或将达到 13 万亿元，养老服务需求总量持续快速增长，形成“银发经济”现象。此外，在政策驱动下，个人养老金制度后续发展空间广阔。加之我国计划在 2028 年基本建成高质量的普惠金融体系，提升民生领域金融服务质量，为老龄产业注入了宝贵的初期发展动能。而数字化、人工智能等信息技术革新为老龄金融的智能化、个性化发展提供了基础。

（2）健康管理。我国健康管理领域正处于市场培育阶段，市场认知度低，一些健康管理理念还不能被公众普遍接受，行业总体来说盈利水平较低，但健康体检等细分领域盈利状况较佳。随着人们对健康管理认识的不断深入，健康管理领域将迎来一块巨大的市场。健康管理门槛适中，对资金、技术无严苛要求，在体检中心、体外诊断、微量元素检测、生殖健康、中医养生、月子中心和康复中心等领域给创业者提供了相对容易进入的机会。

（3）商业医保。商业医保是朝阳产业，随着医疗信息化水平提高，市场规模已达到千亿级别，预计未来十年有望达 1.8 万亿元。商业医保产业链前端为药品、医疗设备的生产以及销售，中端为保险中介、代理银行，后端是社会医疗保险机构、商业医疗保险提供者、医疗服务提供者、保险公估人、政府、律师等。

（4）康养旅游。中国康养旅游行业市场的发展可以追溯到 20 世纪 90 年代初，比如早期的三亚养生游，但后续发展规模有限，直到 2016 年国家旅游局发布《国家康养旅游示范基地》标准，康养旅游才被国家纳入了经济发展战略。据统计，我国 70%的人处于亚健康状态，15%的人处于疾病状态，另外还有近 20%的 60 周岁以上的老年人口，可以预见，未来 10 年，各种慢性疾病将以爆发式的速度迅速扩展到每一个家庭。不仅是处于身体状况不佳的群体需要康养，我国 1.09 亿的中产阶级中还有一个追求高品质生活健康的群体，他们同样是康养旅游的需求者。康养旅游行业已成为一个高速发展的朝阳产业。在这种形势下，发展健康养生度假旅游，顺应了健康服务业发展的大趋势，蕴含着广阔的市场空间。比如 2015 年我国康养旅游市场规模约 400 亿元，而到了 2019 年已攀升至 900 亿元，预计到 2028 年这一数字将达到 1630 亿元。康养旅游作为大健康产业和旅游产业的复合型产业，也值得创业者关注。

（5）智慧医疗及康复医疗。智慧医疗在初始阶段是指基于物联网、云计算、大数据等信息技术，实现患者、医院、第三方机构等医疗信息的共享，旨在突破传统医疗行业医疗系统碎片化、医疗信息孤岛、医疗资源供不应求的痛点。随着进一步发展，智慧医疗已经深入到人们的日常生活，包括使用日常数据进行健康管理、通过人工智能技术对疾病进行预防预控、并将技术应用到生物医学中。2020 年，我国约 47%的医院已经制定全面信息化规划，约 95%的医院制定了部分或全面的信息化发展规划，但另一方面，我国人均医疗信息化投入约为 2.5 美元，仅为美国的 3%，因此还有巨大的发展空间。《2022—2027 年中国智慧医疗产业发展趋势及投资风险研究报告》显示，2023 年中国智慧医疗行业市场规模达到 62.85 亿元，2019—2023 年的年均复合增长率达 53.37%。这样的发展趋势下，医院信息化（智慧医院系统）、区域医疗信息化（区域卫生系统）、健康管理信息化（家庭个人健康管理）是智慧医疗最重要的三个子板块，共同组成智慧医疗的金字塔。

目前康复资源主要分布在残联、卫生、人事及社会保障、民政、教育以及社会机构六大方面。值得注意的是，我国康复医疗行业虽然需求巨大，但体系不完善，未形成系统、完备、充足的康复医疗供给体系。此外，缺乏统一的行业管理标准。康复机构规模小、档次低、数量少，建设水平有待提高，加之康复机构定位不明确，缺乏可借鉴的成功模式，这些都蕴藏着无限的创业机会。

4. *更加灵活、省事，甚至人机结合的新型工作方式*

未来，传统的统一时间上下班，统一工作地点办公、一群人聚在一个大办公室的工作模式，逐渐向混合工作环境、弹性工作时间、个人单兵作战或人机结合的工作方式转换。新冠疫情加速了数字化和智能化进程，到2025年，自动化将导致8500万个工作岗位被取代。在疫情之后，新踏入职场的毕业生，可能会面临和20世纪末参加工作的年轻人截然不同的劳动力市场。人工智能、虚拟现实、数据分析等岗位，从无人知晓到广受追捧；电竞玩家，从原来的玩物丧志转变成当今的热捧新潮；无人机飞手、带货主播、小程序开发者等岗位，也如雨后春笋般勃发。上述这些工作岗位的提供者将是与此相关的创业者。

5. 出行方案的改变催生新的创业机会

因物理空间的拥挤、能源使用以及空气污染，出行方案将迎来重大变革。自动驾驶、车路协同等概念的不断涌现和普及，让社会大众对于未来的出行场景产生了无限遐想：驾驶者能否在到达目的地之前就锁定车位？租车是否能够“随时随地”，再无须麻烦地取车还车？……要实现这些美好的愿望，汽车及出行智能服务行业将利用电动化和智能化技术，提出更多创新的解决方案，从而带来新的创业机会。

6. 微型医疗机器人以及脑科学发展将进一步改变人类健康与生活

微型机器人的发展在生物医学应用中具有极大的潜力，例如药物递送、肿瘤治疗或体内手术等。众所周知，血液循环系统是连通人体各个部分最好的网络，为了使微型机器人进入其他器官，血管是最好的通道。设计并控制微型机器人通过血管系统到达人体的各个部位，可实现不同组织或者器官病灶的评估和治疗。目前利用纳米机器人进行药物递送或肿瘤治疗，大多还只是局限在胃、肠道或者皮下组织。未来血管机器人将在医疗领域实现多场景应用，如抗菌消炎、内窥镜检查、辅助活检、靶向治疗等。

在全球范围内，医院人手短缺、医生工作过度，都是普遍存在的情况。但是，很快这一现象就会因机器学习的大规模应用而得到改善。与传统的人工智能系统不同，因果人工智能系统的判断方式更加接近医生诊断病症的方式：通过使用反事实问题的方法来缩小可能出现的疾病范围。这种人工智能系统可以帮助医生进行诊断，特别是对于复杂病例而言，并比现有的人工智能系统更加精确，甚至在一个较小规模的对照试验中的表现，也优于现实生活中的医生。因此，医疗机器人还可在护理、陪护、远程医疗、人工智能诊断、临床培训等方面解决医院人手不足等问题。

二、沿着人均GDP变化寻找创业机会

在人类经济社会发展过程中，人均GDP是一个意义重大的指标。在每个不同的人均GDP阶段，会自然地出现对应的现象、问题及其解决出路。沿着人均GDP的演变轨迹，产业机会、创业机会与风险尽在其中。按这个指标可以推测出当前和未来的产业潮涨与潮落、兴衰和更替、机会与风险。

（一）人均GDP变化对消费支出的影响

从国际经验来看，人均GDP有三个重要节点：第一门槛是3000美元，相当于“温饱”指标；6000美元代表国民进入中等收入阶段（小康），国民普遍对身心健康愈加重视，对绿色粮油、水果、蔬菜、肉类的需求进一步旺盛，从而催生出蓬勃发展的生态农

业、有机农业等新农业产业，高端消费品等产业将迅速发展；10000 美元则是走向富裕的标志，国民生活水平显著提升。

以美国为例，它分别在 1960 年、1972 年和 1978 年达到上面三个节点。随着居民富裕程度的提高，食品支出占比、衣着支出占比显著下降，而医疗护理、金融保险、娱乐支出占比显著提升。而我国分别在 2008 年、2013 年和 2019 年达到上面三个节点，但消费支出的变化趋势与美国有同有异，食品和衣着消费占比在下降（相同点），但医疗保健、教育文化娱乐支出占比同样下降（不同点）。其中很重要的一个原因是我国居民在房地产方面的支出严重挤压了其他消费支出。2016 年习近平总书记指出，"房子是用来住的、不是用来炒的"。这成为新发展阶段重塑和完善我国住房制度和房地产长效机制的根本遵循，可以预测，以后我国的人民消费支出会回归正常的结构。

（二）人均 GDP 变迁下的创业机会探寻

人均 GDP 影响居民消费支出结构，居民又通过"用钱投票"的方式，影响着厂商的生产选择。资本逐利的本性使得满足居民消费需求的产业可以获得大量资金，从而使消费市场快速发展起来。从美国的发展经验来看，食品、衣着等传统必需品行业竞争加剧，盈利减小，而医疗护理、金融保险、休闲娱乐行业涌入的资金越来越多，发展欣欣向荣，前景广阔，蕴藏着大量的投资机会。如果我国人均收入继续保持增长势头，且一二线城市房价得到有效控制，则可以预见，居民消费支出也将呈现与发达国家相似的变化规律。消费支出结构下的投资机会是有迹可循的，那么，创业者选择有盈利机会的创业方向同样有迹可循。

1. 高端消费品和绿色消费品行业

随着居民生活水平的提高，大家都更愿意花钱买点好的，质量好、外观美、智能化、品牌化的产品更受消费者欢迎，即便价格很贵，也阻挡不了火爆的消费热情。同样，对身心健康的重视，使得居民更偏好绿色的粮油、水果、蔬菜、肉类，旺盛需求催生出蓬勃发展的新农业、生态农业、有机农业等产业。

2. 文化娱乐、体育休闲产业

从国际经验来看，人均 GDP 达到 1500 美元时，文化娱乐消费进入快速增长阶段；达到 3000 美元时，文化消费需求占总消费支出的 20%以上；达到 6000 美元以上时，文化娱乐将全面产业化，成为经济发展不可忽视的支柱力量。截至 2023 年，我国人均 GDP 约为 12700 美元，已步入文化娱乐全面产业化发展阶段。文娱产业的大发展机遇期已经到来。

3. 女性产业

爱美的天性在新时期女性身上展现得淋漓尽致。随着经济的发展和社会的进步，与女性相关的产业，如生活电器、精美鞋包、时尚美妆、美容塑形产业等，都会得到快速发展。此外，对高端品类的需求又使得海外代购、海淘等销售形式的迅速更新与发展。

4. 银发产业

我国正快速步入老龄化社会，养老社区、医疗护理、老年旅游等，都是老年人迫切需要的服务。老龄化市场所带来的养老地产潜力，已成为众多资本争夺的热点，国内大型房地产商均有所介入。与养老地产一样，医疗护理也成为资本追逐焦点，涉及医院、药品生产、药品流通、药品销售、医疗器械、医护人员培训、上门医护等各个领域。同时，专属老年旅游服务需求正快速增大。此外，为空巢老人提供心理治疗、咨询和慰藉的服务及老年投资理财服务，也是大有可为的产业。

5. 校园产业

中国在校大学生数量逐年增长，这一趋势将持续到 2035 年。2020 年中国高等教育在校生总规模达到 4183 万人，2021 年则达到 4430 万人。今天的大学生都出生于我国经济飞速发展的年代，消费意识和消费能力都是他们的祖辈和父辈无法比拟的。以 2021 年的数据为例，大学生月均生活费中位数为 1516 元，在校生的年度消费规模约为 7600 亿元，消费潜力巨大。由此可见，校园经济不容忽视，创业机会也有很大潜力可挖。

（三）挖掘代际差异中的创业机遇

1. 代际差异理论概述

代际差异理论由德国社会学家卡尔·曼海姆（Karl Mannheim）在 20 世纪 50 年代提出，核心观点在于不同出生年代与成长背景的群体，在价值观、偏好、态度与行为等方面展现出的群体特征具有显著差异。曼海姆认为，这些“代”或“代群”在社会与历史中共享特定位置，形成相似的经历与思维模式。该理论强调，重大社会历史事件对处于不同生命阶段的群体影响不同，这种差异正是代际差异的基础。在中国，改革开放以来的社会巨变使得代际差异现象尤为突出。

2. 中国各代际特征分析

改革开放以来，中国社会经历了深刻的经济社会变革，不同代际群体呈现出鲜明的特征。以“80 后”为分水岭，之前的中老年一代与之后的新生代在价值观与行为方式上差异显著。“50 后”与“60 后”成长于新中国成立初期与改革开放初期，具有强烈的集体主义意识与勤劳节俭的品质；“70 后”则处于改革开放与体制转型的关键时期，既继承了老一辈的节俭观念，又受到现代消费观念的影响；“80 后”作为计划生育政策下的第一代独生子女，自我意识强，消费观多元；“90 后”更是在全球化与信息化浪潮中成长，追求个性与自我表达。

值得注意的是，新生代青年的代际认同发生了显著变化。与老一辈青年崇拜文化权威或政治家不同，新生代青年更倾向于在同龄人中寻找价值引领者和精神领袖。互联网的发展为此提供了平台，使得青少年能够发展独特的文化，增强代际认同。

3. 代际差异中的创业机遇

代际差异不仅是一个社会现象，更是一个潜在的创业机遇。不同代际的消费观念、生活方式与价值观为创业者提供了广阔的市场空间。例如，针对中老年一代的怀旧消费、健康养生产品，针对新生代的个性化、定制化服务等，都是值得探索的创业方向。

此外，随着科技的不断发展，新兴科技如人工智能、大数据等也为基于代际差异的创业提供了技术支持。创业者应敏锐捕捉代际差异中的商机，利用这些技术，结合市场需求与自身资源，更精准地把握不同代际的需求，开发出具有竞争力的产品或服务，实现商业价值与社会价值的双赢。

在近年来快速发展的新兴经济领域，青年代际群体的内部分化也在凸显。新兴经济的崛起带来了新业态新模式，灵活就业人员数量猛增。据国家统计局统计，2021 年中国灵活就业人员已经达到了 2 亿人，其最有活力、增长最快的部分是青年就业者。在新兴经济中以灵活就业的方式从事新兴职业，成为青年就业的一个新趋势。新业态青年从业者被称为“新兴青年”，他们是“90 后”和“00 后”代际中增长最快的新势力。快速成长中的新兴青年，内部也存在社会分化。

数字蓝领（如快递小哥、网约配送员等）与网络文青（如网络作家、网络主播、网络媒体从业者等）虽然都是依托于互联网平台的新业态从业者，但总的来说，两者的人员构成、境遇状况、价值态度都不同。数字蓝领的家庭条件相对不好，受教育程度相对较低，他们想要逃脱工厂流水线劳作的束缚、寻求自由自主的谋生方式，但又被困于算法桎梏之中疲于奔波，对未来有不确定感。网络文青则多拥有较高文化水平（其中部分是海归），受个人兴趣驱动，致力于文化创意创新，虽承受较大的市场风险和不稳定性，但目标明确、乐在其中。当然，随着社会发展，二者之间的差异也在逐渐缩小。

“90 后”和“00 后”虽有强烈的代际认同和代际共性，但其内部的差异化和多样性无法掩饰，他们的境遇、态度、追求呈现出多元分化的特征。有人选择“躺平”“佛系”，有人接受“打工人”的生存状态，有人争当 985 精英，有人创业进取。多样性的选择、差异化的特性、多元分化的境遇是当代中国青年的时代特征。

3. 基于代际差异的创业机会

（1）互联网教育与培训领域

在互联网科技高速发展的背景下，互联网教育与培训行业迎来了前所未有的发展机遇。随着代际差异的日益显著，不同年龄段人群对于教育方式和内容的需求也呈现出多样化趋势，这为创业者提供了丰富的市场空间。

针对年轻一代，互联网教育已成为他们获取知识和提升技能的重要途径。他们更倾向于选择线上教育，追求个性化和高效的学习体验。因此，开发符合这一代人学习习惯和兴趣爱好的在线课程、学习平台等，将具有广阔的市场前景。

同时，随着老龄化趋势的加剧，面向老年的教育市场也逐渐兴起。这些人群在退休后追求精神文化生活的丰富多彩，对于书法、绘画、音乐等兴趣课程有着较高的需求。因此，开发适合老年人学习的线上或线下课程，将是一个值得关注的创业方向。

此外，随着国家对三农问题的重视和乡村振兴战略的推进，面向农村人群的教育培训也具有重要的战略意义。开发适合农村人群学习需求的线上课程和培训项目，可以帮助他们提升职业技能和综合素质，推动农村经济的发展和社会的进步。

（2）新品牌崛起带来的创业机会

随着国产品牌的崛起和消费升级趋势的加速，新品牌创业也迎来了新的发展机遇。不同代际人群的消费观念、价值取向和审美偏好存在差异，这为创业者提供了针对不同人群开发新品牌的机会。

针对年轻人群，可以关注他们个性化、多元化的消费需求，开发具有创意和特色的新品牌。例如，在服装、鞋帽、美妆等领域，可以推出符合年轻人审美和潮流趋势的时尚品牌；在食品、饮料等领域，可以推出健康、美味、有特色的新品牌。

同时，随着老年人口的增加和消费能力的提升，针对老年人的新品牌创业也值得关注。可以开发适合老年人需求的家居用品、保健品、休闲娱乐产品等，满足他们追求舒适、健康、快乐生活的需求。

此外，在供需逆转的转折时期，创业者还可以关注消费品市场的变化趋势，通过创新产品设计和营销策略，打造具有市场竞争力的新品牌。

基于代际差异的创业机会多种多样，创业者需要敏锐捕捉市场需求和变化趋势，结合自身资源和能力进行选择和定位，开发出符合目标人群需求的新产品或服务，实现商业价值和社会价值的双赢。

值得注意的是，新的消费品牌必须更精确地洞悉市场，以更灵活的供应链组织体系去适应当下 C 端消费者需求，精准匹配供需两端。这是很多初创企业的创业者需要思考的问题。

（3）商业健康以及养老保险创业机会

纵观国际保险业的发展历史，保险业的繁荣需要一定的经济基础进行支撑。人均 GDP 超过 2000 美元后，保费的增长率可以达到 15%至 20%，超过 10 000 美元时，将迎来第一波保险业的繁荣，保险深度（总保费收入/国内生产总值）会翻倍增长并且持续时间超过 5 年以上。

按上述参考，我国目前正好踏入第一波快速发展阶段，预示着我国的保险业将进入一个持续高速增长阶段。随着中等收入人群的扩大，社会消费增长的动力会从人口数量的增长转变为人均消费的提高，消费结构升级的转变也包含了日益扩大的中等收入人群对高质量、多样化的商业健康险需求的提升。

经济高速发展的时候，钱有很多的出路，例如买房、炒股或投资。如果经济下行，稳定在中低速的增长率上，70 后和 80 后相对富裕的一代需要思考的问题是如何维持退休后的生活品质，过去相对占比较少的商业保险就会变成一种选择。我国社会正快速老龄化，世界各国解决养老保障问题，主要都是通过政府基本养老（第一支柱）、企业年金（第二支柱）和个人养老金（第三支柱）共同承担。

近年来，我国商业养老保险（属于第三支柱）发展较为迅速，但是与发达国家成熟保险市场相比仍较为滞后。加快商业养老保险发展，是保险业贯彻党中央、国务院要求，积极服务多层次、多支柱养老保险体系建设的重要着力点，也是认真落实养老金融改革相关工作部署、深化保险业供给侧结构性改革的主要落脚点，也是创业者的一个机会点。

（4）居家健身的兴起带来创业机会

我国健身产业发展已逾 40 年，行业较为成熟。2019—2020 年，居家健身成为创业或投资热词，市场持续高速增长，2020 年 2—3 月在疫情中更是呈爆发态势。据头豹研究院数据，2019 年中国居家健身市场规模达 281.5 亿元，5 年间年复合增长率高达 35.5%，2021 年可达 404 亿元。居家健身从成熟的健身赛道中脱颖而出，“一枝独秀”，成为新的赛道机会点。

相比美国 17%的人有长期的健身习惯，中国有健身付费习惯的用户只有 0.7%，有很好的成长空间。健身行业有个说法：“有钱的没闲，有闲的没钱。”未来随着拥有现代消费观念和较强消费能力的 70 后、80 后步入职业生涯的下半场，对自身健康的关注就会提升，健身会成为他们一种常规的生活方式。

（5）商业养老带来创业机会

改革开放后第一代中产阶级即将退休，养老需求将会爆发。包括机构养老和居家养老在内的优质养老服务将会更进一步得到消费者青睐，中高端需求将日益旺盛，品牌效应将助力中高端品牌营收增长。2021—2031 年养老产业规模预测如图 5-2 所示。

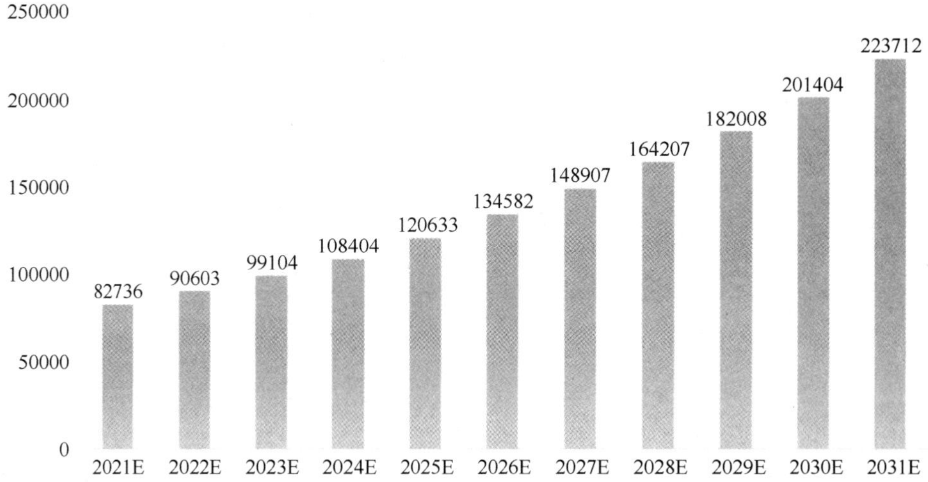

图 5-2　2021-2031 年养老产业规模预测（亿元）

（来源：克而瑞瀁美《2021-2022 中国养老产业白皮书》）

我国养老产业仍面临重大缺位，但挑战与机遇并存。国内养老和老年医疗服务供给严重不足。我国九成以上老年人倾向于居家养老，尽管养老服务供给总量不断增加，但居家社区养老和优质普惠服务供给不足等问题仍然存在。为此，《“十四五”国家老龄事业发展和养老服务体系规划》提出，到 2025 年，养老服务床位总量达到 900 万张以上，新建城区、新建居住区配套建设养老服务设施达标率达到 100%。预计有待拓展市场规模达 4000 亿元，机遇无限。

基于 2013—2020 年养老相关宏观与产业数据，结合动力学模型，预测 2025 年与 2030 年养老产业规模将分别突破 12 万亿元和 20 万亿元；2020—2024 年养老产业规模年复合增长率为 9%，而 2025—2030 年养老产业年复合增长率将达到 10.8%。这意味着未来五年养老产业将提前完成产业孵化，转而迈入产业爆发期。

居家养老将是国内养老未来发展的重点，预计将有90%的老人居家养老；发展方向包括适老化家居改造、医疗照护、健康管理、医疗健康、养老用品、康复等细分领域。自2022年开始，我国老年人口正式进入以“60后”为代表的低龄老年群体规模式增长阶段，未来5年预计新增1.18亿人（年均新增约2360万人）；同时80岁及以上的高龄老年群体将在现有人口规模基础上于未来五年实现人口翻倍。

第三节　痛点中的创业机会

创业机会不靠拍脑门，而靠会观察的眼睛和会感知的心。

案例：奈飞发展史

奈飞（Netflix，又译“网飞”）是一家高科技公司，与脸书、苹果、亚马逊、谷歌并称为FAANG。奈飞起家要从创始人里德·哈斯廷斯（Wilmot Reed Hastings, Jr.）的一次家务说起。

1997年，哈斯廷斯在整理旧东西时，发现他忘了归还一盘六周前从百世达（Blockbuster）租的录像带，只好被迫交了整整40美元的罚金——这个价足够把录像带买下来了。

大部人面对这样的麻烦，可能只是抱怨几句。但哈斯廷斯决定掀开这块“麻烦”的石板，看看下面有没有什么“需求”。他在去健身房的路上，看到自己的健身卡，突然冒出一个想法：“为什么电影租赁不能像健身房一样，按月或按年收费，而非要按日收费呢？”基于这个横向移入的思考（详见第二章第二节），他起而行之，和马克·伦道夫成立了奈飞公司，开始他的录像带新型租赁模式：没逾期费、网上下单、线下邮寄。

奈飞成功不久，DVD开始普及。这种容量极大，但极其轻薄的塑料片，迅速取代了录像带。哈斯廷斯迅速抓住了用户对DVD租赁的新需求，但也遇到了新问题：DVD在邮寄时很容易碎。于是哈斯廷斯大胆变革，设计了150款专用信封，逐个测试、优化，最终把损坏率降到万分之六。哈斯廷斯如果躺在录像带帝国中，无视用户需求的改变，或者针对用户需求改变无法对产品做出大胆改变，可能早就随着录像带一起，灰飞烟灭了。

但更大的纠结和挑战在后面。不久，网络下载视频的模式开始流行，而这时奈飞DVD寄送业务已占美国邮政业务的四分之一。要不要变动这一有巨额现金流的业务呢？

2008年奈飞上线了全新的流媒体服务，公司通过购买版权价格较低的老电影和电视节目，在成本增加不多的情况下，免费为会员提供在线视频观看服务。这一策略既不影响DVD光盘租赁会员的增长，又吸引了一部分对在线观看感兴趣的会员，从而后来居上，“快意恩仇”了不可一世的对手百视达。凭借着由DVD业务平滑向流媒体视频过渡的策略，奈飞2009—2011年间的DVD租借业务仍保持每年约30%的增长，而会员在线观影时长也迅速增加。

奈飞 2012 年进入内容制作行业，推出原创犯罪喜剧《莉莉海默》，标志着奈飞开始自制独播剧。之后奈飞持续扩展影视原创制作，陆续推出众多原创内容。2013 年奈飞的首季《纸牌屋》一经推出即成为热片，这也是奈飞发展的另一个关键转折点，标志着其成为一家影视内容的分发渠道商，如今在影视制作、播出形式上都大获成功，具有划时代意义。

2015 年奈飞开始了向世界的扩张。每到一个国家，它都能制作出最符合当地观众口味的内容，甚至把好莱坞乃至全球的影视制作行业都卷了进来。据华尔街投资公司预测，奈飞可能在 2028 年将影视内容投资额度提高到 260 亿美元，与迪士尼、华纳等自带片库的影视巨头在流媒体战场一较高下。

一、什么是痛点

广义上讲，一切困扰组织、机构、个人，影响生产、经营、发展的问题，都可以成为痛点。对于产品来说，“痛点”多数时候是指尚未被满足的，而又被广泛渴望的需求，有些情况下，也直接指代需求。

狭义上讲，“痛点”就是消费者最想得到满足的需求点。正因为痛点难以满足，所以它恰恰是给消费者带来不良消费体验的点。企业或创业者要做的就是找到消费者的这些痛点，并通过自己的产品或服务，帮助消费者消除痛点，使消费者免遭不良情绪的困扰，在为客户创造价值的同时实现企业盈利。

消费者的痛点分为核心痛点和外围痛点。例如空调的发明解决了人们遭受高温折磨的核心痛点，但是随之出现了“空调病”的外围痛点；坐便器的发明，解决了人们如厕不适的核心痛点，但是随之出现了因多人共用导致卫生状况不佳的外围痛点。每一个核心痛点的解决都会衍生出相应的外围痛点。然而，消费者显然更加关注核心痛点。所以企业要做的，就是努力挖掘核心痛点，并尽量将其消除，同时尽量少产生外围痛点。

想要打造一款爆品，必须找到消费者的核心痛点。例如滴滴打车自问世以来，不断对业务模式进行升级和更新，继打车之后，又推出拼车、代驾等，并在乘客体验、个人安全等方面不断改进。每次升级后，滴滴都能迅速得到消费者的欢迎和认可。究其原因，就是解决了消费者出行难、打车难的问题。

一切发明、创造，一切新兴的行业，其实都是伴随着人们的痛点而来的。例如，人们抱怨豪华酒店太贵，而普通小旅店不安全、不卫生，所以有了快捷酒店；人们抱怨下班打不到车，所以有了网约车；人们抱怨开车太累，所以有了自动驾驶技术。

二、国人未来的社会痛点

尽管未来 10 年最伟大的产品暂时尚未出现，但下面这些大趋势值得我们关注，围绕不同用户的痛点下功夫，必然能找到创业机会。

（一）国人子女教育问题

前几年 K12 发展迅猛，补习班大行其道。虽然在双减政策下，K12 受到影响，但受到影响的只是学科教育，孩子的成长尚未停歇，“孩子的教育”这个需求不会变。孩子的综合素质教育、通用能力提升、传统文化教育、亲子教育等依然是重要创业窗口。

（二）人生意义与职业选择问题

现在大家不愁吃穿了，接着而来的就是想过上更美好的生活，实现人生意义，为社会、为国家贡献力量，因此兴起了一个新赛道“U9”，即从大学（university）开始的九年。这个阶段，大学生要完成“从高中生到大学生”和“从大学生到职业人”的两次大转变，更要为职场中后期发展积累资本。成功学和鸡汤的兴起，本质也是在为“人们寻找人生意义”提供答案。（这些答案本身价值大不大，可以讨论，但它在满足一部分人的需求）

（三）30 岁前的年轻人如何赚到人生第一桶金

曾经有个高点击量的街头访谈视频，记者问一些大学生：“你觉得等你 25 岁到 30 岁的时候，大约能有多少钱的存款？”被访者少则说一两百万，多则说一两千万。说明很多大学生对“挣钱”没什么概念，想当然觉得会自然富裕，等真正步入社会才发现，工作十年而无存款的也不少见。人生的第一桶金该怎么赚对于大部分人来说还是比较令人焦虑的。因此培训行业，例如各种商学院的兴起，就是在帮人们找到合理合法赚取人生第一桶金的方法。

（四）男女青年的婚前感情与婚姻

这几年兴起大量的婚恋网站、情感咨询等，就是针对这一痛点做的创业项目。中国适婚男青年比女青年多出 2000 多万，此外，据央媒 2021 年报道，我国单身人口超过 2 亿。无论生活、工作压力如何大，感情观念如何变，寻找人生的另一半和精神归宿终归是人的天性。有大量的单身人群，就有大量的情感需求，也一定会有大量的创业机会。

（五）婚后人士的情感以及离婚问题

婚姻问题不仅涉及单身族群，更关乎已婚人士。婚后情感危机的避免与解决、婚后情感心理问题疏导、离婚后如何减少对孩子成长的影响、离婚后财产分割方式等，都会面临大量的需求。帮助这个群体更好地解决此类问题，将会创造很大的价值。

（六）40 岁以后的人生下半场的问题

人生发展到这个阶段，大多数人走完了职场快速发展时期，基本也有了一些储蓄，孩子逐渐长大，身体机能开始走下坡路。到了人生的这个阶段，基本上走进了人生下半场，如何活得更精彩呢？这将成为一个重要的创业方向。

在某五线城市的一条破旧小马路边，有一个装修非常现代化的三层咖啡厅。一层是书店，装修风格类似机场书店，摆放的也是商业类畅销书，二层摆放大量小礼品和农产品，三层才是喝咖啡的地方。整个房子的玻璃元素非常多，内部装修美观。这种大城市商业区的调性看似跟周围的环境格格不入，其实这正是这家店的盈利模式：为当地中年人创造一个创业的机会，有成型的产品孵化体系，帮助大家把创业想法包装成产品，在二楼展出。大部分销量是内部会员互相购买的。会员们都是企业家，时常在三楼喝咖啡，也感受一下创业做老板的感觉。这就是满足人生下半场的自我实现需求。

（七）投资理财

这是近年快速发展的一个领域，即如何跑赢通货膨胀的问题。投资理财的本质是让资金配置适合的资产，获取一定收益。现在大家手里都有一些闲钱了，如何让积蓄保值甚至增值、如何提高财商，也是很多人的痛点。

（八）健康问题

疫情过后，人们更加感受到健康的重要性。因工作压力或不规律作息，现在 80 后、90 后的大多数人处于亚健康状态，近几年越来越多的人开始关注健康状态。如近十年出现了一些 App，从 Keep 到任天堂 Switch 的健身环等配套产品，健康食品、健康社群、马拉松等运动，这些都是在解决健身、健康生活方式的痛点。

（九）老人赡养与死亡问题

进入老龄化的中国，养老产业必然会快速发展，包括养老保险、老年大学、老年康养、老年娱乐、殡葬、寿衣等，都会有大量的创业机会。

当然，我们身边的痛点远不止上面九类。在某种程度上，创业者只要能够找对痛点，并付出不亚于任何人的努力，成功就是水到渠成、自然而然的事情。希望大家可以发现生活中的这些痛点，用创新的方法解决这些痛点，创造价值。

第四节　寻找创业项目

机会摆在面前，怎么抓住机会？这是另一个关键问题。解决一个痛点的方式有很多，但什么方式更适合自己？这就涉及项目的选择。选择不同，结果不同，现在面临的各种选择又决定了项目未来的发展状况。对很多创业者而言，在第一步就卡住了。

一、寻找创业项目的十个方法

（一）从身边人的抱怨中寻找创业项目

事情值得被抱怨，证明这件事足以给用户带来痛点，而有痛点的地方，就一定会有创业机会。

中国国际大学生创新大赛一个项目的创始人小 A，在大二的时候听到他在北京工作 2 年的姐姐抱怨，“我的电饭锅太大了，蒸一锅米饭我一个人吃不完，少蒸一些却容易糊锅。这种大电饭锅又占地儿又贵，还不好用，对我这种单身狗真是太不友好了！”小 A 留意到这一痛点，快速展开了调查，发现大量在老一线城市打工的单身青年处于独居合租状态，而传统电饭锅都是家庭式的，一蒸就是 3～8 人的量。小 A 抓住这一普遍痛点创业，做单人量的小电饭锅，经过 3 年时间，企业已初具规模。

而这不是个例，2019 年，天猫电饭锅销量冠军从传统 3～5 人份的电饭锅，变成了 1～2 人份的电饭锅。小电器已经成为年轻人的首要选择，这是典型的单身经济兴起下的创业机会。人吃饱了穿暖了，需要情感寄托，特别是在快节奏的城市生活中，年轻单身人士撸猫、遛狗的需求就上来了，宠物经济由此兴起。

（二）在帮助解决企业实际问题时找到创业方向

可以在企业实习时发现问题，整合学校资源或发挥自身优势提供解决方案，从而找到创业方向。我们常鼓励学生在大学阶段要多走出去，走进工作世界，真正的感受一下职场，不要在象牙塔里打转转。在实习的时候，非常容易发现企业中存在的问题，也会很容易听到同事对于某事的抱怨，这也是大学生重要的创业机会来源。

北京某大学的小 B 同学，在大二拿到了第一个实习 offer。工作中，他发现公司平时会有很多大大小小的会议，但是会议室很少，大家在会议室的使用上非常混乱。有时几个团队抢一个会议室，有时里面不紧不慢地开会，而外面等待的团队非常着急。有时会议室一空就是半天时间，甚至没有人知道。这些情况非常影响工作效率和工作心情，公司员工在中午吃饭时就时不时地抱怨会议室使用问题。

这个抱怨激起了小 B 的兴趣，他做了一个简易的小程序，让大家可以在线上预约会议室，并能看到会议室一周内的使用情况，已经被预约的时间段就不能再被预约，获得实习主管和同事们的一致好评。实习结束后，小 B 进一步深入研发了会议室预约小程序，发现大量企业都面临这个问题。从此开始了创业之路，将会议室预约系统逐渐开发出公司会议、医院预约、自习室预约、图书馆预约等多个重要场景，为更多客户提供更便捷的预约服务。

现在小 B 同学已经成立了自己的公司，有了自己的办公室，搭建了十几人的团队，业务遍布大大小小近 1000 家公司和高校，成为了名副其实的“大学生创客”。

（三）人们对产品的多样性与性价比的追求逐渐增多，由此找到创业灵感

要抓住消费升级时代浪潮。随着人们生活水平的提高，越来越多的人不再满足于低价产品与同质化产品，人们对产品的多样性与性价比的追求逐渐增多，有无数创业机会涌现出来，由此可以找到创业灵感。例如逻辑思维与知识付费，再例如拼多多，其深度挖掘三四线城市下沉市场的消费潜力，把赶集的模式搬到线上来做。

2020 年是服务业线上化的拐点之年，服务业迁移到线上的趋势愈发明显。与消费、服务业的火热相比，文娱行业的投资在 2020 年降到了冰点。但是我们看到，用户的精神消费需求正在进入爆发期，新的技术手段也让娱乐方式越来越多样化。首先是供应链技术升级给新品牌带来更多创新的可能性。流量格局变化，流量平台的分发逻辑越来越精准，让品牌更容易“从 0 到 1”；视频/直播平台的红利期还远未结束。线下品牌翻新和新的消费场景也都是新品牌崛起的有利条件。其次是数字化工具提升了行业标准化服务的程度，线上入口帮助品牌和消费者搭建起更长期的连接。以上种种技术，都为消费升级提供了强有力的支撑。

但抓消费升级，必须要务实。最新数据显示，北京外来人口只有 2000 万人次/年，就算这 2000 万人次都是没有重复的，那么十年也才 2 亿人次。换句话说，这十

年中，有 10 多亿人没来过北京。面对这么多向往北京又没来过的人，一定能找到很多商业机会。

这个想法基于数据分析，并非随口之言。不要想当然地认为“在消费升级的大背景下，如何如何”，一定要多考虑一层：大背景之下的“什么事情”让我的想法可行，而不是“大背景下，我就能行”。

（四）了解自身兴趣与优势寻找创业方向

创业本身是创造价值的过程，你的能力越强，创造价值的效率就越高，那么创业就会相对容易一点。在校生未必有很强的个人能力，但兴趣是最好的老师，找到自己的兴趣，会一点点积累出能力。

刘媛媛，90 后北大法学硕士，媛创学堂创始人。基于自己学习再输出和演讲的优势，成为一名自媒体创业者，专注于教育孩子的学习方法和女性自我提升，2020 年已成为抖音近千万粉丝的号主，获点赞近 4000 万，成功实现商业模式的验证与变现。

甘肃某职业院校在校生小 C，从初中起痴迷无人机。基于兴趣，自己从网上看了大量视频，学习了很多无人机知识，上高中时开始买零部件，自己组装无人机，不断尝试产品迭代。经过几年的积累，在本领域已经摸索得比较顺了。大一时，基本了解了无人机的专业知识，对于一些无人机实操的难题，他也能给出专业的解决方案。小 C 在一年级开始创业实践，做无人机森林巡检硬件，在二年级时开始研究软件算法，并把算法植入自己组装的无人机中，正式成立创业项目。小 C 还把无人机技术的原理迁移到别的项目上。例如有一个高空作业的保护装置，原理是当人的重心突然下降的时候，就打开气囊。但有个问题，项目上一直没解决：那就是工作人员突然蹲下去，本来没有危险，但是装置也会检测到人体重心突然下降，然后穿戴的装置开始充气。有一次讨论的时候，小 C 也在，他一下就站起来说：这个好解决啊。因为他做无人机就遇到过这样的情况，当深山里面信号不好的时候，无人机就会因为失联而下坠。他们的解决方法是，当自带系统发现重心下降多少米的时候，就认定是下坠，再启动自我保护装置。这个原理迁移到高空作业保护，同样行得通。所以相当于小 C 做了两个创业项目。他的这些知识是哪来的？是通过兴趣，自己找资源学到的。

每个人都有自己擅长的领域或方向，有自己的特长和技能。如果能够懂得结合自己的擅长和优势，观察分析市场和社会需求，那么做起来会更容易，成功的机会就更大。

（五）从客户需求发现创业项目

这个方法来自对某一类用户的深度理解，挖掘他们的需求。

2013 年前后，快递包裹席卷校园，几乎在每个学校都会出现“代取快递”的创业项目。这种业务主要逻辑是基于“用户懒得取快递”的判断以及“快递员无法进到宿舍门口”的现实，并由此衍生出了“校园快递最后 500 米”的服务，根据快递大小收费。这看似精准抓住用户需求，但事实上都无法做大，仅是作为一次创业尝试，或一个“生意”的出现。

分析原因的时候，有人认为这是一个“重人力”的项目，所以火不起来。但各家外卖也是重人力的项目啊，完全依靠人力派送，照样火。

火不起来，只有两个原因。

- 没找准需求，特别是没找到刚需。例如“代取快递”，多数人吐槽校内取不方便，并不是因为他们懒得动，而是时间不允许。因此他们真正的需求不在于有人跑腿，而在于能让他们在方便的时间取到快递。
- 技术受限——发现了需求，但解决不了，或者受制于“规模不经济”，难以批量复制，导致做不大。再以“代取快递”为例，就算“需要人跑腿”是刚需，但代取人手毕竟有限。另外，花店、理发店等也都属于“规模不经济”的行业，很难把关键业务交给计算机程序去批量处理、批量复制，从而解放人力。

大学生取快递不方便，不是“懒得动”，而是“时间不凑巧”。“我‘现在’帮你取”，解决不了他的需求，就算我从快递小哥手上取了，这位同学“现在”也拿不到。他要的是“我随时可以取”“我有时间的时候自己去取”，所以近邻宝、丰巢这些智能储物柜项目快速崛起。

山东一所职专院校的一位大学生，父母生了弟弟，但弟弟体弱多病，从小几乎需要日日测体温。每次妈妈给弟弟测体温时弟弟都不配合，且每次测完需要手动记录，甚是麻烦。由此他产生创业灵感，用体温贴测量，10 秒钟测出结果并自动记录测量时间与温度，设计出产品原型并于 2021 年推向市场。

（六）从人均 GDP 变化寻找创业机会

人均 GDP 比较客观地反映了一个国家社会的发展水平和发展程度，是意义重大的经济指标。在不同的人均 GDP 阶段，其经济、社会和政治所表现出的自然社会现象、经济问题及其解决方式都是不同的。举个简单的例子，20 世纪 80 年代我国人均 GDP 是 100 多美元，自行车是当时最重要、最普及的交通工具。2010 年我国的人均 GDP 不足 5000 美元，公交车、汽车已经成为人们主要使用的交通工具。大家可以想到，处在这两个时代下的创业机会肯定是不一样的。那么如何从人均 GDP 寻找机会呢？

同样的原理也可以用来思考是否要“盘下繁华地段的商铺，然后再租出去”的想法。以我国一线城市为例，在 20 世纪 80、90 年代很合适。因为那个时候人均 GDP 低，商铺价格也低，在人流量大的地段布局商铺，可以有较大的盈利。但 2000 年以后就明显不行了，因为我国人均 GDP 到了 3000 美元这条指标线，在这种经济发展背景下，商铺投资就进入了微利阶段。不同城市发展速度不一样，但整体趋势大致相同，这也能解释为什么今天即便在三四线城市，商铺投资也不挣钱。

例如在科技方面，只有人均 GDP 到了 5000 美元的时候，一个国家才会真正注重科技对经济增长的关键作用。这时，国家就会开始支持科技创新，出台相关科技产业政策，大力引进国外先进技术等。这个阶段开始注重自主研发，走向引进吸收与自主创新并重的发展道路。2015 年我国的人均 GDP 不到 8000 美元，也正是在这一年提出了“大众创新，万众创业”的口号。而当人均 GDP 超过 10000 美元，一个国家或地区往往就会形成完整的产学研体系，建立国家创新体系。因此，科研人员要提高对这个阶段的敏感度。

创新需要人才，人均 GDP 水平也同样吸引着人才。当我国人均 GDP 超过 2000 美元时，海外的科技人才开始有回流的迹象；人均 GDP 达到 5000 美元时，一小部分海外人才回国内发展；而当人均 GDP 达到 7000 美元时，出现了大规模海外人才回流的盛况。

不光科技人才和人均 GDP 水平挂钩，我们生活的各个方面都受人均 GDP 水平影响。例如医疗保健行业，当人均 GDP 达到 1000 美元时补钙需求骤增，当人均 GDP 达到 5000 美元时医疗卫生成为消费增长点，当人均 GDP 达到 7000 美元时保健品支出会不断增加，医保、医药改革及医疗体制改革成为关键。推动国家医疗改革，让更多老百姓接受到普惠药，包括个体化用药指导，就是当前的创业机会。

再例如安全生产，在不同的人均 GDP 阶段其表现程度也不一样。当人均 GDP 不足 1000 美元的时候，为事故高发期；当人均 GDP 为 1000～3000 美元时，为事故易发期；当人均 GDP 为 3000～5000 美元时，为事故转型期；当人均 GDP 为 5000 美元以上时，为事故下降期。北京一个高校参赛的地下安全检测项目，一开始想通过脉频检测，发现安全隐患，降低人口聚集的一线城市事故发生率，例如防止地面塌陷。但是辅导专家发现了问题，觉得“降低事故发生率”肯定不可行。成员们为此展开查询，发现老一线城市的事故发生率极低，所以从概率上讲，不会有太大“进一步降低”的空间，更不会创造大的价值。因此项目团队就改变了思路，用“地下监测的成本控制”去创造价值。目前政府为了减少事故，每年投入数千亿，而这个项目团队可以做到只要十亿，大大降低了成本，这就是巨大的价值。但另一方面，如果在一个发展相对滞后的地区，主打“安全生产”在当前就很有意义。

环保行业同样如此。根据发达国家经验，人均 GDP 在小于 10000 美元时，环保力度一定是不够的；当人均 GDP 过了 10000 美元，环保及治理污染的费用和力度就会加大。当绿色生产达到普及程度时，仅靠低环保成本来维持高利润的企业一定会死掉，而从事环保产业的公司将有全新的增长及发展空间。相信同学们对“碳中和”这个词并不陌生，从人均 GDP 的角度来看，因为我们 2019 年人均 GDP 就突破了 10000 美元大关，所以国家对环境保护更加重视，同学们创业的方向就可以从这些方面开始思考。

（七）通过普通技术的组合寻找创业机会

这种方法不需要有太尖端的技术革新，只需要将简单的技术组合起来解决实际问题，这是学生容易上手的创业方向。

2009 年，李延荣无意中看到女儿正在看一部讲述蟑螂的电影，很快被影片吸引住了。同年，李延荣和女儿开始做实验研究蟑螂吃餐厨垃圾。父女二人在自家卫生间里放了 5 个大玻璃坛子，里面放了许多蟑螂，坛子口用网封住，每天变着花样地给蟑螂投食，研究它们的饮食习惯。2011 年，当李延荣得知章丘每天产生 40 吨餐厨垃圾，大部分只能使用填埋方式处理、严重危害环境的时候，他果断放弃高薪，带领团队重新创业，专注蟑螂养殖。随着蟑螂数量增加，李延荣便将养殖基地搬到山上，继续观察蟑螂的习性，研究养殖、无害化处理技术。2019 年，李延荣的“蟑螂工厂”每天能消化 50

吨餐厨垃圾，并计划把蟑螂数量扩大到40亿只，届时每天可处理200吨垃圾。

有“进”就有“出”，蟑螂的排泄物又可以用来做肥料，蟑螂死后还可以加工成鸡饲料。你看养蟑螂养出三个产业来了，这就是用普通的技术创造巨大的商业价值。

（八）从Z世代群体特点寻找机会

当 Z 世代逐渐登上历史舞台，各行各业都会发生重大变化，很多行业甚至被重新定义。作为Z世代的大学生，以此寻找创业灵感有得天独厚的优势。

根据尼尔森相关调查报告显示：国潮品牌销量2018年同比增长156.44%，其中95后销售额两年增长率高达218.92%。相比很多行业一直在哀叹市场红利消失，95后经济仍保持平均50%以上的增长速率。这就是为什么以汉服、JK制服、Lo裙切入，做Z世代社区平台的“多糖”，能引来真格基金和源来资本的天使轮投资。

类似地，哔哩哔哩（B站）的火爆表面看是打出了“二次元”的世界，但背后是Z世代的消费观念。B站正是抓住了他们的特点，成为了“Z世代的精神家园”。自2018年在纳斯达克上市以来，B站收获了近十倍的用户涨幅。

杭州蓝皮猫科技有限公司上线的“AEEBEE 高校联盟社团”项目（以下简称 AB社）也是一个主动拥抱 Z 世代青年的典型案例。AB社通过在高校引导“兴趣圈”的建立，高频率组织各类电音派对、电竞大赛等兴趣圈活动，快速将一批 Z 世代青年转化为社团的私域流量，将商业娱乐化。之后，在其“AB 社装备库”中不断更新和融入年轻人喜欢的“国潮”鞋服等系列产品，持续实现流量变现。

如果有人说想喝“0糖、0脂、0卡”的饮料，可能很多同学都会推荐元气森林气泡水。元气森林是一家创立于 2016 年的饮料品牌，元气森林自成立之初，就将Z世代作为自己的目标消费人群，认真体会并认同Z世代与众不同的消费文化。他们的标签就是无糖专家，主要面向的是以Z世代为主的青年一代，这一批人对成分敏感，追求健康、绿色、有机、天然，元气森林的“气泡水+无糖”迅速打开了市场。元气森林一直在随着市场更新换代，不断契合年轻人的真正需求。2020年，元气森林的销售额接近30亿元。为它生产代糖的保龄宝也在2019年的下半年收获了4倍的涨幅。年轻化已经成为市场的流行趋势，准确分析当代年轻人的习惯，很大概率可以找到独特的创业机会。

（九）通过实现竞争对手区域互补寻找创业机会

看巨头在做什么，可以切换区域进行本地化改良，产生创业灵感。从国外到国内改良，从一线城市到三线城市的改良，从A省到B省的改良，都是灵感来源。例如，受美国的PayPal启发，中国化改良出支付宝；受Quora启发，中国化改良出知乎；受加拿大 Kik Interactive 的启发，中国化改良出微信；受 ICQ 启发，中国化改良为 OICQ，后改名为QQ；受eBay启发，中国化改良为淘宝……想法的借鉴、吸收、调整等，不存在“抄袭”，只有未经允许而使用他人的专利软著，才涉嫌抄袭。

（十）大厂高段补位

不管多大的公司，都不可能独自完成整个产业链的每个环节，总有一些细分领域曾经每年或许只有几千万容量，大公司很有可能看不上，这就是创业机会。

例如一个大学生参赛项目，就是给中国“三桶油”这样的大企业做非常规油层的石油精准勘探支持。项目团队一开始有些担心：“三桶油”位于世界500强前茅，自己如何竞争得过？但实际上，再大的企业也不可能所有的事情都自己做，他们也有很多合作、外包项目。那么他们不做、不想做、投入大量的钱还没做好的领域，就是我们的机会。

又如拼多多，就是从三四线城市下沉市场做起，后被腾讯领投，红杉参投，足以看出市场对它的超级关注。低价和社交不是拼多多成功的原因，但却是它早期拓展用户基数的重要战略和运营服务模式，其核心在于拼多多基于自身对用户心理、行为以及用户需求的更深层次的理解，以低价作为吸引用户的手段，满足用户占便宜的心理，使拼多多在一众电商竞争中，具备长效的竞争力。拼多多借拼单模式打造低价爆款，社交打法实现低成本裂变，贴合消费分级趋势，瞄准三线及以下城市，成为社交电商独角兽。

在建筑行业，以前了解在建项目情况，只能前往现场，几个项目就耗费一天时间。有些地方人无法前往，现在应用无人机这些问题都可解决。工程建设单位运用无人机对在建项目进行常态化管理，运用遥控无人机实时观测工程建设项目动态，同时获取多个在建项目的动态信息，让管理者对施工现场的动态情况一目了然。某高校创业项目自制工地巡检无人机，后与大疆合作。如今的建筑工地，通过“智能视频监控”功能，监管人员可随时查看项目施工现场的实时画面，环境监测数据是否超标、出入车辆是否清洗干净、塔吊操作是否合规、现场有无安全隐患等关键信息实时在线。

总的来说，创业应该考虑产品发展和社会经济趋势。创业不仅要选对行业，还要评估产业链，找到最大的市场去做。现如今竞争激烈，不仅要考虑产品定位，还要考虑商业模式必须适合国情。寻找创业项目不该仅仅是找个赚钱的机会，大家要强化法治理念，树立诚信、友善的社会主义核心价值观，那些违背这些价值观的现象，就存在被治理的可能性。

第五节　创业机会的鉴别与把握

并不是所有的创业机会都会带来真正的价值，这就需要创业者认真分析，并加以甄别。

一、项目型机会

市场上经常出现很多现象级项目。项目型机会在市场上是最多的，大大小小、林林总总的招商项目每年都层出不穷，需要创业者慎重决策。

招商项目一般会有很好的背景、风口、趋势、故事等，项目的运营公司往往也有知名度，他们以招商加盟为主要手段、以投资回报、趋势为主要亮点吸引投资者。项目在招商的时候，通常处于“跑马圈地”的阶段，带有区域保护和区域盈利的承诺，参与者只需要投入资金和人力，其他均由项目方来解决。但严格来说，这些都不算创业项目，只能算是生意。

投资这样的项目有一些风险。第一，投资者只是风口项目的参与者，对整个项目的走势没有任何主动权；第二，投资的本质只是作为别人项目中的一个代理商，成为了别人的渠道或终端。所以，对投资者而言，项目成败在于眼光和运气，与努力关系不大。项目做得好，投资人可能会面临运营者重新洗牌的风险；而项目做得不好，投资人更是骑虎难下。项目机会，如果正好在自己擅长的领域内，则可以很好地做出甄别和判断；如果不在自己擅长的领域，则尽量找到擅长的人合作，或者索性放弃。

二、资源型机会

借助自己的资源获得一些业务机会，由此开始创业，是常见的方式。例如做销售的职业经理，积累了一定的客户资源、关键人脉，获取新订单的机会往往就更多；又例如有的人能借由特殊的渠道，掌握更多信息，更早洞察出机会。但这种情况需要考虑资源的可持续时间有多长，现有资源的规模有多大，能否扩大资源和延续资源优势、信息差优势等。

三、风口型机会

新兴事物、出现红利的风口，会让创业者蜂拥而至，但这需要慎重。风口型机会最明显，包括新兴事物（如公众号、自媒体、短视频、直播、地摊经济）、新平台（如网络商城、网约车等）。风口型机会是创业最大的机会类型，风口覆盖各个领域，常常是创业者们的首选，但其中的风险在于创业者是否能够快速学习，前期能否快速找到适应风口的姿势和方法，中期能否找到自己的定位，而在后期能否持续深耕。

四、问题型机会

能帮助客户解决问题，且具备一定的优势，这样的创业比较靠谱。问题型机会，有以下几种情况：

1．某些领域长期的问题和痛点，在新的技术或商业模式上找到了答案，如共享模式、共享经济；

2．某些专业人士在自己的领域深耕，找到了更好解决客户问题、满足客户需求的方案，例如那些长盛不衰的老店；

3．某些平台提供了某些领域新的解决方案和技术，例如刷脸支付。

问题型机会适合有自己专业领域、有一定专业沉淀的创业者，通过引入新的技术和商业模式，可以在专业领域内快速形成商业优势，从而创业成功。

五、优势型机会

优势型机会，也称为专业型机会，属于拥有一定专业优势的人，例如在行业内有一定的知名度、权威性，有信任基础，拥有具备专业优势的发明、专利、商标等知识产权，有自己独特性的优势，别人无法模仿，甚至无法抄袭。这样的创业者是“优质选手”，但也需要匹配同等专业的商业计划，帮助自己展开商业蓝图，周密筹划，步步为营地获得创业成功。

对于普通大学生来说，项目型机会和风口型机会看似诱人，却充满风险，需要具备良好的商业眼光才能规避风险、抓到真正的好机会。大学生的社会历练、资源积累往往是处于相对劣势的地位，因此较为稳妥的方式，是在自己深耕的专业领域，通过社会调研和企业实习机会了解社会痛点或企业需求，借助行业内知名人士、专业教师的指导和帮助，把新技术、新商业思想和模式为自己所学、所用，让自己成为资源和优势本身，真正适合创业的机会才会如期而至。

第六章　寻找创业方向

学习内容

每一个有创业想法的创业者，面临的第一个问题就是做个什么项目。确定创业的方向，是事关创业成败的大事，对创业者非常重要。人们经常说“选择大于努力”，因此在选择创业方向上不可不用功，不可掉以轻心。本章学习内容思维导图如图 6-1 所示。

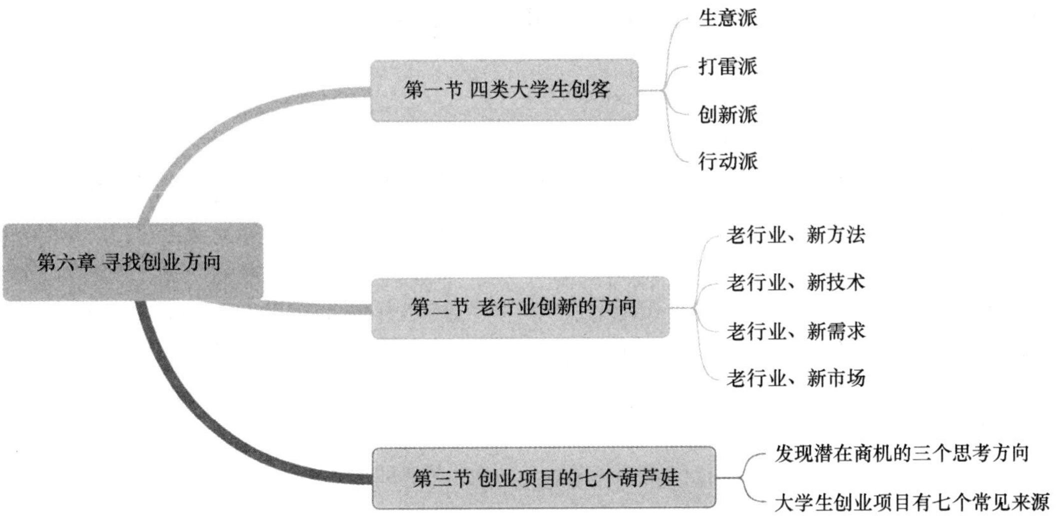

图 6-1　本章学习内容思维导图

学习目标

了解创业方向的重要性和影响因素；

掌握创业方向的选择方法和标准；

分析自己的兴趣、能力、资源和市场需求，找到适合自己的创业方向；

学习如何用一句话概括自己的创业方向和价值主张。

成果产出

完成一个创业方向的选择表格，列出自己创业方向的优势和劣势。

用一句话描述自己的创业方向和价值主张。例如：“我要做一个基于人工智能的在线教育平台，为用户提供个性化的学习体验和高效的学习效果。”

为自己的创业方向设计一个简单的 logo 和口号，增强自己的品牌形象和识别度。

第一节　四类大学生创客

同学们注意观察一下，是不是身边总有一些非常活跃，很具有商业头脑的同学，我们把他们简单归纳一下，写在每一个类型的下面，同时分析自己可能是哪一种类型。

一、生意派

生意派的同学通常具有敏锐的商业嗅觉和行动力。他们善于发现身边的机会，并能够迅速采取行动从中获利。这类同学通常会在开学时向新生销售生活用品、手机卡等，毕业时组织拍照留念、销售校园纪念品、收购二手书、销售考研资料等。他们平时会关注大学生的吃、穿、用、娱等方面，采购市场流行产品推荐给身边的同学，并因此获得一定的利润。

生意派的同学通常具有很强的观察力和行动力，他们能够敏锐地发现市场上的商机，并迅速采取行动。他们通常具有吃苦耐劳的精神，愿意付出努力和时间来经营自己的生意。然而，这类同学往往缺乏长远的创业计划，随着毕业，他们的创业项目往往也会中止。

尽管这些生意规模较小，但若经营不善，也可能会亏损。然而，这些生意对于锻炼同学的商业思维、行动力和沟通技巧还是非常有益的。同时，通过经营生意，同学们还能够积累一定的财富和经验，为未来的创业打下基础。

二、打雷派

打雷派的同学通常会参加各种创新创业大赛，但他们参赛并不是为了将手头的创业项目落到实处，而是为了获得学校的奖励政策，如“考研推免、评优加分”等。他们会研究每种比赛的评审规则和评委喜好，精心准备，并在台上豪言壮语。然而，比赛过后，他们的项目计划往往会被束之高阁，只闻雷声，不见下雨。

这类参赛型选手在备赛期间也投入了不少的时间和精力，但因为他们的目标并不是要做一个真正的创业项目，所以对很多项目问题只是蜻蜓点水、不求甚解、流于表面。这对他们个人的成长帮助并不大，这是特别可惜的地方。虽然这些打雷派的同学可能没有真正的创业精神和计划，但他们在比赛中的表现和经历对于锻炼他们的演讲能力、沟通技巧和团队协作能力还是非常有益的。同时，通过参加比赛，他们也能够结交更多的志同道合的朋友和合作伙伴，为未来的创业之路打下基础。

三、创新派

创新派的同学通常具有很强的好奇心和求知欲，总是充满着奇思妙想，他们善于从自己的兴趣和专业领域出发，不断地寻找新的灵感和创意，追求更好的解决方案。

一方面，他们会从自己的兴趣出发，进行各种创新尝试。例如，他们会自己制作各类模型手办，或者手绘工艺品，这些作品不仅具有艺术价值，也可能带来商业机会。通过这些创新活动，他们不仅能够锻炼自己的动手能力和创造力，还能够培养自己的审美和设计感。

另一方面，他们会围绕自己的专业领域进行创新。例如，他们会泡在实验室里，在导师的指导下完成新材料、新结构、新工艺等的实验。通过这些实验，他们不仅能够深入了解专业领域的前沿动态，还能够掌握更多的实验技能和理论知识。此外，他们还可能着迷于机器人、无人机以及编写各类程序和软件等方面，通过这些领域的学习和实践，拓展自己的视野和能力。

例如，江苏某高校的一个同学，发现某个时间下课后，在食堂买饭需要排很长时间的队。他就思考，能否发明一种取餐柜，让同学下课前在手机上下单，食堂提前准备好饭菜，同学扫码柜门打开，取走自己的饭菜。这一创新解决了同学们排队等餐的问题，也提高了用餐效率。

四、行动派

行动派的同学通常具有敏锐的商业头脑和行动力。他们善于发现商机并迅速采取行动。与生意派的同学不同，他们通常不满足于赚一把就走，而是具有相对长期的计划。

这类同学通常会选择具有长期发展潜力的项目进行创业。他们不仅是为了赚钱而创业，更是为了实现自己的梦想和追求。

例如，湖南有一个大学生，在校期间发现同学的电脑出故障后往往要拿到社会上维修，费用贵不说，维修时间还比较长，而且维修期间还没有电脑可用。他们宿舍的同学组建了一个创业团队，经过相关培训和认证后帮助同学维修电脑。他们通过自己的技术和服务，解决了同学们电脑维修难的问题。随着业务的不断发展壮大，他们逐渐从维修电脑发展到租赁电脑和销售电脑，在湖南全省高校建立了连锁加盟服务网点。近期又转型升级为政府部门、企事业单位的大型会议及办公提供电脑设备租赁的大型服务商。

行动派的同学通常具有很强的行动力和执行力。他们能够迅速地将自己的想法付诸实践，并不断地优化和完善自己的项目。同时，他们也具有很强的团队协作能力，能够带领团队共同实现目标。

总之，创新派和行动派的同学都是具有很强商业思维和实践能力的创业者，他们通过自己的努力和创新精神不断地推动着社会的发展与进步。在未来的创业之路上我们应该不断地学习和借鉴他们的经验和智慧，为自己的成功打下坚实的基础。

第二节　老行业创新的方向

大学生的创新思维往往会受到经历和技能的限制，一方面容易陷入天马行空的困境，不着边际，很难落实；另一方面会限定在自我感受，仅仅观察到大学生活周围，涉及的范围较窄。从改造当下的社会入手，不失为一个很好的切入点，至少可以让大学生走入更广阔的创新天地，又有更具象的研究对象，为创意的落地找到准确的落脚点。因此，研究老行业中存在的问题，从而创造出新的创业方向，是比较务实的做法。

一、老行业、新方法

传统而普通的飞盘在2020年的中国又小火了一把，这种没有多少科技含量的“塑料薄片”却创造了很多订单。中国飞盘市场占有率约50%的艾克公司每年都有几千个定制款飞盘，订单怎么管理？每一个订单都有很多参数，而且还会根据客户的需求，随时调整。公司的采购、生产、销售、库存这几个部门如何及时了解每个环节所发生的变化呢？原来的老方法是用文档、聊天工具、电话通知，开发一个ERP费力又费时。而企业微信提供了线上表单，采用线上表单这个新办法后，每个部门随时了解订单需求的变化，公司内部信息传递速度增加了两倍，信息的准确率几乎是100%。这让我们看到，再传统的行业，都可以产生新方法，像这类工具国内目前有2700多种，而且80%的基础功能都是免费使用的。

二、老行业、新技术

汽车诞生于1886年。长时间以来，燃油车的专利技术已经非常成熟，围绕燃油车的专利，美、德、日、韩等国家的车企进行了严密的专利布局。这些专利就像一道道绳索，捆得我们的汽车工业动弹不得。改革开放初期成立了很多合资汽车公司，我们只能用市场换来对方的技术授权，但是国产品牌的自主创新之路走得特别艰辛。随着国际上对气候变化的日益重视，以及中国双碳发展目标的提出，新能源汽车迎来新的发展机遇。新能源汽车把大家拉到同一个起跑线上，由于新能源汽车不需要燃烧汽油和柴油，用电池驱动，国外厂商在内燃发动机上苦心布局的专利池，被完全绕开了。中国车企通过技术创新，形成了新能源汽车的自主知识产权，大跨步地走向国外，从而涌现出比亚迪新能源龙头企业，以及“蔚小理”等一批新能源汽车的造车新势力。在世界新能源汽车的发展中，中国车企终于占有一席之地。新能源汽车的发展，是典型的采用新技术在古老的汽车行业进行颠覆式创新的典范。

三、老行业、新需求

工业烟气排放是长期以来的空气污染主因之一。在旧排放标准下，许多含有微量硫、氮的工业尾气不需要经过处理就可以直接排放到大气中。然而，随着国家“碳达峰、碳中和”政策的实施，对于工业烟气的排放提出了新的标准，要求硫、氮的排放浓度不得超过10毫克/立方米。

传统的石灰石/石膏法脱硫及SNCR/SCR法脱硝技术，只能达到30毫克/立方米的浓度，而且设备投资昂贵。为了满足新的排放标准，许多工业企业需要进行技术升级或改造，这产生了一个巨大的新需求，市场容量预估达到16 000亿。

这个新需求不仅推动了工业尾气处理技术的创新和发展，也促进了环保产业的发展。许多企业开始研发新的脱硫脱硝技术，以满足新的排放标准。同时，政府也加大了对环保产业的扶持力度，推动了环保产业的发展。

四、老行业、新市场

茶叶在中国有着上千年的历史，以茶待客也是中国的传统礼仪。长期以来，中国茶基本是以品种而闻名，很少有知名品牌让客户耳熟能详。无论是大红袍、铁观音、还是西湖龙井、六安瓜片，乃至毛尖绿茶，在客户群体上也未进行细分，男女老少均适宜饮用。

然而，近年来有一款茶叶成功地在传统的茶叶消费中开发了新的市场定位——总裁商务专用茶叶。这款茶叶在包装上进行了创新，一小罐内装一泡的量（4克），并命名为“小罐茶”，价值主张是“小罐茶，大师做”。一盒包装中有八位制茶大师的八种不同口味的茶叶，以便于在商务接待的过程中，任客挑选，满足客人不同的饮茶喜好。这又进一步延伸到商务交往中的伴手礼，获得巨大成功，一年销售可达30亿元以上，成为单一品牌茶叶销售的王者。

这款茶叶的成功不仅在于其独特的包装和价值主张，更在于其精准的市场定位。它成功地将茶叶消费从传统的家庭或个人消费转变为商务消费，为茶叶行业开拓了一个全新的市场。这个案例表明了传统行业可以通过创新和精准的市场定位来开拓新的市场和需求。这对于其他传统行业来说也是一个重要的启示。

第三节　创业项目的七个葫芦娃

一、发现潜在商机的三个思考方向

创业项目的创意来源是一个让许多人感到困惑的问题，无论是大学生、高校教师还是社会上的创业者，发现商机都是一项技术活。然而，根据多年的经验，我们可以围绕人、物、钱三个方向去思考，以发现潜在的商业机会。

（一）从人出发，关注用户需求与不满

从人出发，即从身边认识的人入手，搜集整理他们的过往经历中对什么不满意。这种方法其实就是我们平时说的客户（用户）研究。通过了解用户的需求和不满，我们可以发现潜在的商业机会。例如，硅谷的一位投资人就有一个习惯，每天晚上睡觉前把今天在外面听到的抱怨记录下来。他认为，在人们的抱怨和不满中蕴藏着商机。

对于大学生和创业者来说，可以尝试列个表格，向你认识的人询问他们的不满，记录下来。通过分析和整理这些反馈，我们可能会发现一些共性的问题或需求，从而找到创业的方向。例如，如果你发现很多人对某个行业的服务质量不满意，那么你可以考虑如何提供更优质的服务来满足这些需求。

（二）从物出发，研究现有产品与服务

从物出发，即研究现在市场上已经有的产品和服务。通过了解现有产品的优势、卖点以及销售情况，我们可以发现市场的空白点和改进的空间。最关键的是收集产品的设计开发人员、同行以及消费者对产品的评价，这些评价可以为我们提供宝贵的反馈和建

议，帮助我们了解产品的优缺点以及改进的方向。

现在有很多网购平台都会留下顾客购买后的留言，我们可以把好评和差评都搜集整理出来，尤其是重视产品的差评。差评反映了顾客的不满和可以改进的方向。由于现有产品已在市场销售多年，一定有顾客基础。研究这个产品你根本不怕没有市场需求，只需要用更优异的产品性能把他们吸引过来，成功几率就会大大增加。

（三）从钱出发，关注资金流向与政策动向

从钱出发，即关注整个社会的资金流向以及国家的政策动向。对于想要成就一番伟业的人来说必须要研究目前社会上的资金向哪个行业流入。一个是关注投资界的投资方向，像清科研究、36 氪等创业投资的研究机构发布的融资报道。这些报道可以为我们提供关于市场趋势和投资者偏好的宝贵信息。我们经常把风险投资的钱称为“聪明的钱”，在专业研究的加持下风险投资的方向往往预示了“风口”的走向。

另外一个要关注国家的政策文件以及政府资金的支持方向。这些拿到资金的项目，绝大多数也是未来创业有巨大发展潜力的行业。这些项目容易受到投资人的关注，参加各类创业大赛也很容易获得好成绩。例如新能源、先进制造集成电路、高端芯片、人工智能、机器人、AR/VR 低碳环保、乡村振兴等行业，都是未来的朝阳产业。

总之，发现创业项目的创意，并不是一件容易的事情。我们可以从人、物、钱三个方向去思考寻找潜在的商业机会。同时，我们也需要保持敏锐的市场洞察力和创新精神，不断学习和提升自己的能力，以应对市场的变化和挑战。

二、大学生创业项目有七个常见来源

（一）学生自发，灵感乍现

创新创业教育的目的，是让大学生具备开阔的视野、灵活的思维。鼓励大学生自主创新，结合自身的专业知识、社会阅历及相关技能，通过深入社会、调查研究，敏锐地发现商机，并与团队的小伙伴一起不断完善，在指导教师的帮助下完善创业项目。在这个过程中，首先是不要制定太多的条条框框，可以天马行空，尽可能突破固有的思维定势；其次，视野要开阔，不能局限在校园内以及太关注自身的感受，尽量走出校园，走进社会；第三，要勇于实践和验证，不能满足于在网络上获得的一些二手信息，剪贴拼凑，满足于写一篇创业计划书或者实践报告或者发表一篇论文，要取得第一手的真实资料，并在实践中去寻找证据，验证自己的一系列商业假设；最后把经过检验的总结，结合一些严谨的研究资料，整合为经得起专家审验的内容翔实的创业计划书。

案例：小李是一名计算机专业的大三学生，对人工智能非常感兴趣。他想要开发一个基于人工智能的在线教育平台，为用户提供个性化的学习体验和高效的学习效果。他认为这个项目具有很大的市场潜力和社会价值，因为在线教育是一个快速发展的行业，而人工智能是一个前沿的技术，两者结合可以创造出新的教学模式和服务模式，满足不同用户的学习需求和偏好。他和他的几个同学组成了一个创业团队，开始了他们的创业之旅。

他们没有拘泥于课堂上的知识，而是主动地从各种渠道获取最新的技术和行业信

息，例如阅读专业书籍和论文，参加各种比赛和培训，关注各种媒体和社交平台，与业内人士交流和学习；他们没有局限于校内资源，而是积极地走出去，接触真实的用户和市场，例如进行问卷调查和访谈，参与各种展会和活动，与潜在的合作伙伴和投资人建立联系，寻找各种机会和挑战；他们没有满足于纸上谈兵，而是勇敢地实践和验证，例如开发原型和测试版本，收集用户反馈和数据分析，不断改进和优化，形成可行的商业模式和产品方案。他们把创业想法和过程，市场分析和竞争优势，以及财务预测和融资计划，写成了一份详尽的创业计划书，向专家和投资人展示了他们的创业项目。最终得到了专家的认可和投资人的青睐，创业项目顺利启动。

创业项目的目标用户是中小学生，核心功能是通过智能诊断和推荐，为每个学生定制适合他们的学习路径和内容；通过智能辅导和反馈，帮助学生解决学习中的问题和困难，提高学习效率和成绩。竞争优势是他们的人工智能技术，他们利用大数据和深度学习，构建了一个能够理解学生的学习状态、能力、兴趣和目标的智能系统，能够实现精准的个性化教学和优化的学习体验。

创业项目上线后，受到用户的热烈欢迎和好评，用户规模和收入都呈现了快速增长的趋势，他们的平台也得到了教育界和媒体的关注和赞誉。

（二）国家战略，社会服务

国家战略揭示了未来的发展趋势，也往往会提供政策和资金的扶持。创业就是要掌握先机，顺势而为。党的二十大报告提出“加快构建新发展格局，着力推动高质量发展”，建设现代产业体系，发展实体经济，推进新型工业化，建设制造强国、质量强国、航天强国、交通强国、网络强国，打造数字中国；加快战略性新兴产业融合集群发展，构建新一代信息技术，人工智能、生物技术、新能源、新材料、高端装备、绿色环保等一批新的增长引擎；全面推进乡村振兴，促进区域协调发展；实施科教兴国战略、创新驱动发展战略、人才强国战略。从这些国家战略上完全可以发现创业项目的潜力方向。党的二十大报告中提出“构建优质高效的服务业新体系，推动现代服务业同先进制造业、现代农业深度融合”，可以看到国家重视发展现代服务业体系，并且鼓励第三产业要和第二产业、第一产业深度融合。因此社会服务业是非常有前途的创业方向。

随着政府机构改革的推进，“小政府、大市场”的格局逐步形成。一些原本由政府或国有资金承担的任务转移到了社会机构，而政府负责采购服务，如咨询、培训、保洁、物业、餐饮等。这种模式不仅简政放权，也可以带动服务业的发展，增加就业岗位，提高服务质量和水平，促进社会和谐和进步。

例如，民政部门批准成立了很多民办非营利机构负责社区残疾人的日常照料治疗，政府根据民非机构收治的人数，每年给予一定的资金补助。这种补助是一种采购方式，既体现了政府对残疾人的关爱和保障，提高了残疾人的生活质量增强了残疾人的幸福感，也促进了民办非营利机构的发展和壮大，增加了社会公益事业的供给，形成了政府、社会组织和残疾人之间的良性互动和合作。

同样地，城管部门委托专业环卫公司负责城市的清扫、保洁、垃圾收运等工作，而政府每年根据环卫公司的服务质量和范围，给予一定的费用。

（三）专业特色，依托专利

在专业学习过程中，有许多基于专业的实验课题和行业见习的机会，愿意钻研的同学，可以依托所学专业知识和技能，开发一些小的创新成果。除了发表论文，还可以申请专利、软件著作权及知识产权。有了一定数量和质量的创新成果储备，结合所涉及的产业发展、竞争优势，可以把这些专利进行成果转化，开发相应的产品和服务，设计相适应的商业模式，这样一个创业项目就初步成型了。

案例：李明是一名计算机专业的大三学生，他对人工智能和图像处理方面有浓厚的兴趣，经常参与导师的实验室项目，也自己动手做一些小程序。在一次课程设计中，他利用深度学习的方法，实现了一种能够根据用户的输入文字，自动生成对应图像的程序。例如，输入“一只猫在沙发上睡觉”，就能生成一幅画面逼真的猫咪图片。他的作品得到了老师的高度评价，也引起了同学们的好奇和赞赏。李明觉得这个程序有很大的潜力，于是决定申请专利保护，并且联系了一些有意向的投资人和合作伙伴，打算把这个程序做成一个手机 App，让用户可以随时随地创造自己想要的图像，或者用于游戏、动画、广告等领域，提供更多的创意和选择。经过一段时间的努力，李明的创业项目得到了一家知名的互联网公司的青睐，他成功地将自己的专利转让给了对方，获得了一笔可观的收入，同时也成为了该公司的一名技术顾问，继续为图像生成技术的发展做出贡献。

（四）技术引领，ABCG

技术创新是经济增长的强大引擎。以人工智能、区块链、云计算及 5G 等新一代的基于“互联网+”的技术创新，可以解决社会面临的突出问题。人工智能可以实现“机器代人”，在人口出生率持续下降，以及社会老龄化的情况下必然迎来广阔的市场。区块链可以实现去中心化的不可篡改的确定权属的功能，可以解决智慧产业权属不清以及未来社会信任度的问题，现在已经在数字货币及数字藏品方面得到了应用。云计算和 5G 的结合，可以实现大容量、低延时、高并发的大数据处理，会大大促进远程医疗手术、虚拟（增强）现实等应用范围和应用场景，真正实现技术创新驱动社会发展。

案例：张华是一名医学专业的博士生，研究方向是利用云计算和 5G 技术，实现远程医疗手术的应用系统。这可以让手术医生通过网络，远程操控机器人手臂，对病人进行精准的手术操作；同时可以实时获取病人的生理数据和影像信息，进行监测和调整。这种系统的优势是可以突破地域和时间限制，让优秀的医生资源可以更广泛地服务于社会，尤其是一些偏远地区和紧急情况下，可以提高医疗效率和质量，降低医疗成本和风险。张华的应用系统在一些医院进行了试验，取得了良好的效果，受到了医生和病人的欢迎和信赖。这引起了国内外的关注，获得了一些奖项和荣誉，为远程医疗手术的发展做出了重要的贡献。

（五）结合地方，产教融合

我国幅员辽阔，各地的自然环境、文化背景和经济基础各异，每个地方都有其独特的特产、文化和优势产业基础。在这样的背景下，大学的功能不仅局限于创造文化科技成果和培养人才，还有一个重要的职责就是服务地方经济。

在当地产业发展过程中，经常会遇到各种难题。而高校作为当地智慧、人才、科研的高地，拥有大量有实力的教师，他们具备解决这些难题的能力。产教结合，一方面可以突破产业发展中遇到的技术、人才瓶颈，另一方面也可以提升教师解决实际问题的能力，同时为教学提供鲜活的素材，使学生能够在学习过程中参与真实的产业场景，从而提高教育的生动性和有效性。基于地方产业特色，往往有原料有保证，降低了成本，而且经过多年积淀，也有一定的市场声誉。结合高校研究成果，在技术上也有竞争力。这一降一升之间，无疑增加了利润空间，必然在市场竞争中占据有利位置，增加了项目成功的几率。

案例：某地的茶叶品质优良，但长期缺乏品牌推广和市场开拓。当地一所高校拥有茶叶研究方面的专家团队，他们与当地的茶企合作，共同研发新的茶叶品种和制作工艺。他们还为当地的茶企提供市场分析和营销策略，帮助茶企拓展销售渠道。在这个过程中，高校的教师们不仅解决了当地茶叶产业发展中的技术难题，同时也提升了自身的教学和研究能力。当地的茶企也因得到高校的技术支持和市场指导，进一步提升了产品的品质和市场竞争力。

产教融合的模式还为学生提供了实践机会，助力学生在学习过程中了解茶叶的生产、加工和销售过程，从而加深对专业的理解和认识。学生们还可以通过实践锻炼自己的技能，为未来的职业发展打下坚实的基础。

结合地方产业特色进行产教融合，是推动地方经济发展的重要途径。它不仅可以解决当地产业发展中的技术难题和市场瓶颈，还可以提升教师和学生的实践能力和竞争力。这种模式不仅可以促进当地经济的发展，还可以为高校的教学和研究提供鲜活的素材和实际应用场景，实现教育与实践的有机结合。

（六）家族企业、政府采购

改革开放初期，中国涌现出一批创业者。他们的孩子现在也陆续走进社会，因此大学生中的“创二代”不乏其人。他们所在的家族企业通常具有较强的家族文化和家族精神，以及较高的员工忠诚度和团队凝聚力，而不少“创二代”从小在创业的氛围中受熏陶和教育，具有较强的创新意识和创业精神，也有较好的教育背景和社会资源。他们中的一部分选择继承家族企业，一部分选择自主创业，拥有独特的优势和机遇。

例如，百度创始人李彦宏之子李童在美国读书期间，就和同学一起创办了 AI 公司“猫眼”，专注于视觉识别技术的研发和应用。李童表示，他从小就受到父亲的影响，对科技和创业有着浓厚的兴趣，他希望能够用自己的技术和产品改变世界，也希望能够得到父亲的认可和支持。

又例如，万达集团创始人王健林之子王思聪创办了普思投资，投资了多个领域的创业项目，如电竞、直播、电影、游戏等。王思聪表示，他不想只是继承父亲的事业，而是要有自己的创业梦想和追求。他认为创业是一种挑战和乐趣，也是一种对社会的贡献。

很多“创二代”不仅有家族企业的资源和人脉优势，还有自己的创新思维和创业热情，他们能抓住时代机遇，开拓新的市场和领域，展现出不同于父辈的风格和特色。他们的创业成功，不仅为家族企业增添了新的活力和价值，也为社会经济发展注入了新的动力和活力。

（七）师生共创，成果转化

大学生自发创新值得鼓励，但考虑到大学生的专业素养及研究能力相对处于劣势地位，我们也提倡师生共创。很多高校教师有科研成果，但成果转化链条较长，市场调研及社会协作工作较多，不少老师无暇顾及，成果束之高阁，实在可惜。在师生共创模式下，大家分工协作，完成研发成果与社会需求的对接调整和完善，形成标准的产品或服务，并在市场调研基础上，明确市场定位，设计相适应的商业模式，在市场中去验证和调整。这一系列工作非常繁杂，但也足够锻炼人，大学生在这个过程中，可以进一步加深对专业知识的认知，培养扎实务实、深入实际的工作作风，提升团队协作、高效执行、文字表达、当众路演等众多素质和能力。有了教授和博士生的坐镇，也可以及时调整技术路线及工艺，对项目是有力的专业支持。在原“互联网+”大赛中的产业命题赛道及青年红色筑梦之旅赛道，这样的师生共创项目是非常受鼓励的，每年也有大量项目获得好成绩。部分项目还获得了风险投资的关注，甚至获得资金促进创业项目的落地实施。

模块三　项目打磨

第七章　锁定目标用户

学习地图

第三章第二节整体介绍了设计思维。其主题一言以蔽之，就是“我们通过什么样的创新方式帮助谁解决什么问题”，所以我们要确定服务群体（用户）和他们的需求或痛点问题，并针对性地设计出产品或服务方式。第七章至第九章将围绕着这一主题依次展开。本章聚焦于用户群体的确定，并洞察其需求。设计的思维五步图以及第七章至第九章内容设置如图7-1所示。

图 7-1　思维五步图以及第七章至第九章内容设置

设计的思维五步图是一个良性循环，理论上可以从任何一步切入。结合大学生创新项目的实际情况和操作难度，我们可以从“同理心”开始，通过洞察不同人群需求、痛点，找到创新项目的大方向，并逐渐聚焦，锁定要具体服务的细分群体，明确要解决他们的哪些问题，进而为后面的创新设计提供事实依据。本章学习内容思维导图如图7-2所示。

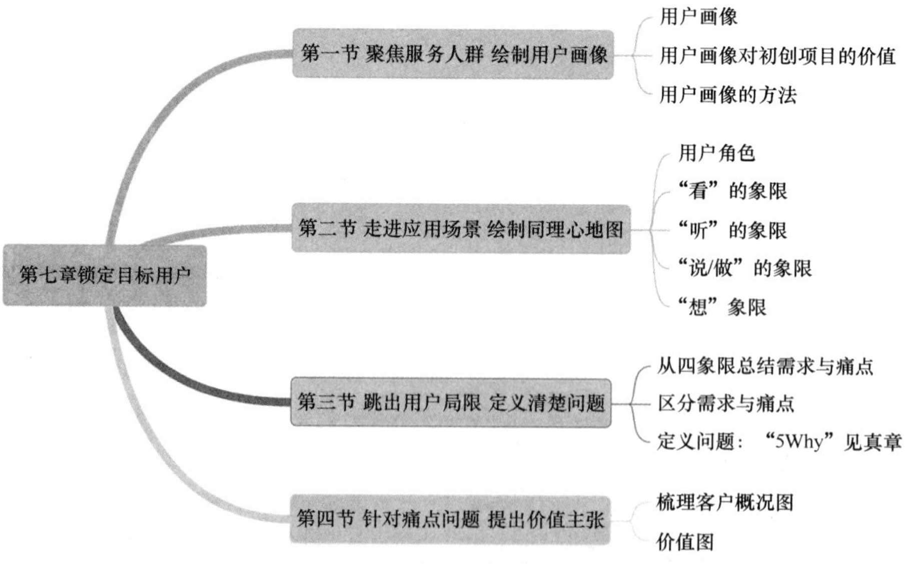

图 7-2　本章学习内容思维导图

学习目标

通过教学情境和案例学习，完成目标用户画像，并用 5Why 分析法做深刻的用户洞察，最后定位自己的产品/服务，即通过一句话描述自己产品/服务的价值主张。

成果产出

完成目标用户画像；

用 5Why 分析法做深刻的用户洞察；

为自己的产品/服务提出价值主张。

第一节　聚焦服务人群　绘制用户画像

设计思维以人为本。“通过什么样的创新方式帮助谁解决什么问题”——这其中首先要确定为谁而设计。

一、用户画像

一个项目、一款产品不可能满足所有人的需求，所以我们要细分客户群体。要把自己的细分群体与其他群体相区别，“标签化”是一种便捷高效的方式。生活中“贴标签”绝非好习惯，但在初创项目的设计开始，标签可以在“准确”与“高效”中找到平衡，不失为一种手段。把细分群体的标签集合起来，就构成一个或几个虚构的人物，这就是“用户画像”（persona），它从多维度描绘出这个细分群体中典型用户的特点，把这类用户从茫茫人海中精准定位出来。

例如网易云音乐就是通过划定用户画像的方法，在 QQ 音乐、酷狗音乐的红海中找到了年龄较轻、挚爱音乐的一批用户，通过深度访谈、调研，了解用户需求后，提供“云村”、评论等个性化功能，赢得了这群用户的青睐。

二、用户画像对初创项目的价值

初创项目的产品还未成形，用户画像有助于团队定义产品模式与功能。重点是大量偏宏观的调研，明确自己适合服务哪一个细分群体，进而明确他们有哪些特点、喜欢什么、不喜欢什么、消费水平如何、每天的时间如何分配、在什么场景下他们会使用什么类型的产品……例如设计一款饮料，出什么口味、瓶子做成什么外形、设计多大容量、采用什么包装风格等，都取决于目标人群的特点。

但我们自己要清醒：用户画像是项目初创阶段的一种妥协方法。这种方法本身就包含了小步快跑、试错迭代的思路。所以随着项目的进展，团队必须利用更多的机会了解用户，不断更新原型人物描述，更准确地反映真实用户的情况。

三、用户画像的方法

（一）四维度粗分法

四维度粗分法是一个比较粗略的标签模型。

（1）地理维度

不同地区的用户往往有明显不同的特点，需求也会不同。例如同样是基础教育，有的地区的家长会更关注素质教育，有的地区可能普遍只关注考试分数。

用地理维度的划分用户，可以按物理距离，由近及远。例如从广州“05 后”群体特点的描述，扩展到广东省、华南地区，再往其他区域拓展；也可以按城市等级划分，例如超一线、新一线城市等，再逐步下沉。网络平台也可以视为地域，例如同样是视频平台，抖音、视频号、快手、B 站用户特点差别相当大。

（2）人口维度

人口维度可以按照性别、年龄、学历、收入、家庭情况等方面进行区分。例如同样是“塑身”需求，不光男女有别，就算是同一性别群体也不相同。例如女性，不同年龄段、不同阶段具体深层次需求差别很大：18～25 岁女生更关注减脂与苗条身材，25～35 岁人群更兼顾苗条与健康，35～45 岁人群更注重健康与养生，45～55 岁人群更聚焦因肥胖带来的疾病，而产后宝妈更关注健康与身材恢复。

（3）心理维度

心理维度一般按照社会阶层、族群或个性特征，划分用户不同的生活方式、个性、购买动机、价值取向、对商品供求趋势的感应、对销售方式的感应等。例如近年来火爆起来的盲盒，就是找准了年轻族群追求潮流、新奇、刺激的心理，也符合时下风靡各种能炒高价或刺激人冲动消费的产品特质。通过造势，打造潮流文化和潮流 IP，集收集性、炫耀性和赌博性于一身，让年轻人趋之若鹜。

（4）行为维度

行为维度一般是从购买时机、购买频率、购买利益等方面划定的。例如在开学季，各类文具、电子设备会有比较高的需求。而不同的商品，人们购买的频率差别也很大。例如生活必需品，购买频率往往以“周”甚至“天”计算，而更换一次手机可能要两年以上，电脑、相机、新奇体验项目、汽车、房屋的购买频率就更低了。

（二）六维度细分法

在四维度粗分的基础上，我们还可以做更具体的六维度细分。六维度细分法尤其适合创新创业初体验的团队。

活页工具 7-1　目标用户六维度细分

六维度细分（Six-dimensional segment）

从不同维度和子维度更便捷地为细分用户群体高效建立较准确的标签系统。您可以根据实际情况，在下列子维度基础上增删改。

基本属性	兴趣偏好	心理特征	行为特征	购买能力	社交网络
年龄段	兴趣话题	消费意愿	生活方式	消费资金来源（工资/贷款/赠与等）	居生区域及周边情况
性别	运动情况	消费心理（理智、冲动、从众等）	工作特点	消费习惯	工作区域及周边情况
婚姻状况	旅行情况	消费与身份/角色体现	相关产品服务使用场景中的活跃度	消费频率	其他活动区域及周边情况
受教育程度	设计风格偏好	品牌忠诚度	投资与资产配置特点	消费水平（每次/日/月消费额）	关系密切的家庭成员
收入构成与收入水平	颜色偏好	评价关注度		消费方式（线上线下具体方式）	社交意愿
房车等财产情况	包装偏好				社交目的
					社交方式

在给用户建立贴标体系时，需要对常识、共识、知识体系、精准调研等内容进行标注。此过程中，可以通过文字、语音、视频、访谈、问卷的方式进行调查、分类。最后，我们需要对事实和推理进行检验和验证。

上表中的这些子标签不用一一去贴（很多信息也不一定能获取）。事实上，通过若干个典型标签梳理，就能了解该群体的核心特点，再以此为据，设计产品服务和营销方案。

（三）用户画像画布

除此之外，还有一些结构各异的用户画像画布。尽管构成不同，但其实质都在于针对不同的群体建立一套合适的标签体系，以抓住用户特点。以活页工具 7-2 用户画像为例，在绘制时需要关注以下信息。

（1）描述人物：包括个人信息，如年龄、性别、职业、教育背景等，以便更好地理解目标人物的生活状态、兴趣爱好以及行为习惯。

（2）描述行为：包括日常活动、兴趣爱好（以及憎恨厌恶）、消费习惯等，尤其需要把握住他们与众不同的行为特点，以更好地理解他们的需求和期望，方便后续设计符合他们需求的产品或服务。

例如，如果我们的目标用户是年轻人，那么我们需要了解他们平时会使用哪些社交媒体平台、喜欢哪些娱乐活动等。这些信息可以帮助我们设计出更符合年轻人需求的产品或服务。

（3）描述目标和需求：包括他们在生活、工作或工作环境中所做行为的动机、需求、痛点等元素。例如，如果我们的目标用户是智能家居产品使用者，那么他们的目标可能是实现智能化管理、提高生活质量等。基于这些目标，用户有具体需求和期望，也一定有痛点。而这些需求、痛点正是我们团队创新方案的机遇。

活页工具 7-2　用户画像

用户画像（Persona）

描绘出一个典型用户，剖析该用户生活中自身的性格与行为特点、喜好等，为寻找用户需求提供信息基础。

画出他

关于这个主题，他说：

“

”

①基本信息Demographics

姓名（为他起个名字）

职业

性别

所在城市

年龄

家庭情况

②他喜欢做哪些事？What do they enjoy?

③他不喜欢做哪些事？What do they hate?

④他与别人的不同之处？What distinguishes them from others?

⑤什么事让他夜不能寐？What keeps them awake at nigh?

第二节　走进应用场景　绘制同理心地图

洞察细分用户的需求、痛点，离不开同理心。同理心就是设身处地去了解特定人物在特定场景中对特定事物所产生的理解、行为和情绪，将心比心地去感受他们的需求及痛点。无论是创新创业，还是其他工作，又或者是日常生活，同理心都是一个人的关键软实力。在创新项目中，我们只有先让自己走进用户世界（应用场景），将心比心，理解其需求痛点，才有可能设计解决真实问题的方案。

我们可以借助“同理心地图”从用户视角进入应用场景（活页工具 7-3）。同理心地图的上半部分包含“用户角色”和 4 个象限。

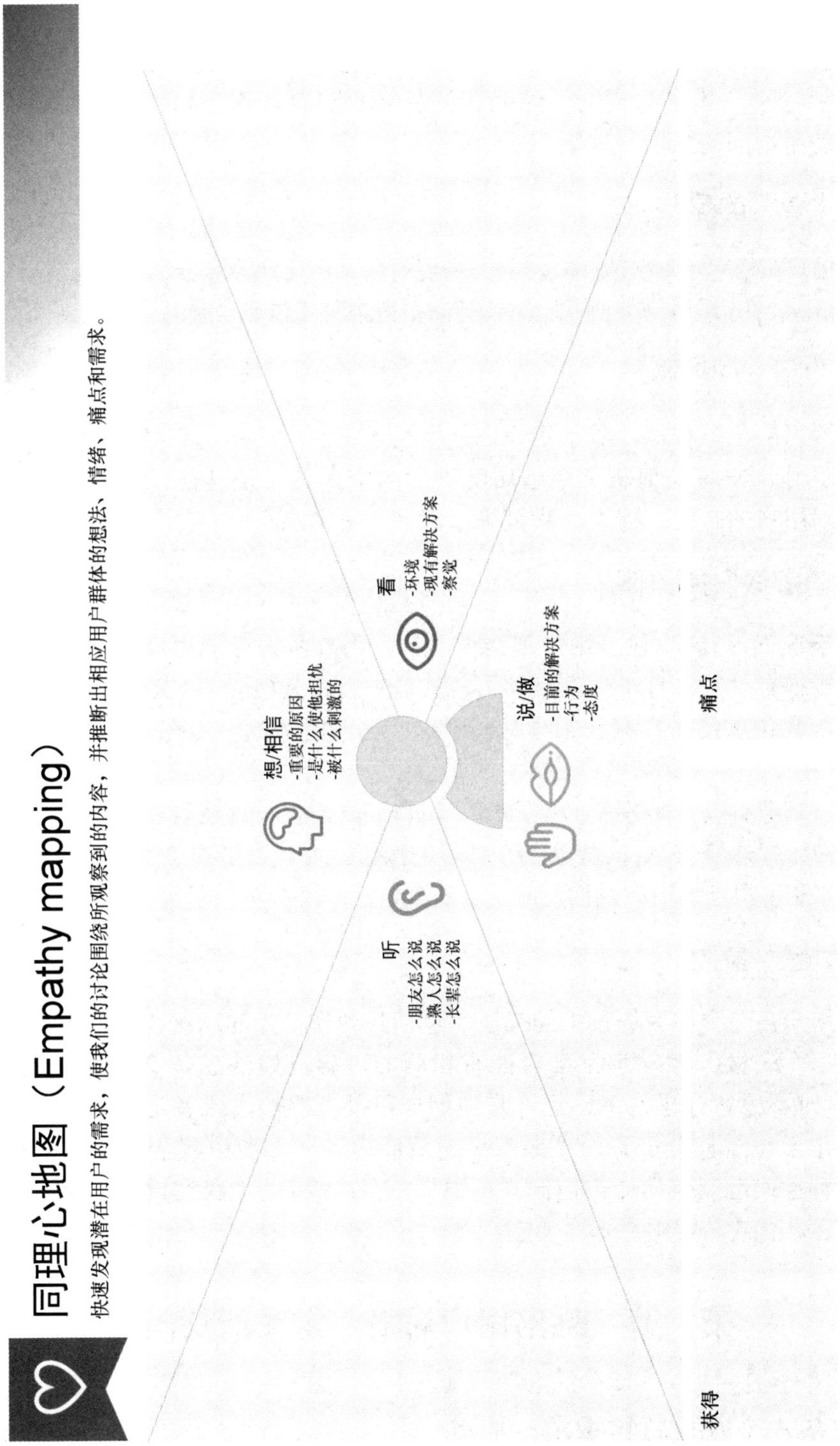
同理心地图（Empathy mapping）
快速发现潜在用户的需求，使我们的讨论围绕所观察到的内容，并推断出相应用户群体的想法、情绪、痛点和需求。
想/相信
-重要的原因
-是什么使他担忧
-被什么刺激的
看
-环境
-现有解决方案
-察觉
听
-朋友怎么说
-熟人怎么说
-长辈怎么说
说/做
-目前的解决方案
-行为
-态度
痛点
获得

一、用户角色

用户角色，就是上一节“用户画像”的关键产出。与用户密切相关的是使用场景，使用场景有可能只有一个，也可能有多个。例如超市用户，典型的使用场景至少包括在超市地界的停车、挑选与购物、结账、将商品放到后备箱。如果不同使用场景差异较大，可以使用不同的同理心地图。

二、“看”的象限

包括用户在使用场景（或相关场景）中能看到、察觉到的内容，例如在使用场景中看到了哪些人和事、在市面上看到了哪些相关产品、在网络上看到了哪些有关的新闻报道等。

三、“听”的象限

与“看”的象限相似，除了用户在使用场景中的所闻，也包括用户从周边人、网络平台上的其他用户等任何相关渠道所听到的内容，甚至是其他人对用户本人可能的评价。这些对用户的态度、行为、决策等，都会产生影响。

四、“说/做”的象限

理想情况下，“说”包含用户直接说的话，用户所说可能也反映他们的实际行动，例如“我觉得有‘××打车’就足够了，其他平台、其他服务对我来说，有没有真无所谓”或者“我帮重要客户啊、领导、长辈这些约车时才约‘专车’，为的是让他们感到被重视”。

还有一部分行动，特别是一些细节，用户或许没说，这需要我们从用户的角度去体验发现。例如打开某个 App 找到某个功能的按钮，要经过多次点击，一级一级地打开。从用户分享和用户行为中，我们可能就会找到自己产品服务需要聚焦、改进的点。

五、“想”象限

捕捉用户在整个使用场景中的想法，包括其动作行为的动机，也包括他们体验后的内心世界。“说/做”和“想”都可能有相同的内容。请注意，有的用户在“被调研”“被访谈”时不愿意分享太多，也许是他们自己没有想法，或者是自我保护意识较强，又或者是出于礼貌甚至担心而不愿意多说负面内容……所以我们不仅要洞察用户怎么想，还要有意识地洞察为什么他们“不说”，这样才有助于我们设计更合适的调研访谈形式和内容，有效洞察用户真实所想。

第三节　跳出用户局限　定义清楚问题

一、从 4 个象限总结需求与痛点

同理心地图的下半部分是“获得”和“痛点”，需要我们在同理心洞察之后，提炼

出用户在这样的场景中，希望获得什么（期待或需求）、哪些是他们的阻碍或者体验极差的部分（痛点）。例如，产品操作复杂、功能不完善等问题，或者性价比不高。通过总结痛点，我们可以更好地了解用户的需求和期望，为后续的产品或服务设计、改进提供方向。

二、区分需求与痛点

有时候人们把“需求”和“痛点”混为一谈。简言之，“痛点”是具体的人在具体场景下面临的具体问题，而“需求”是痛点问题解决之后的效果。对用户而言，“痛点”往往是直观、明显的，而“需求”（到底要什么）一半来自深层，他们自己也未必能准确描述。例如一个经典案例，汽车诞生前的一位旅行者觉得他的马太慢（痛点），但如何解决呢？他说想要一匹更快的马（自以为的需求）。这是他的需求吗？是，也不是。表面上是，但实质上他需要的是更快的交通方式（真实需求）。如果体会不到这一真实需求，我们就可能只会在“培育更快的马”的方向上去思考解决方案，而忽略了创造另一种交通方式。

三、定义问题：“5 Why”见真章

我们可以从直观的痛点入手，层层追根溯源，找到用户深层次的需求。这一过程被称为“5 Why 分析法”或者“五问法”，也就是从一个问题和答案入手，连续问“为什么”，沿着因果关系链条，顺藤摸瓜，直至找出原有问题的根本原因。当然“五问”不一定是五个问题，而是为了形象地描述“追根溯源”。

丰田汽车公司前副社长大野耐一曾举过一个例子，体现出“五问”的价值。

问：为什么机器停了？

答：因为机器超载，保险丝烧断了。

问：为什么机器会超载？

答：因为轴承的润滑不足。

问：为什么轴承会润滑不足？

答：因为润滑泵失灵了。

问：为什么润滑泵会失灵？

答：因为它的轮轴耗损了。

问：为什么润滑泵的轮轴会耗损？

答：因为杂质跑到里面去了。

由此，问题的真正原因找到了，因此解决的方法也很明确：在润滑泵上加装滤网。如果仅凭第一次发问的回答就贸然行事，那么“解决方案”恐怕还在围绕着“换一根保险丝”或者“有什么更好的保险丝”而原地打转。

我们可以借助下面的“5 Why 分析画布”来梳理思维，步骤如下：

（1）精准描述要解决的用户问题；

（2）汇总现有解决方案及局限性；

（3）从用户痛点和表面需求追根溯源，挖掘用户深层的真实需求；

（4）针对真实需求，锁定团队能做的和要做的事情。

这其中一些关键思考点，如：真实需求是什么、我们解决哪些问题。这对于项目团队，尤其是初创团队至关重要。不少团队在接到项目后，不假思索地埋头苦干，看似进展迅速，但在最后阶段发现方向偏离，或者设计的是“自嗨型”产品，对用户没有意义，甚至还可能要推倒重来。因此，在项目早期定义清楚要解决的问题，价值不言而喻。

活页工具 7-4 5 Why 分析画布

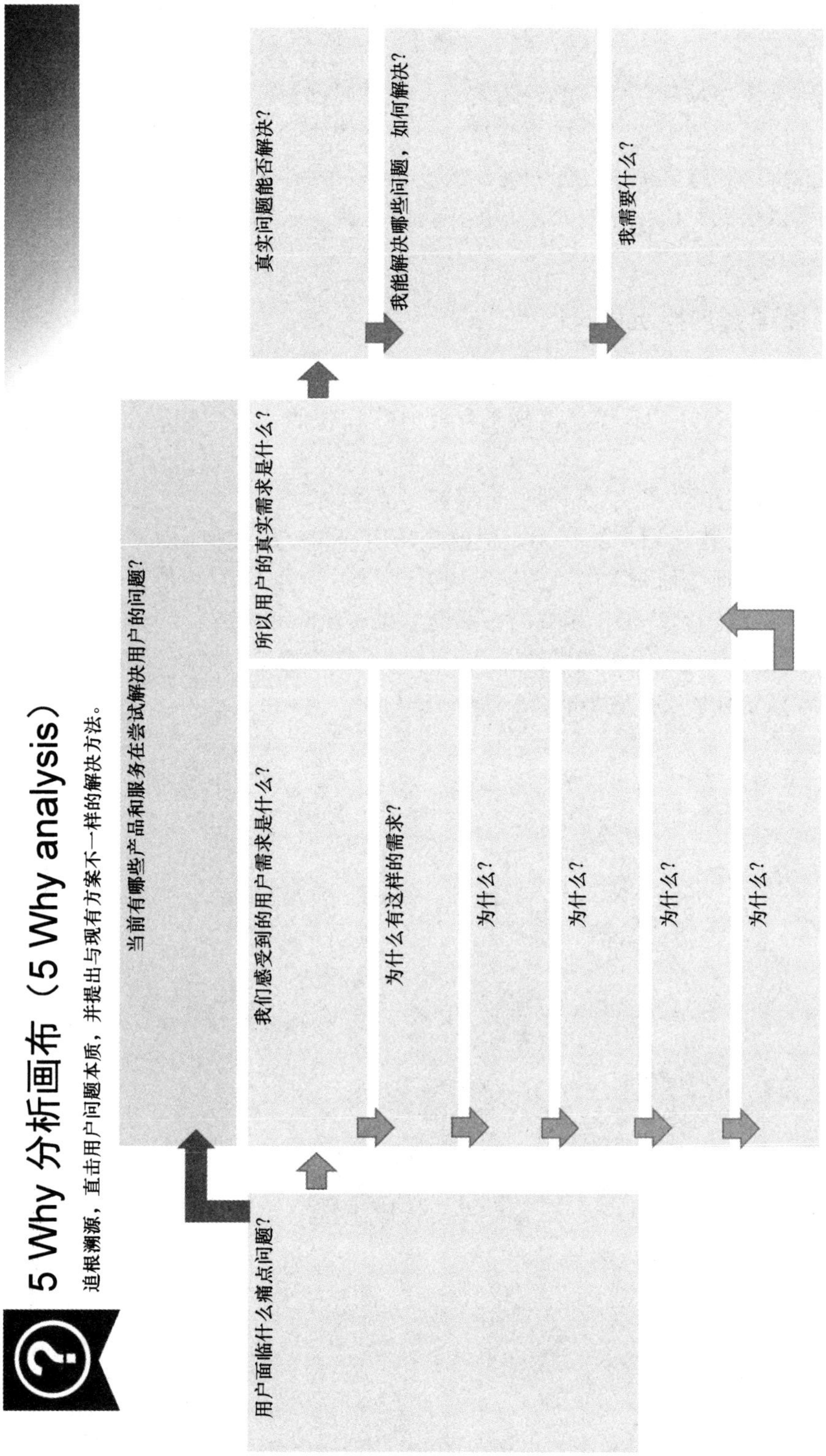

第四节　针对痛点问题　提出价值主张

我们定义清楚项目要解决的问题之后，就需要针对问题，提出有价值的创新解决方案，提出相应的价值主张。价值主张是整个问题解决和后续商业模式的核心，它描述了产品提供的价值和顾客需求之间如何建立联系以及为什么顾客要去买你的产品。

我们可以借助价值主张画布工具提出价值主张。画布包含价值图与客户概况图两部分（活页工具 7-5）。

一、梳理客户概况图

圆形的“客户概况图”由三个部分组成。它们的大部分内容已经通过此前的用户洞察、同理心画布等工具梳理出来了，此时我们按照“客户概况”画布逻辑整理归类即可。

“收益”描述用户需求，即他们希望获得的结果。

“客户工作”描述用户的行为，也就是从用户角度描述他们在相应场景中要做的事项（可参考“同理心画布”的“做”象限）。

“痛点”描述与客户工作相关的、坏的结果、风险和障碍。

例如某保险产品和服务的设计团队，针对“有意愿选择健康保险的中年职场人士”这个群体，做了如图 7-3 所示的客户概况图（非全部）。

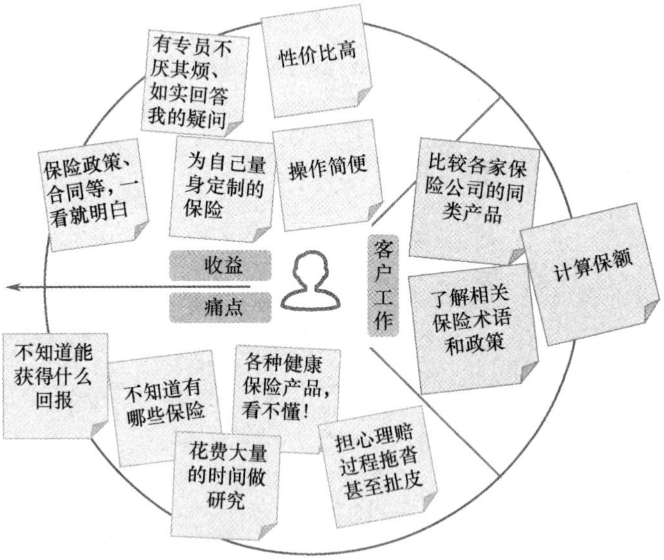

图 7-3　客户概况图示例

二、价值图

价值图的三个组成要素与客户概况图的三个要素一一对应，引导我们基于客户的需求、痛点和行为来设计相应解决方案。当我们的产品和服务产生了与客户工作、痛点、收益相匹配的痛点缓释方案、收益创造方案时，便获得了契合（如图 7-4 所示）。

（一）产品和服务

与客户概况图中的“客户工作”相对应。我们在这部分仅罗列出一份产品或服务的清单（或功能清单），就像是客户在橱窗中所能看到的所有商品。这些产品和服务能够帮助客户完成功能性、社会性或情感性工作，或能够帮助他们满足基本需求。

这份清单也可能包含与支持相关的、帮助客户完成购买角色的产品和服务（例如帮助客户比较价格、做决定和进行购买），以及合伙创始人（指帮助客户共同创造价值主张的人）和转换者（帮助客户处置产品）。

（二）止痛片

与客户概况图中的“痛点”相对应。我们在这部分描述产品或服务时，需要关注如何减轻特定客户的痛点。需要注意的是，没有哪个团队、哪种产品或服务可以解决所有用户的所有问题，而好的价值主张需要聚焦于解决用户最大的一个或几个痛点。

（三）价值创造

与客户概况图中的“收益”相对应，用来描述我们的产品或服务如何创造客户收益，满足他们的需求，甚至超出用户的预期，满足他们自己未意识到的需求。用户既有功能效用、成本节约的需求，也有情感态度的需求。这些都是我们需要考虑的方面。

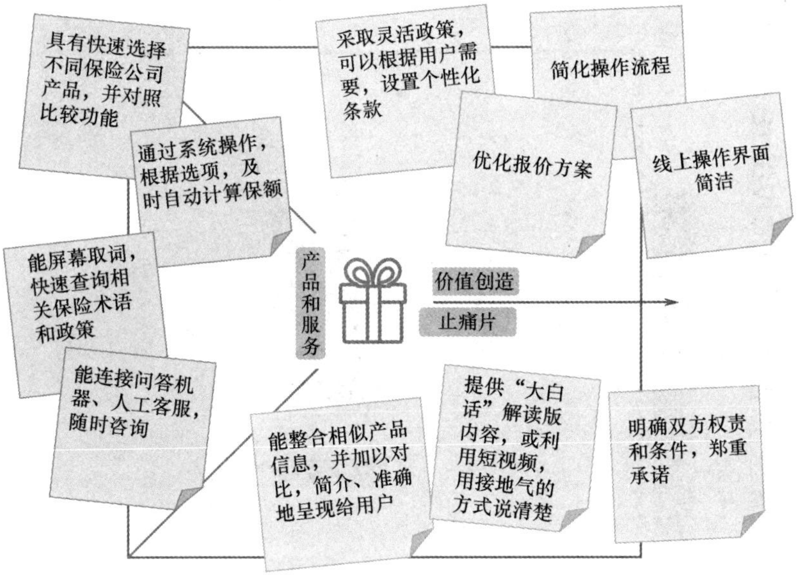

图 7-4　价值图示例（对应图 7-3，此处为示例，未完全列举）

活页工具 7-5 价值主张画布

价值主张画布（The value proposition canvas）

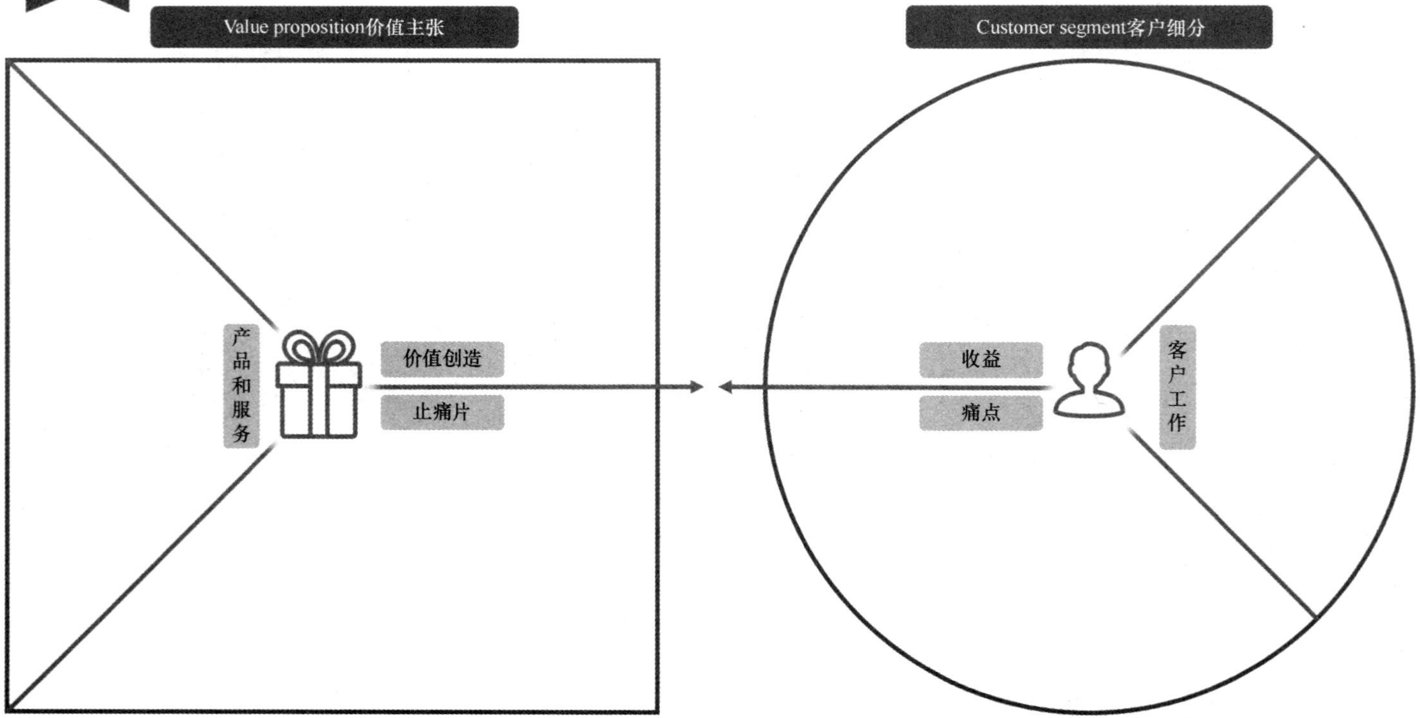

第八章　激发设计创意

学习内容

沿着“设计思维”的主脉络，第七章聚焦在用同理心走进用户场景，并归纳痛点和需求，从而清晰定义问题。本章将集中于“创意”，通过桌面调研收集灵感，借助头脑风暴激发创意，从而针对定义的问题，设计具体的解决方案。

本章内容主要是借助画布工具展开。充满挑战性、创新性，但相信最后的结果会让人激动不已。本章学习内容思维导图如图 8-1 所示。

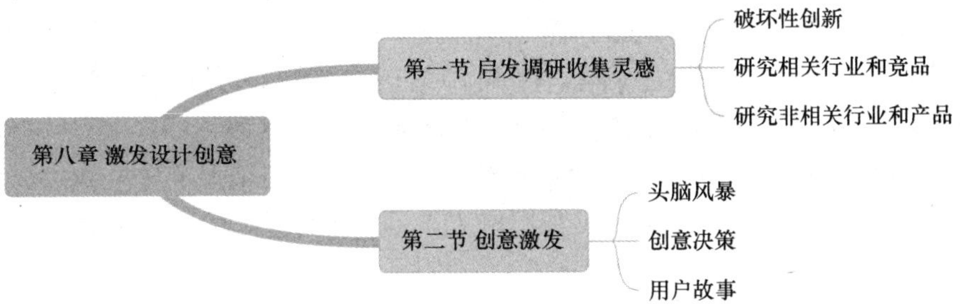

图 8-1　本章学习内容思维导图

学习目标

通过行业分析和头脑风暴的课堂实践，明确本组创业项目的创意，利用故事板讲述用户故事，最终确定创新性的解决方案。

成果产出

“灵感收集”洞察栏；

创意决策；

故事板（个人版，团队版）。

第一节　启发调研收集灵感

面对问题，提出解决方案总是让人充满希望的，如果还能提出创新性方案，无疑更令人振奋。一个独特的想法有可能改变世界，就像当初“丢掉键盘”这个看似没道理的想法彻底改变了手机。然而，我们也可能因此感到困惑和压力，因为创新方案不会“无中生有”。

为了确保创意的有效性，我们首先要搜集灵感。灵感常常让人同时收获成功和快乐，正是这个简单的领悟会使我们的创意在量和质上成倍增长，也能让我们进一步洞察用户。就设计思维而言，灵感主要来自三个方面：破坏性创新、研究相关行业和竞品、研究非相关行业和产品。

一、破坏性创新

破坏性创新（disruptive innovation）最早由熊彼特在 1912 年提出，后来经过不断完善，在 1997 年由美国哈佛大学商学院创新理论大师克莱顿·克里斯坦森（Clayton M. Christensen）提出了更清晰的界定，代表与主流市场发展趋势背道而驰。具体来说，破坏性创新的目标不是向主流市场上的用户提供功能更强大的产品，而是通过引入也许性能不如现有产品，但却比较简洁、操作便捷、价格低廉的产品。

破坏性创新有两种基本模式：低端市场破坏和新市场破坏。

（一）低端市场破坏（low-end disruption）

低端市场破坏即在现有市场和价值网络中，用低成本商业模式吸引主流企业不看重的“低端用户”。这些用户在意产品价格，相对不看重功能、质量。如果产品越做越高大上，“低端用户”只好少消费或不消费，而一旦有了廉价替代品，他们可能就会趋之若鹜。例如在计算机刚在中国普及时，多数人尚未接受杀毒软件收费的观念，而 360 杀毒软件的功能并不比竞争对手强大，但它主打免费，因此赢得了一大批对计算机安全性需求不那么高的用户。类似地，一些低端手机、轻奢餐饮、便捷酒店、廉价航空等，虽然性能、品质不如高端品牌，但基本功能尚可，关键是价格低廉，因此也有属于自己的一片小天地。

（二）新市场破坏（new market disruption）

新市场破坏主要是产品简易性的创新和定价的创新。新市场也称为“零消费市场”，之所以会有“零消费”，是因为一些群体不购买（“非用户”）。“非用户”不购买并非因为他们不需要，而是因为产品的价格过高或操作太复杂。如果企业通过创新降低产品的性能要求、降低价格，就能吸引原本不在市场中的“非用户”。例如老年机降低了老人操作智能手机的难度，而手机修图软件成为大量不会 PS 软件人群的福音。这样的创新将“非用户”转变成了“用户”，拓展了市场。

典型思考问题：

- 在当前市场中是否存在显著改变，或取代当前市场的全新产品/工具/服务？
- 这些案例对用户的日常生活，甚至文化，都产生了什么样的大规模变化？

二、研究相关行业和竞品

通过调研相关行业竞品，了解当前市场，看看别人是怎么解决类似问题的，并从中获得启发。行业或者竞品的调研范围可以从个人，到企业/团体，甚至是国家。典型思考问题：

- 方案背后的意图，以及产生的背景是什么？
- 对于解决问题本身是否成功？
- 在产生这个方案的过程中，遇到过什么困难？

三、研究非相关行业和产品

而着眼“非相关行业”，是为了考察能否从其他产品或服务中得到启发，所谓“他山之石，可以攻玉”。例如苹果公司在设计旗下第一家零售体验店时，为了创造独特的服务体验，曾参考了四季酒店的前台服务，以此创造了“天才吧”（Genius Bar）的概念并大获成功。

典型思考问题：

- 其他行业/环境中，有哪些近似的产品或服务？
- 从中能得到什么启发？

活页工具 8-1　灵感生成器

灵感生成器（Inspiration generator）

从三大灵感来源洞察现有市场，生产创新性想法，在市场打出差异化。

灵感来源	洞察	
破坏性创新	在当前市场中是否存在显著改变，或取代当前市场的全新产品/工具/服务？ 这些案例对用户的日常生活，甚至文化，都产生了什么样的大规模变化？	
研究相关行业和竞品	方案背后的意图，以及产生的背景是什么？ 在产生这个方案的过程中，遇到过什么困难？	对于解决问题本身是否成功？
研究非相关行业和产品	其他行业/环境中，有哪些近似的产品或服务？	从中能得到什么启发？

第二节　创意激发

设计需要灵感，但也不能只靠灵感。创意也需要团队碰撞出来。下面我们就开始创意激发的三段旅程：头脑风暴、创意决策、用户故事。

一、头脑风暴

（一）头脑风暴的关键

头脑风暴是把“洞察”与“灵感”转变为可视化概念的过程。在开始头脑风暴之前，我们需要将项目挑战、启发，以及其他关键信息罗列开来，为激发创意提供方向。脑子中的点子只有在“具象化”之后，才能真正获得价值。团队可以在这个“具象化”的基础上进行之后的概念迭代和项目推进。

很多团队在做头脑风暴的时候，不知不觉会犯一个错误，那就是过度思考、过度分析。所以在头脑风暴的过程中，大家一定不要限制自己或者队友的思维，我们需要让思维自由发散，尝试以不同的视角，激发有趣的创意，毕竟在头脑风暴的阶段，我们的目标不是评价谁好谁不好，而是先汇集大量的想法，通过头脑风暴的过程，把灵感大批量转化为点子。这个阶段要记住三“不”：不判断、不分析、不自我对话——也就是不过度思考，而要寻找“更好”。

（二）团队头脑风暴的开展

我们可以借助“头脑速写簿”展开头脑风暴（活页工具 8-2）。

典型的头脑速写簿由 8 个成员经过 8 轮共同完成。画布上有 8 个格子，成员定好顺序，各用一个格子，利用便利贴，针对要解决的问题，写出自己的创意。

每个人依次移动到下一个格子，在前一位成员创意的基础上，添加自己认为更完善的元素。

再次移动一个格子，在前面两人的基础上继续完善，以此类推。

最终在每个人的创意下，都有成员贡献的 7 个“改良版”；每个人也为成员贡献了 7 个改良创意。这样 8 轮下来一共能到 8 个方向的 64 种改良创意。当然，团队也可以根据实际人数灵活调整轮数。

开启“头脑速写簿”的轮盘转动，有几个需要我们注意的地方。

（1）一分钟一个点子

时间是非常紧张的，先不要判断或评估这些点子，要避免过度思考妨碍我们的创造力；避免因为死抠一个点，而耽误、错过了更多的点子。

（2）一张便利贴只记录一个点子

请注意，能画出来的点子，就不要写文字，因为人的大脑对画面会有更深的印象。我们不必在意绘画的质量，只要能够表达内容即可。

（3）一个点子可能会启发新的点子

所以我们也要注意观察其他成员的想法，这是头脑风暴中很关键的部分。

头脑速写薄（Brainwriting）

针对定出的用户需求进行思维发散，团队成员共同在短时间内获得尽可能多的概念。

画完传给右边的成员

描述：

描述：

描述：

描述：

描述：

描述：

描述：

描述：

二、创意决策

“决策创意”是团队一起对所有激发出来的创意概念进行评审，从创新性和可行性两个维度敲定最终方案。决策的整个过程可以分为创意观摩、沉默投票、讨论结果、决策创意四步。

1. 观摩创意，并用 COCD 盒分类

头脑风暴产生的 64 个创意并不一定都是合适方案。所谓“合适”是兼顾创新和可行两个维度。我们在全面观摩所有创意之后，可以借助 COCD 盒把这些创意分门别类（活页工具 8-3）。

COCD 是比利时创新思维发展中心（Centrum voor de Ontwikkeling van het Creatief Denken）的缩写，他们设计的这个工具，是用来评估项目可行性、创新性的。团队可以展开讨论和澄清，然后从这两个维度考虑，把头脑速写簿产生的创意（便利贴）归类到不同的矩阵中，其中理论上最合适的是画布右下角区域。

接下来团队进行“沉默投票”。可设定好每人手中的票数（可用贴纸或直接在之前的便利贴上画下标记），大家把票投给自己最中意的创意。

2. 讨论结果与敲定方案

投完票之后，团队需要就投票结果展开讨论，最后综合考虑，选出得票最多的点子，或者不同点子中的亮点结合起来形成“加强版”。如果团队迟迟没有共识，那可以集体选出一名成员作为大家都认可的决策者，由他来做决定。所以这个过程也体现了先发散后聚焦的民主集中原则。操作要点是：

- 团队就投票结果展开讨论；
- 团队选出得票最多的点子；
- 综合得票较多的点子；
- 若迟迟无共识，则选出一名成员作为决策者。

活页工具 8-3　COCD 盒

三、用户故事

在团队对创意概念做出明确决定后，我们就可以为目标人物，也就是之前用户画像中的那个虚拟主人公，写一个完整的故事，讲述他是如何通过我们的项目创意，解决痛点、满足需求的。

我们经常听到“讲好××故事”的说法，因为故事有主人公、有情节，有画面感、代入感，这就比单纯的产品介绍、理论宣讲更具备传播价值。

1. 确定故事的目标

一个完整的故事包含了故事的开头与结尾，以及人物在故事中达到的目标。整个过程将人物在场景中的体验视觉化，帮助团队对创意概念建立更直观的理解。

在确定了目标用户，用户场景，以及人物在场景中需要达到的目标之后，就可以通过故事板来创建一个叙事原型（活页工具 8-4），用以描述一个完整的用户故事。

2. 使用故事板

故事板最早起源于动画行业，它展示了各个镜头之间的关系，以及镜头间是如何串联起来的。除了动画行业、视频行业，现在故事板越来越多地应用到不同领域，如产品设计、教学设计、公关策划等。项目设计中，故事板帮助我们梳理目标用户使用我们的产品或服务的各个典型场景，并描述出各场景中要达到的目标。每位成员将通过自己的理解，单独描绘一个故事的版本与其他成员进行分享。完成之后团队再进一步的讨论并创建最终版本。

（1）个人故事板（6 个情节框）

为了讲好故事，我们需要为故事模板设置 6 个情节框。把每个情节画在便利贴上，方便增删更改。每个情节框下面都留出了一定的空间，用来加入情节描述。故事板目标是表达概念，所以不必担心绘画的美观度，必要的时候可以通过描述文字帮助理解。

写用户故事的流程并不是从头到尾的，而是先绘制画布中的“场景 1”，其次是“场景 5”（获得的结果），然后依次展开中间环节。我们在描述的时候，可以加入之前设定的用户画像在该情节中可能产生的情绪。另外，我们要关注故事中主人公与产品或与服务之间的关键互动，他是什么时候、怎么使用产品的，遇到什么情况，又怎么用产品解决了问题。

最后在结果的基础上设计“场景 6”，也就是用户使用我们的产品或服务后所获得的一些附加价值。

（2）团队故事板（8 个情节框）

每个人画好、写好自己版本的用户故事之后，需要做团队分享，在此基础上，团队把大家的故事，统合成最终版本。因为这是一个综合版，所以我们可以增加两个情节框（例如设为“体验 3”和“体验 4”）。把每个人不同版本故事中相似的情节，进行合并，精炼为一个情节。这个过程中，团队可以通过讨论共同创建一个让所有人都认可的增强版故事。

活页工具 8-4　故事板

故事板（Story board）

源于影视制作的叙事工具，是原型制作的一种方式，能分步讲述典型用户的活动、体验、交互和事件。

用户描述

主要需求

概念描述

赢利点

场景1-了解

描述

场景2-进入

描述

场景3-体验（1）

描述

场景4-体验（2）

描述

场景5-获得

描述

场景6-延伸

描述

第九章　启动精益创业

学习内容

一个创新的概念首先要考虑它是否满足用户及市场需求，而不仅仅只是创意，而是在此基础上，既能解决用户问题，还要在技术上、商业上可行。以上是第八章所传达出来的设计流程，只有完成同理心、定义、设想、原型、测试五个环节后，我们创造的产品才能是用户真正需要的产品。

精益创业，是最能体现设计思维脉络的一种最接地气的创业方法论，是一条输少赢多的高赔率创业路径。其核心思想是，先在市场中投入一个极简的原型产品（最小可行性产品），然后通过不断学习和有价值的用户反馈，对产品进行快速迭代优化，适应市场，最终创造出用户真正需要的产品。本章学习内容思维导图如图 9-1 所示。

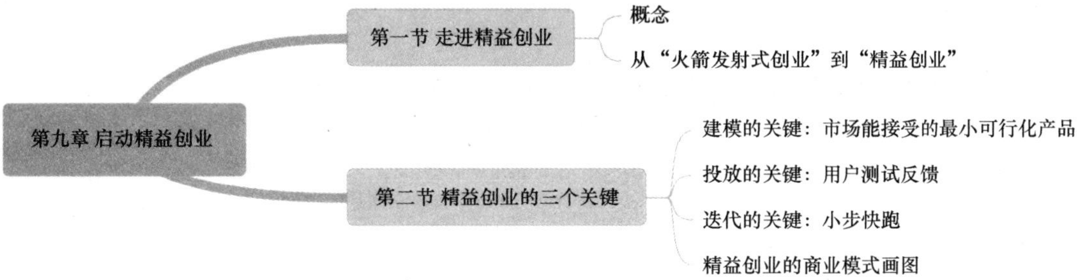

图 9-1　本章学习内容思维导图

学习目标

通过教学情境和案例学习，在本组创业项目基础上以 MVP 的思想构建市场能接受的最小可行性产品，将 MVP 投放到市场，接受用户测试与反馈，然后回来再重新观察、重新迭代，实现产品的快速迭代至少 1 次。

成果产出

本组创业项目的最小可行性产品；

本组创业项目的快速迭代产品。

第一节　走进精益创业

一、概念

“精益创业（lean startup）”是硅谷创业家 Eric Ries 2012 年在《精益创业》一书中

提出的。精益创业不是理论研究，而是从优秀创业者的成功实践中总结出来的一种方法论，在硅谷非常流行。它的核心思想在于，先在市场中投入一个极简的原型产品，然后通过不断的学习、测试和有效的用户反馈，对产品进行快速迭代优化，从而提高产品对市场的适用程度。精益创业旨在使用科学方法创造新产品、消除浪费、提升效率。

精益创业的出现基于硅谷创业思维。硅谷是全球创业思维的起源地。1910 年，硅谷开始研发真空管，随后切入到测试仪器。在第二次世界大战期间，由于对资源的高度需求，极大地促进了硅谷大规模集成电路的兴起。2006 年，史蒂夫·布兰克、埃里克·莱斯、里德·霍夫曼三位创业代表人在硅谷发起了一场全球创业运动，正式开启了精益创业思维。

二、从“火箭发射式创业”到“精益创业”

创业运动将“火箭发射式”的创业思维转变成精益思维，将创业者从自我的完美计划思维和机械的执行过程拉向不断试错、民主创业的实践中。这场创业运动改变了众多创业者的传统创业思维。从此，创业者再也不会沉浸在自己的思维中进行创业，而是在实践中不断试错，从实践中获取认知，然后不断地迭代认知，最终调整自己的创业思路。

1. 传统创业思维

传统创业思维也被称为“火箭发射式”创业思维，如图 9-2 所示。火箭发射按钮按下后，不外乎三种结果。第一种，火箭发射成功，一飞冲天；第二种很残酷，火箭在空中爆炸，支离破碎，然后在新闻发布会上应对各种质疑；第三种，火箭悄无声息地从雷达上消失了。传统创业也类似，许多创业者在费尽周折地研制出产品、投放到市场后，就像这第三种结果，泥牛入海，之前投入的时间和金钱都打了水漂。哪怕用户给个差评，也能给创业者提供一些价值信息。

长久以来，这种火箭发射式的创业思维在硅谷一直占主流，在研发产品的过程中，缺乏用户的反馈，缺乏不断的试错和测试，缺乏重复试验、更新迭代，看似十年磨一剑，最后有可能荒废了十年。

这种创业思维本质是“自我中心”，始于天才式创业人物的创想，认为创业的环境都是可以高度控制的，创业的参数体系是可以精准确定的，创业的前景也是可以进行预估和分析的，所以创业的路径和解决的方案也是非常明确的，创业者所要做的无非就是调研、思考、执行，然后在执行中进行优化。这种线性的“天才式创业人物 + 天才式构思”的思维，强调的是计划的完美性和执行的完美性。

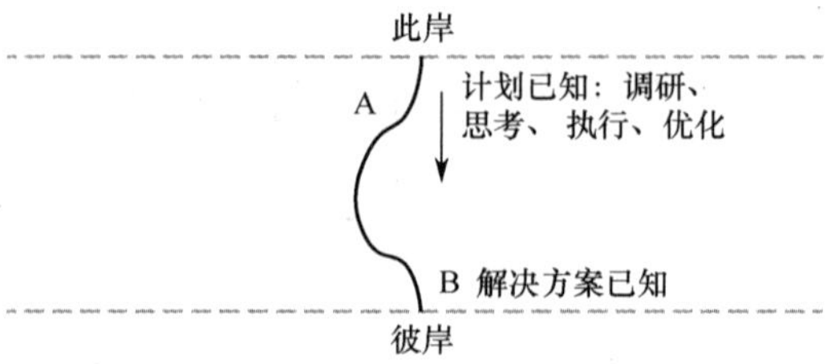

图 9-2　火箭发射式创业思维模式图

2. 精益创业思维

然而当今世界充满着不确定性，我们不能再默认为它“可控”或者它会按简单因果关系、按“计划—执行—获得”的线性逻辑发展。而且，无论计划多么周密，预测多么精确，用户的需求都充满未知，不存在未卜先知的解决方案。精益创业思维正是摆脱了过去的认知，真正走到用户中去，采用“用户中心”的模式，通过产品与用户的互动来实现创业计划。

在现实生活中，用户的痛点和创业者自己假想的用户痛点存在着巨大的差距，如果创业者一味地根据自己的假想去策划周密的计划，始终不能消除这道鸿沟。只有脚踏实地地走到用户中去，通过精益创业思维推进创业实践，才能够缩小、弥补这道鸿沟。

精益创业思维模式图如图 9-3 所示。

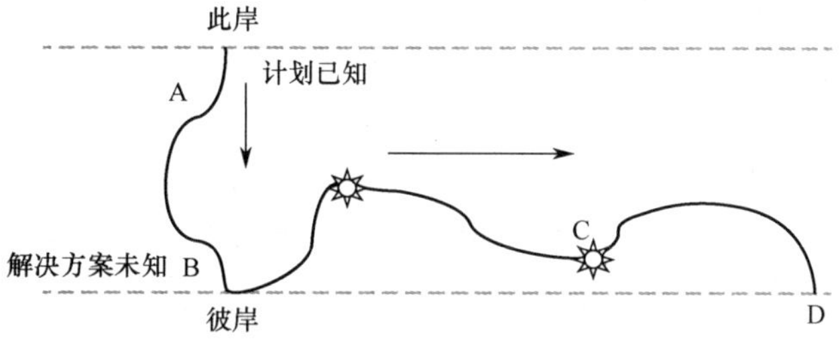

图 9-3　精益创业思维模式图

图 9-3 中箭头代表思考的前后顺序，因为创业者在创业过程中，不可能瞬间解决产品研制过程中遇到的所有风险，只能一步一步地去探索试错，获取用户的反馈，重复测试，要么成功，要么转型。

第二节　精益创业的三个关键

精益创业可以细分为观察、理解、脑风、建模、投放、迭代六步，如图 9-4 所示。

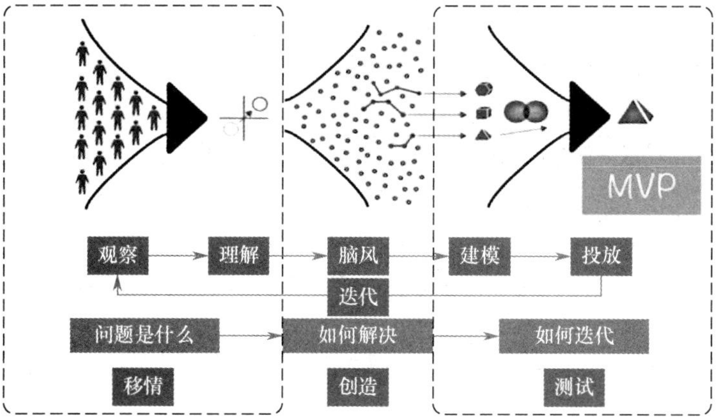

图 9-4　精益创业六步

这种思维与设计思维本质上互通。其中“建模”相当于“原型制作”，“投放”是为了进行测试，而“迭代”则是测试的必然结果。因此，本节将借助精益创业中“建模”“投放”“迭代”三个关键词来说明设计思维的“原型”和“测试”。

一、建模的关键：市场能接受的最小可行化产品

建模指构建出市场能接受的 MVP，做出产品或服务的原型。换言之，MVP 是产品或服务的最简洁呈现，用最小的代价、最快的速度、最具可视化的效果，做出最简单的功能，交付给初始用户去体验、评价、建议。它不必像“火箭发射式”创业那样，在初始阶段就投入大量时间和金钱，力争制作一款尽善尽美的产品。

与一开始就投入巨额资金堆砌大量功能相比，其实只要将一些简单的模型功能组织在一起，也能够讲清核心功能是什么，这样简洁的产品原型同样可以获得有价值的反馈。这种简洁的原型可以是产品的某个界面，也可以是能够交互操作的胚胎原型。

事实证明，消费者其实非常愿意与这些可点击的简单功能互动，这些功能已经将最终产品的功能和核心交互模式展现给了消费者，并且能够得到切实有效的反馈。这样的操作可以帮助创业公司了解其设计是否有效，在真正进行大规模投入开发工程之前，这是花费小代价甚至零成本就能避免重大战略错误的重要工具。

二、投放的关键：用户测试反馈

投放是让 MVP 进入市场，接受细分市场和目标用户的检验，目的在于收集用户的真实反馈，帮助我们进一步迭代产品。所以投放之后需要观察用户的使用细节，分析用户反馈。

做企业最忌故步自封、闭门造车，而是需要生产者通过收集数据来支持产品设计，即要走出去，找到自己产品的潜在用户，与他们进行深度交流从而找到解决问题的答案。在创业的道路上，一定要不停地问自己四个问题：

- 我们真的培养出“用户中心”思维和行为习惯了吗？
- 我们是否真的通过访谈从用户那里了解到产品的有效性？
- 我们是否真的满足了用户的需求？
- 我们是否真的得到了真正需要改进的关键点？

我们可以通过精简有效的问卷或一对一深度交流来做用户访谈，除了“用户访谈”这一调查途径，我们还可以通过“产品预订”和“众筹”等方式来实现用户测试与反馈。通过预定，我们可以在产品开发出来之前就事先测试市场的需求量，从而为项目的推进或终止提供参考意见。通过分析参与众筹的用户的贡献情况可以大致判断产品的受欢迎程度，还能与用户建立早期联系，建立口碑。

只有从用户那里获取了足够多的真切反馈后，我们才能对产品做出最精良、最有效的改进。

三、迭代的关键：小步快跑

得到用户反馈之后，我们需要判断这是个别用户需求还是普遍需求，我们如何以更低成本更好地服务用户。经过用户的真实反馈，我们就能知道哪个模块需要深耕，哪个模块需要舍弃。如此再回到第一步，观察用户反馈，理解用户需求，头脑风暴与建模，再一次投放，如此循环几次，就能够以最短的时间和最少的成本，做好产品设计。这可以防止自嗨地做完产品后，发现根本满足不了消费者的任何需求，做出了仅仅满足自己的产品。快速迭代，即针对用户意见快速调整推出新版本，不追求一次性满足用户所有需求，而是通过多次快速迭代的路径完善产品。其关键点一在“快”，二在“准”。

例如，优惠券网站 RetailMeNot 某次在设计优惠券页面时，设计者需要真正的优惠券数据来评估设计。设计者最初花费了两天时间来创建原型，通过用户反馈发现，有50%的初始想法不合理从而进行了修改。后来，又重复了三次投放—接受反馈—修改的过程，通过不断快速迭代并展示给消费者，最终使设计出的优惠券界面更具可用性，点入率显著提升。

通过一步一步改进产品，不断迭代的积木式创新，会使产品不断接近用户需求。如果是初创企业，这种操作可以更有效地避免花费大量资源后，才发现开发出来的产品是用户不需要的情况。

精益创业的三大关键，对于创业者而言，降低成本、控制风险是必然要求，运用 MVP 的工具能够做到这一点。用户测试反馈的工具帮助创业者逐渐对接产品功能与用户真实需求，可以大幅度降低失败风险，最后的快速迭代是完善产品、占领市场的有效工具。

做好产品，要以用户为中心，用工匠精神点滴打磨，而不是今天做做这个，明天做做那个。产品不能脱离用户、需求和迭代。脱离用户就是胡闹，脱离需求，就是在为营销挖坑，脱离了迭代，就失去了未来。创业者要紧跟国家和区域经济、产业的发展方向，弘扬工匠精神，为大国崛起和智能制造添上属于我们的一笔。

四、精益创业的商业模式画图

精益创业属于创业 2.0 时代，通过精益创业的科学方法检验创业公司的商业模式。我们可以借助“精益创业的商业模式画图”（活页工具 9-1）。

（一）用户细分

在创业开始阶段，创业者一定要锁定明确的目标用户，对用户进行细分，如用户的年龄、收入、工作等。除了要对用户进行细分，还要评估用户的规模，用户的规模不能过大也不能过小，过大的用户规模会让创业者无处入手，过小的用户规模会让创业者对产品的定位变得狭小，导致投资人失去兴趣。

（二）用户痛点

我们的关键用户正遭遇的最突出的三个问题是什么？创业者制作的产品要直接触及用户痛点。如果创业者能够发现用户痛点，那么痛点的问题就解决掉一半了。如果创业者能够准确地描述并分析用户痛点，那么产品的功能就会直击用户痛点。在制作出可行性的产品后，创业者要用产品去评估用户痛点，不能理所当然地自认为产品的功能符合用户痛点。只有与用户互动交流后，做一些小实验去测试用户痛点，才能知道用产品解决的用户痛点是否真实存在——这样的关键思考包括：

（1）在与用户的访谈过程中了解有多少用户验证了痛点的存在？

（2）用户是否愿意为痛点使用创业者的产品？

（3）用户是否愿意花钱购买创业者的产品？

（三）独特卖点

对于自己的产品，创业者要设定一个产品的独特卖点，把产品的特色用简单的几句话介绍给用户，表达与众不同之处。除要简单地表达出产品的核心价值外，还要让产品引人注目，这样用户才能够关注到产品。

为了达到关注产品的理想效果，创业者可以从以下几个方面入手：

（1）产品颠覆了什么？

（2）要专注于打造什么产品？

（3）要把什么做到极致？

最后在描述独特卖点时，可归纳为：

____________________________________（团队名）

用______________________________（产品或服务）

通过_____________________________（创新方式）

帮助___________________________（细分客户群）

______________________________（解决什么问题）

（四）壁垒优势

如果没有壁垒，那么产品、技术、服务模式等，很容易被他人模仿。因此要重点思考：我们产品/服务的哪些优势是他人无法复制的？

（五）渠道通路

也就是我们如何让自己的产品服务为用户所知、所用。关键思考问题包括：

通过哪些渠道可以接触我们的客户细分群体？

哪些渠道最有效？哪些渠道成本效益最好？

如何把我们的渠道与客户的消费习惯进行整合？

（六）解决方案

MVP 产品解决方案需要兼顾两个方面，也就是如何既以最经济的方式解决用户痛点，又能体现产品的独特卖点？在创业早期，产品的功能一定要少而精，直接触及用户最痛的点，既能做出特色，得到用户认可，也方便下一步快速迭代，船小好调头。

（七）关键指标

初创团队为 MVP 设定指标时，需要把握几个关键：

（1）只关注 1~2 个关键指标，例如获取、激活、留客、收入、口碑中的一两个，切忌贪大求全，使原本就有限的资源继续分散。

（2）避免装机量等“虚荣指标”，而要关注留存率。例如，如果花钱做推广，这就是“装机量”，只考核订阅号的粉丝量就是虚荣指标，因为粉丝量并不代表高质量的阅读数，更不代表转化率。对于初创团队来说，高留存率比高增长率更重要。

（3）初创公司要寻找自己的增长引擎，无论初始阶段产出多么低，都要保持持续增长才能证明可行有效。

（八）成本结构

成本结构可划分为两部分，即固定成本和可变成本。如果创业者正在做一个网站，那么网站的研发人员就是固定成本，网站用户量的增多，不会导致固定成本有所变化，但是会导致服务器和带宽成本发生根本性改变，这就是可变成本。

（九）预计收入

每个创业者在进行创业时都会思考盈利模式，不考虑盈利的创业是根本不存在的。创业者要在恰当的时机去验证自己的盈利模式。

活页工具 9-1 精益创业商业模式画布

精益创业商业模式画布（Lean startup business model canvas）

通过精益创业的科学方法，利用“开发—测试—学习”的方式，测试创业团队的商业模式。

用户痛点Problems

-我们的关键用户正遭遇的最突出的三个问题是什么？

关键验证

-在与用户的访谈过程中了解有多少用户验证了痛点的存在？

-用户是否愿意为痛点使用创业者的产品？

-用户是否愿意花钱去购买创业者的产品？

解决方案Solution

-我们的最小可行性产品（MVP）如何既以最经济的方式解决用户痛点，又能体现产品的独特卖点？

关键指标Key Metrics

-为产品/服务的投放经营设定1～2项什么样的关键指标？

独特卖点Unique value proposition

-我们产品和服务有何与众不同的地方，以至于用户会因此选择我们？

可归纳为：

________________(团队名)

用________________(产品或服务)

通过________________(创新方式)

帮助________________(细分客户群)

________________(解决什么问题)

壁垒优势Unfair advatange

-我们产品/服务的哪些优势是他人无法复制的？

渠道通路Distribution Channels

-通过哪些渠道可以接触我们的客户细分群体？

-哪些渠道最有效？哪些渠道成本效益最好？

-如何把我们的渠道与客户的消费习惯进行整合？

用户细分Customer Segments

-我们正在为谁创造价值？

-谁是我们最重要的客户？

成本结构 Cost $tructure

-什么是我们商业模式中最重要的固有成本？

-哪些核心资源花费最多？

-哪些关键业务花费最多？

收入来源 Revenue $treams

-什么样的价值能让客户愿意付费？

-他们现在付费买什么？是如何支付的？更愿意如何支付？

-每个收入来源占总收入的比例是多少？

第十章　构建商业模式

学习内容

第 7～9 章沿着设计思维的脉络，聚焦在产品和服务的创新性设计之上。任何产品或服务最终都要走向市场。因此，我们还需要构建适合自己团队的商业模式。本章将通过概念介绍、案例分析、行为激发，通过整体介绍商业模式的概念、意义、关键要素、案例分析，引导学生思考、明确自己项目可以采取的商业模式，并在此基础上有所创新，构建新的商业模式。同时，利用“4P 营销理论”中“价格”和“促销”两要素，确定适合自己的营销策略。

在商业模式构建过程中，初创企业更需要从现实出发，利用“商业模式战略三步走”，再结合实际案例分析中提到的不同模式，构建适合自己的商业模式。本章学习内容思维导图如图 10-1 所示。

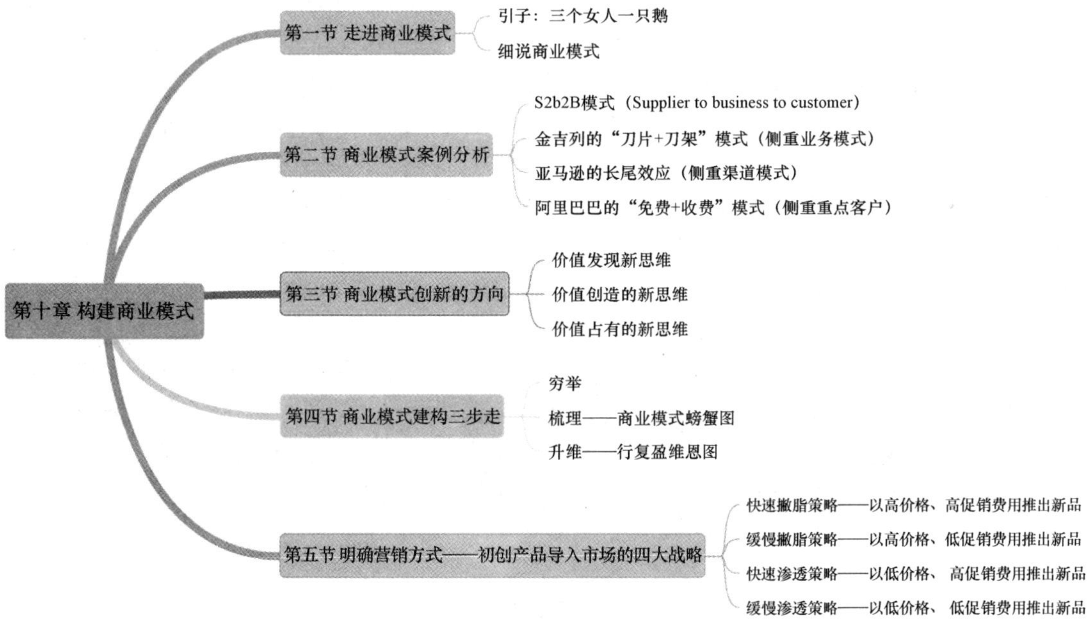

图 10-1　本章学习内容思维导图

学习目标

通过教学情境和案例学习，充分了解什么是商业模式及其意义，掌握商业模式的三步走战略，结合自身的实际情况，描绘出自己的新商业模式。

成果产出

项目商业模式画布；

商业模式螃蟹图；

营销策略确定。

教学情境案例：荣华基的故事

20 世纪 90 年代初，肯德基业务席卷国内市场，当时上海新亚集团推出“荣华基”欲分庭抗礼。为了学到精髓，荣华基的老总揣着怀表去肯德基点餐，掐着算他们的油炸时间。后来经过不断学习与创新，荣华基自己配调料做了油炸鸡，还做出了“鸡腿+罗宋汤+咸菜炒毛豆+酸辣菜”的中国特色改良，并打出价格战。1994 年，荣华基在北京开了第一家分店，宣称“肯德基开到哪儿，我就开到哪儿！”

当时“国货当自强”“支持民族产业”的思维渐渐深入人心。很多人因此选择荣华基，但久而久之，却发现荣华基的就餐体验、服务质量都远不如意。于是大家又从感性回归理性，逐渐放弃了荣华基。

荣华基作为单个门店，它满足快餐的三大要素：方便、美味、价廉，有良好的竞争能力。它的第一家店的单店盈利水平非常高，但后来的扩张模式给它带来毁灭性打击。

在创业初期，单店盈利水平很大程度上看产品、运营，但连锁企业的逻辑完全不同，对团队协作和系统支持的要求非常高，不再依赖创始人的个人魅力。企业只有具备了成熟的内部营运系统、品控系统、人才梯队建设后，业绩才能爆发式增长。

荣华基缺乏经验积累的状况下，盲目快速扩张，使资本、店面管理、供应链管理、品牌管理都难以运转，因而通过压缩成本的方式来获得利润，而肯德基则通过供应链、上下游产业的组合优势形成行业竞争力。荣华基效仿肯德基做连锁，却没能学到肯德基的精髓：标准化。大肆扩张后的荣华基面临着味道不同、服务不周、管理不善、资金周转等问题，强压之下，不得不“败走麦城”。

随着摊子越铺越大，这种不成熟模式的弊端一下子就显现出来了。产品方面，荣华基的生产停留在作坊时代，师傅靠个人经验带徒弟，导致不同分店口味、配料、厨师的手艺都不同，优质元素难以复制，完全不具备连锁企业应该具备的标准化，因此扩张后的荣华基几乎在每一个细节上都完败于肯德基。

在经营模式方面，荣华基更像是传统餐饮店，通过不断减少产品生产成本获取利润。而肯德基的盈利点不仅在于其餐饮产品，还在于供应链、上下游产业等。肯德基通过组合盈利实现链条竞争优势，完成了整个商业模式的闭环，整个业务都能规模化地复制。所以，荣华基之败，不在产品和运营上，而是没有找到适合自身的商业模式。

第一节　走进商业模式

从荣华基的兴衰不难察觉，商业模式无所谓对错、高端低端，而在是否适合自身。当今市场中企业无数，内外环境各不相同，所以引入合适的、新的商业模式，保持持续变革和创新能力，对于企业在多变的商业环境中存活并发展而言，尤为重要。

商业模式（business model）这一概念近年来持续受到学术界和商业界热捧，尤其是企业战略学术研究者和商界的企业家对商业模式更是高度关注。那么什么是商业模式？我们先从下面的四幕说起。

一、引子：三个女人一只鹅

第一幕

赵大姐家养鹅，她直接把鹅卖给顾客（Customer）钱小妹。这种简单的模式，只发生在两个个体之间，俗称 C2C。这种模式不仅线下常见，不少网店、微商也是如此。尽管是在线上交易，但本质仍旧是“个体对个体”。

第二幕

赵大姐办起了小企业（Business），直接面对钱小妹在内的用户出售鹅，就是商家直接对用户（B2C）。超商、企业的网店等就是典型的 B2C。

第三幕

赵大姐的小企业因为种种条件所限，规模一直没做大。这时孙阿姨找到赵大姐，说“你有接触顾客、服务顾客的能力，但缺乏标准化的供应链，所以你有时候能进到鹅，有时候进不到，这样可做不大。我有个供应链平台，可以给你提供立体化服务，保证你持续有货，还能让你卖给更多的用户。你来不来？”赵大姐欣然入驻孙阿姨的平台。这种模式中，平台方的孙阿姨是大供货商（Supplier），赵大姐是她的渠道商（business；因渠道商一般规模不大，因此小写），S（孙阿姨）赋能给 b（赵大姐），并共同服务于顾客（C）。这样的模式俗称 S2b2C，它把资源整合、标准化、信息反馈和产品服务的迭代等诸多价值都一一体现出来了。

第四幕

赵大姐的企业在网上举办各种营销活动，大家可以申领消费券、打折券，再去她的实体店里取鹅就能享受优惠。这就是“线上转线下”（Online to Offline, O2O），线上是交易平台，但线下才是产品服务的使用场景。网约车、网上预约家政服务都是典型的 O2O。

二、细说商业模式

在上面四幕中，我们看到了赵大姐、钱小妹、孙阿姨之间不同的交易方式、商务渠道，以及不一样的效率、不一样的个人价值和社会价值体现……这些，都是“商业模式”的重要组成。

（一）什么是商业模式

商业模式是企业与企业之间、企业的部门之间、企业与顾客之间、与渠道之间都存的各种各样的交易关系和连结方式。为实现各方价值最大化，企业需要把内外的各要素整合起来，形成一个完整、高效、具有独特核心竞争力的运行系统，使企业有效运行。即通过最好的实现形式来满足客户需求、实现各方价值（如客户、员工、合作伙伴、股东等利益相关者），同时使整个体系持续盈利。

简言之，商业模式描述并规范一个企业创造价值、传递价值以及获取价值的核心逻辑和运行机制。三个要素是环环相扣的闭环，缺一不可：

- 创造价值是基于客户需求，提供解决方案；
- 传递价值是通过资源配置，活动安排来交付价值；

● 获取价值是通过一定的盈利模式来持续获取利润。

一个成熟的商业模式背后都会潜藏着一定的商业要素，任何人在操作的过程中，必须匹配了这些要素，才能够确保创业项目成功的可能性，从而形成机制。

这些商业要素，不仅是每一个需要用到的人要弄明白的问题，也是决定商业模式是否成立的关键因素，乃至于是否能够打动投资人。接下来，我们了解商业模式有哪些要素，又是如何形成运行机制的。

商业模式，是一个企业健康运转、发展的底层逻辑和商业基础。如果一个企业没有弄明白自己的商业模式，一直靠资本注入而运作，就相当于没有断奶，没有独立生存的能力，而“持续盈利”更是奢望。完善的商业模式可以让一个企业更加科学合理，有的放矢去运营，这是一个企业的基石。

（二）商业模式的六要素

设计商业模式时，要重点思考六大核心要素，如图 10-2 所示。

图 10-2　商业模式六要素示意图

1. 战略定位（Strategic positioning）

企业的定位决定了产品打磨、营销推广、品牌属性等因素，商业模式也不例外。定位决定了企业应该提供什么样的产品和服务，实现哪一类客户的什么价值。定位是商业模式打磨的起点。

2. 产品/服务（Product/service）

企业要厘清自己的产品服务具体是什么。当客户、合作方、投资人问到：你是卖什么的？甚至要求你要用一句话描述：你能提供的价值是什么？你可以清楚地说出自己提供什么产品/服务。清晰的产品服务将直接决定企业与各合作伙伴在产业链中的位置，以及各方合作与交易的方式和内容。所以，完整的产品/服务定位，不仅要说清楚“卖什么”，还要说清楚在产业链中的位置，这是商业模式的核心。

3. 资源整合（Resource integration）

企业发展，资源运作必不可少。尤其是在企业发展壮大阶段，对关键资源整合的能力是业务系统顺利运转发展的重要因素之一。但不是所有的资源都是关键资源，也并非自己认识的人都可以成为资源，企业需要在关键资源方面，考虑好多方合作的需求点，在资源中穿针引线，实现潜在资源发挥价值与多方共赢。

4. 盈利模式（Profit model）

对于企业来说，盈利模式是活下去的命脉。任何企业都不可能永远靠融资或者贷款运转，企业需要找到自己的盈利模式。在哪里如何获得收入、给谁以何方式分配成本是企业家应该考虑的关键因素，以赚取利润支撑企业存活与发展。盈利模式是在给定业务系统中各价值链所有权和价值链结构已确定的前提下，企业利益相关者之间利益分配格局中企业利益的表现。简单来说就是企业利润的来源和方式。

5. 现金稳定（Cash stability）

企业在经营过程中产生的现金收入，扣除现金投资即为现金流。稳定的现金流是企业生存发展的核心支撑。现金流情况将间接反映并验证该商业模式的有效性与投资价值，不同的现金流结构反映企业在战略定位、产品/服务、资源整合以及盈利模式等方面的差异。它直接影响企业成长速度的快慢、判断企业投资价值的高低、决定企业投资价值递增速度以及受资本市场的青睐程度。

6. 企业价值（Enterprise value）

在资本市场，比利润更重要的是利润增长，比利润增长更重要的是大幅的利润增长。这样，一个企业未来才能走向指数型增长的道路。企业的投资价值，是企业预期未来可以产生的自由现金流的价值，也是评判企业商业模式优劣的标准。

商业模式六要素相互作用、相互影响（见图 10-2），一个能对企业各个利益相关者有贡献的商业模式需要企业家反复推敲、实验、调整和实践这六个方面才能产生。通过在合理的时机调整这六个要素，就可以重构企业的商业模式，进而为进入发展瓶颈期的企业重塑活力。

（三）讲清三件事

商业模式不是简单地讲营销、盈利、扩张手段等，需要讲清楚三件事：

1．运营模式——要呈现出企业与上下游、各合作方的合作方式，以及在产业链的位置；

2．创造价值——通过在产业链上的位置以及与各环节交换内容，呈现出企业会创造并呈现给各方什么价值；

3．盈利方式——说清“赚谁的钱”，并呈现出企业流水从哪里进，企业开销流向哪里。

三者缺一不可。

第二节　商业模式案例分析

一、S2b2C 模式（Supplier to business to Customer）

（一）模式解析

在互联网时代，用户驱动是整个运营的起点，是任何商业的立身之本。立足于用户需求的定制化服务在极大激发消费活力的同时，也将促进大众创新创业。电子商务发展到今天，从最开始阿里的 B2B 到淘宝的 C2C，再到天猫的 B2C，每种模式都有自己的缺陷——B2B 门槛高，难以形成大众创业；C2C 造成假货泛滥；B2C 则形成品牌垄断，这些都要求新模式的出现。

现在，传统电商在线上获客的成本极高，甚至超过了商品价格。所以各个平台都在“渠道下沉”，通过线下渠道拿流量。其实质就是在“信息流”远快于“产品流”的时代，谁能整合更多资源、让更多人获利，谁就是赢家。信息时代，人人都可以消费信息、生产信息，人人都可以做 b（渠道商）和 C（消费者）。这就催生了 S2b2C 模式，在 b 之上，集成了一个供应服务网或大供货方（S）来赋能 b，而 b 利用社交工具传播商品信息，并进行售前和售后服务。换言之，b 代替了传统广告媒介和渠道，借助个人信用，服务于 C。这大大降低了参与零售的门槛，把传统由专职人员进行的商品推介工作社会化、兼职化，如图 10-3 所示。

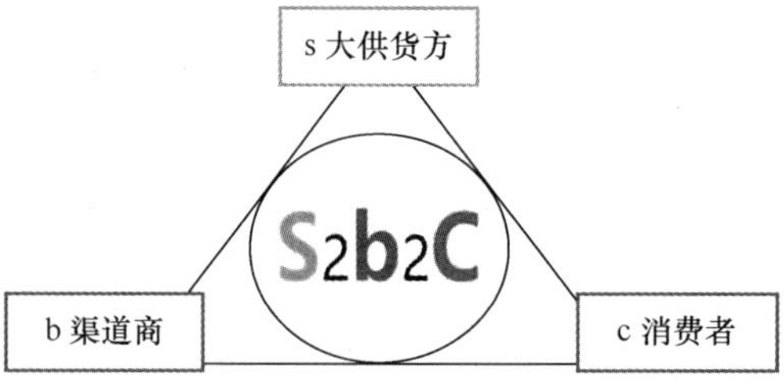

图 10-3　S2b2C 模式

这种模式要行之有效，需要把握两个关键：

- 大供货商（S）的关键：一要整合上游优质供应商，二提供给渠道商（b）各种技术、数据支持，三辅助渠道商（b）完成对消费者（C）的服务；
- 渠道商（b）的关键：一对一沟通消费者（C），发现需求并定制需求，同时将这些信息反馈给大供货商（S），以便落实消费者所需的服务。

S、b、C 三者之间的关系很微妙。S2b2C 模式最核心的是 S 和 b 要共同服务 C。而 b 要服务 C，又离不开 S 提供的种种支持，S 也需要通过 b 来服务 C。这是在 S2b2C 模式下，重新定义的三角关系，三者变为共生共赢关系，其构建的协同网既契合了个性化消费趋势，也弥补了渠道商资源、技术等能力的不足。

这种模式下消费者 C 的服务感受会是最好的，即所有模式落地，最终服务者都将是消费者；渠道商（b）与消费者（C）多是亲友或二度人脉关系，所以为了维护自己的个人声誉，其责任心更强，服务更具主动性。

（二）S2b2C 模式案例：某大学生创新创业项目

下图反映的是某大学生创新创业项目，他们的生态科技公司扮演的就是平台供货方的角色（S）。

在他们的商业模式中，买方是养殖户，需要购买牧草。如果按传统的方式，养殖户会直接从种植户那里购买。但随着养殖户的规模化，种植户已经无法满足养殖户的需求了。这就为该项目提供了机遇，他们作为 S，种植户就成了 b，二者整合成一体，种植户高度依赖平台获得牧草，保证货源稳定，再去服务养殖户（C），而且产品服务也由之前单一的牧草销售（卖方），发展为以饲料为核心的一系列服务（产品服务生产者）。这就是平台方的整合和赋能价值，如图 10-4 所示。

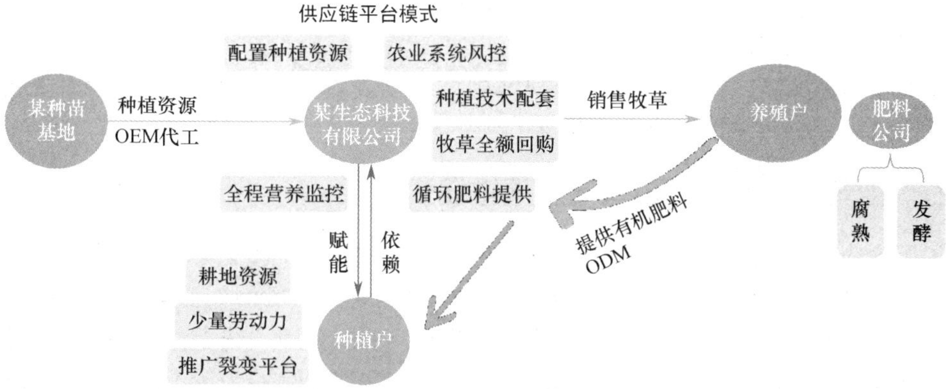

图 10-4 某项目的 S2b2C 模式

二、金吉列的“刀片+刀架”模式（侧重业务模式）

金吉列（King Camp Gilette，1855—1932 年）出身于发明世家，在工作期间负责一次性耗材的生产。当年的剃须刀钝了就得磨，所以刀片通常很厚。金吉列想出“可替换刀头的剃须刀”方案，但当时没有理想的薄钢片。历经 6 年，金吉列同麻省理工学院的研究人员靠专利维护市场才研制出来了可换刀片式 T 型刀片。在第一次世界大战期间，其剃须刀成为为美国士兵的刚需用品。

刀片必须要与刀柄配合才能工作，用户两样都得购买，但购买频率肯定不一样。类似这种关系的产品还有很多，例如打印机和油墨、咖啡研磨器和咖啡豆，这就出现了两种商业模式。

“刀片+刀架”商业模式，主体产品定价低廉，但通过耗材和服务获取长期收益（或更高收益），如：

喷墨打印机/激光打印机 + 墨盒（Hp）

手机智能机 + 通话数据费

电动牙刷 + 可替换刷头（博朗）

家用游戏机 + 游戏软件（任天堂）

咖啡机 + 咖啡壶（雀巢）

电梯 + 维修服务

汽车 + 车辆检修服务（特约经销店）

但要玩转“剃刀+刀片”模式，需要注意以下几点。

1．企业需要有完整的供应链。因为该模式主要依靠后续产品和服务盈利，所以在推出该产品后，要考虑是否有完整的产品线供用户消费，并且让用户有较高的退出成本，否则前期的投入可能无法收回。例如一些中小型游戏公司为了快速占领市场，免费投放游戏产品，但因为无法提供后续的内容或服务，或者玩家有其他同题材游戏可选，因此这些游戏公司完全无法收回之前的投入。

2．企业需要有一定的市场基础。因为该模式需要历史数据的支撑，通过数据分析投放市场可能带来的预期，如果在前期无法谨慎做出用户调研的情况下，建议尽可能控制成本或者先小范围内试水。

还有一种模式与“刀片+刀架”刚好相反：以高价出售商品，但后续服务价格低廉。我们可以分析具体情况，适当选取。

三、亚马逊的长尾效应（侧重渠道模式）

长尾效应由克里斯·安德森（Chris Anderson）提出。他发现，以亚马逊为首的大型网店，约57%营业额都来自实体店难以销售的小众商品。例如亚马逊约 40%的书籍销售来自于本地书店里不卖的书，而音乐影视流、手机应用、线上游戏等市场，也出现了这种“长尾”效应（如图 10-5 所示）：小众商品虽然单品的销量不高（所以实体店不轻易上架），但品种多，因此累计起来也贡献了相当的销售额。这是网店兴起后的一种新现象：用户个性化需求曲线的“尾巴”越来越长，所以谁越能制造并拥抱长尾，谁越能获胜。

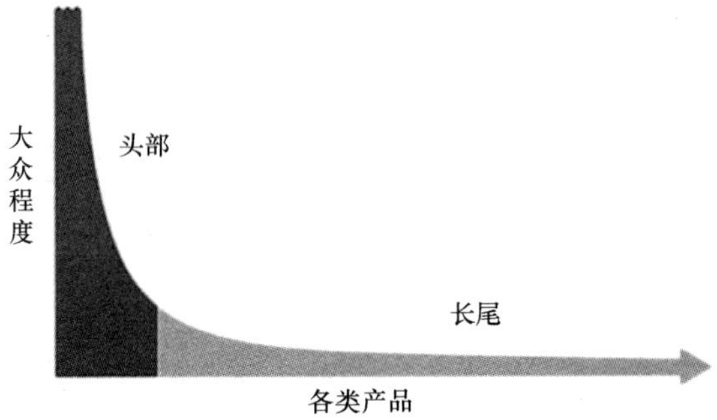

图 10-5　长尾效应示意图

安德森认为，长尾效应的出现有三个经济诱因。

第一，生产工具的普及。普通人过去难以获得市价昂贵的技术，但随着技术的发展和普及，不仅成本大大降低，操作也更方便，几乎人人都可以制作音乐、微电影，而且在技术加持下，作品效果也不难达到专业级别。

第二，销售渠道的普及。互联网成为数字内容类商品的销售渠道，极大地降低了库存交流和交易成本，为小众产品开辟了新的市场。

第三，供需双方的对接成本降低。过去，销售小众产品真正的挑战在于找到潜在买家，而今天在互联网平台上，双方的对接异常简单，而且还能及时获取用户评级，搭建用户社区。

“长尾”带来了巨大的红利，也引发了新的问题——信噪比（信号和噪声的比例，即优质和劣质产品的比例）。如果长尾中充斥着劣质产品，那么对于用户而言，尽管产品种类繁多，也毫无意义。所以对于电商平台来说，首先得有明确的头部商品，然后用户才有对于长尾的探索。对于一站式购物的平台来说，如果只有尾部的商品，很快就会让进入平台的消费者手足无措。长尾效应商业模式解析如图 10-6 所示。

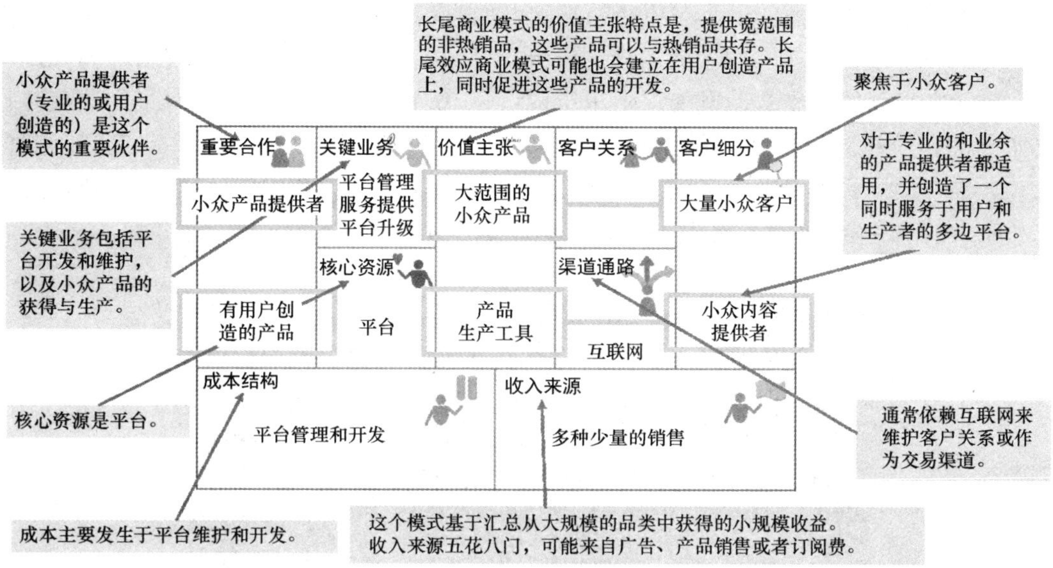

图 10-6　长尾效应商业模式解析

1949 年，丹麦玩具厂商乐高开始生产积木玩具。2005 年，开始尝试“用户创造内容”的形式，推出了乐高工厂，客户利用“乐高数码设计师”软件，组装他们自己设计的乐高套件，例如个性化的建筑物、汽车、主题和人物等。在这个过程中，他们可以从数千种组件和颜色中选择搭配。客户甚至可以设计用来包装定制玩具套件的包装盒，而且用户设计的积木同样可以在乐高的网店销售，把被动的客户变成了主动的设计者，这本身就是在制造长尾效应，其商业模式浅析如图 10-7 所示。

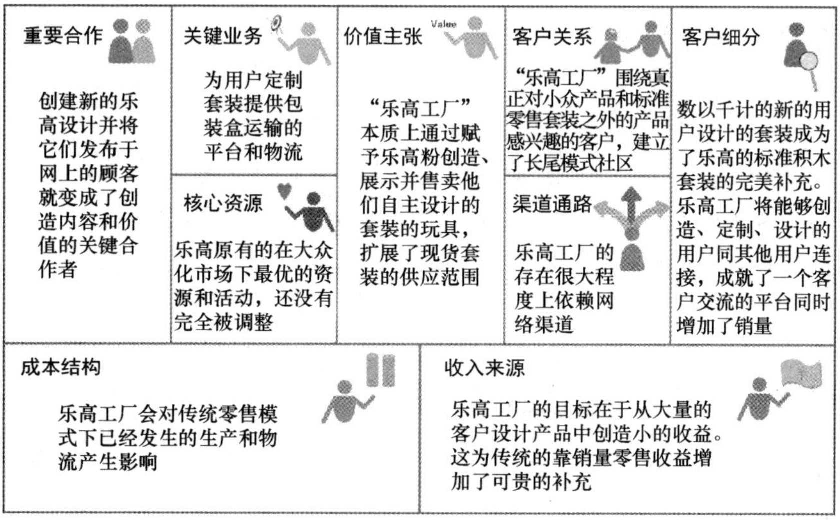

图 10-7　乐高商业模式浅析

四、阿里巴巴的“免费 + 收费”模式（侧重重点客户）

安德森在提出“长尾效应”后，又出版了《免费：商业的未来》。他在书中剖析了免费给人带来的冲击力，以及在免费的基础上如何实现盈利等问题。

美国风险投资家弗雷德·威尔森（Fred Wilson）率先提出“免费+收费”模式，电商平台随之将其发扬光大。例如，阿里巴巴这家 B2B 电子商务平台没有采用成交时收取佣金的传统模式，而是采用了部分付费会员的“付费+免费”模式。淘宝网、支付宝、天猫在面向消费者的电子商务中，C2C 及结算为免费，B2C 及结算为收费，建立起了庞大的“免费+收费”模式。其商业模式浅析如图 10-8 所示。

	阿里巴巴		竞争对手
顾客	免费会员6100万家	收费会员81万家	一般企业
价值提供	供求信息自由交易	供求信息自由交易 助力企业开发市场 企业身份认证	供求信息 支持结算
盈利模式	通过庞大会员规模，聚集全球买家目光 收入来自付费会员（1.3%）的定额会费		贸易达成时的佣金
竞争力	只提供供求信息和企业介绍 企业认证通过和信用卡公司合作完成		构建体系 客户支持

图 10-8 阿里巴巴的商业模式浅析

第三节 商业模式创新的方向

任何模式都不可能一成不变。商业模式更应该随着时代的变化不断调整、演替、更新。基于“价值”有三种创新的思维。

一、价值发现新思维

（一）从低价思维转向情感思维

中国从 2000 年开始兴起互联网，这部分人主要是“70 后”和“80 后 " 。全球从 2010 年开始兴起移动互联网，这部分人主要是“90 后”。现在面对的主要消费群体是移动互联网长大的第一批原住民——“00 后”了。“00 后”出生在物质极为丰富的环境中，因此物美价廉不再是关注的重点，产品的情感导向替代了价格。所以，新创企业在设置商业模式之前，要想清楚客户的这些价值变化。

（二）从产品思维转向最终解决方案思维

对于客户价值的认知，有一个历史发展的过程。从最初物美价廉的产品和服务到用户流程中的解决方案，是一个逐步接近用户最真实需求的渐进过程。从产品驱动型的商业模式，转到服务与解决方案驱动型的商业模式，是未来的趋势。

（三）从客户思维转向社群思维

在碎片化时间中，实时在线与沟通成为常态，粉丝经济、移动社群等概念正在成为新一波热点。以往的商业模式都是先有交易再有用户，今天的商业模式是先有社群再有用户。所以，重视社群管理，要注意以下几点。

1．多大的社群人数合适；

2．一个社群由不同角色构成，参与程度也不尽相同。

外围（lurker，潜水）：外围的用户，松散地参与；

入门（novice，新手）：应邀新来的用户，朝着积极参与分享努力；

熟悉内情的（regular，常客/死忠）：非常坚定的社群从业者；

成长（leader，领导）：支撑用户参与，互动管理；

出走（elder，老人）：因为新的关系、定位或其他原因而逐步离开网络社群。

3．将粉丝转化为经济收益。

二、价值创造的新思维

（一）从 B2C 思维转向 C2B 思维

个性化是用户真实的需求，要求企业生产要从 B2C 转向 C2B，核心是平衡大规模生产带来的低成本优势和低成本生产带来的柔性优势。

（二）从生产思维转向平台思维

中国已经不再是几十年前的产品稀缺时代，我们也要从生产思维转变成平台思维。有一位创业者一度不知道该做一个内容生产者、输出者，还是做一个小的社群或者平台方。后来经过咨询，他选择从社群做起，因为他也意识到这个时代已经不缺好的内容、作者和专家，但真正的好平台却是稀缺品。

三、价值占有的新思维

（一）从有偿思维转向免费思维

互联网时代，免费才是王道。这是 2005 年后各大互联网公司公认的王道，要在其他地方找到利润来源，也就是“免费 + 收费”模式。

（二）去掉中间成本思维

通过互联网的形式去掉中间成本，提高产业运营效率。

商业模式是在互联网时代逐渐兴起的，随着互联网的升级，商业模式也应该用新思维来创新，才更容易在商业浪潮的搏击中不断优化项目的核心竞争力。

第四节　商业模式建构三步走

任何创业项目都需要一套有效的商业模式来支撑其运作、维持和创造价值。为了构建和优化商业模式，可以遵循“穷举”“梳理”和“升维”三个步骤，并借助相应的工具来具体实施。

一、穷举

将与创业项目相关的所有资源和内容都详细列出。这包括项目的线上线下渠道、合作伙伴、成本结构、销售结构以及营销方式等。为了确保思考的全面性和条理性，我们可以借助“商业模式画布”来搭建商业模式的框架并展开分析。

（一）商业模式画布的组成要素与逻辑

商业模式画布如图 10-9 所示，由亚历山大·奥斯特瓦德（Alexander Osterwalder）和伊夫·皮尼厄（Yves Pigneur）设计，通过可视化方式描述商业模式，帮助创业者清晰地整理思路，降低决策风险；确保创业者能够准确找到目标客户群体，并针对实际问题提出合理的解决方案。

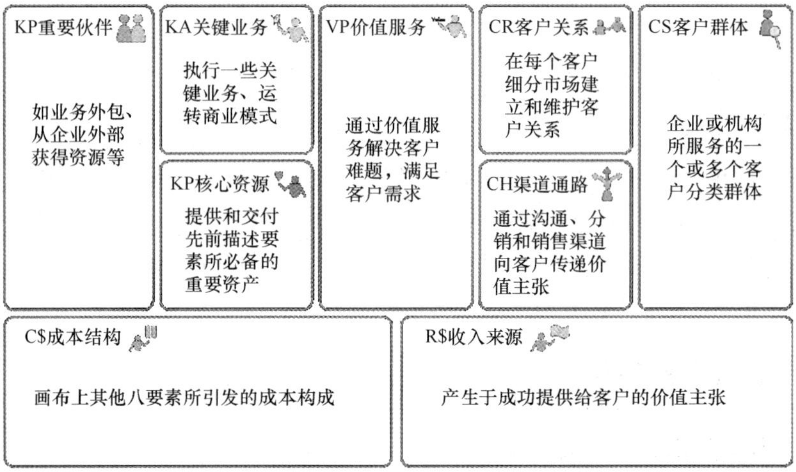

图 10-9　商业模式画布框架

商业模式画布由九大要素共同构建起一个系统。其中“客户细分”是商业模式的起点和归宿，因为如果没有客户，就没有稳定的收入来源；没有持续、稳定的收入，项目和企业都难以维持和发展。

画布右半部分的各要素都与客户细分紧密相关：“价值服务”是为客户提供的核心产品或服务，是吸引客户、满足其需求的关键；“客户关系”关注如何与客户建立和维护长期、稳定的关系，以提高客户满意度和忠诚度；“渠道通路”是企业与客户之间的桥梁，负责传递价值服务，确保客户能够便捷地获取所需；“收入来源”则关注如何从客户那里获取收入，并实现盈利。

画布左半部分的要素关注企业内部的运营和管理，是实现商业模式持续、高效运转的保障。“重要伙伴”关注的是与企业的合作伙伴的关系，如何通过合作实现共赢；“关键业务”则是指企业必须完成的业务活动，是确保商业模式顺利运行的必要条件；“核心资源”则是企业所拥有的、能够支持商业模式运转的重要资源；“成本结构”则关注的是企业的成本构成和优化，以降低成本、提高盈利能力。

九大要素在画布上的布局类似于人类大脑。右半部分集中于“价值”，对应支配情感和创造力的右脑。而左半部分聚焦在产生价值的“效率”，如左脑负责理性思考和逻辑分析。只有全面考虑这九大要素，协调好它们之间的关系，才能构建出一个成功的商业模式，从而实现商业成功。

（二）九要素绘制详解

1. 客户细分：商业模式的成果关键

无论什么产品或服务，都需要明确目标客户是谁，并且深入理解他们的需求、痛点，从而提供具有吸引力的价值主张。任何产品和服务都无法满足所有客户，因此非常有必要细分出不同的群体。这一步我们已经在“同理心”这一环节完成。

2. 价值主张：解决客户问题的方案

价值主张描述企业为特定客户群体提供的系列产品和服务，以及这些产品和服务如何解决客户的痛点和满足其需求。价值主张是客户选择我们的理由。成功的价值主张必须简洁明了，能够迅速传达给客户并激发其购买欲望。在设计价值主张时，需要深入了解目标客户的关注点和期望值，以便为他们提供真正有价值的产品或服务。

3. 渠道通路：与客户建立连接的桥梁

渠道通路描述企业如何通过沟通、分销和销售等渠道，与目标客户建立连接。渠道通路对于客户体验至关重要，我们需要选择合适的渠道，为目标客户提供便捷、个性化的服务，同时提升品牌知名度和客户满意度。在选择渠道时，需要考虑目标客户的偏好、行为和需求，以确保渠道的有效性和针对性。

4. 客户关系：建立长期关系的基石

客户关系描述了企业与特定客户群体建立的关系类型。良好的客户关系有助于提高客户满意度、忠诚度和复购率。通过了解客户的期望和需求，我们提供更好的产品和服务，并加强与客户的互动和沟通，从而建立长期稳定的客户关系，提高客户满意度和忠诚度。

5. 收入来源：实现盈利的关键

设计商业模式时，需要明确如何从产品或服务中盈利，例如直销、授权、收租或订阅等方式。确定收入来源时，需要考虑目标客户的购买力和购买习惯，以及产品或服务的定价策略和市场定位。同时，企业需要不断与客户交流并验证收入来源的合理性和有效性。

6. 核心资源：支持商业模式运转的要素

核心资源包括企业自身的实体资产、知识资产、人力资源和金融资产等。在商业模式设计中，需要明确核心资源的来源和作用，以确保企业具备实现商业模式所需的资源和能力。但创业者也需要警惕“资源陷阱”，以免一味追求资源而忽视了商业模式的可行性和创新性。

7. 关键业务：确保商业模式运行的关键活动

关键业务是企业必须进行的重要活动，以确保商业模式可行、盈利。这些业务包括产品销售、生产、方案提供、咨询提供或协助研发等。我们需要明确关键业务的流程和要求，同时也要关注业务效率和成本效益，以保持竞争优势和盈利能力。这是创造和提供价值主张、接触市场、维系客户关系并获取收入的基础。关键业务可分为以下三类。

- 产品制造：生产一定数量且质量合格的产品，包括设计、制造及发送；
- 问题解决：为个别客户的问题提供新的解决方案，其商业模式需要知识管理和持续培训等业务；
- 平台/网络提供：以平台为核心资源的商业模式，其关键业务都与平台或网络相关。网络服务、交易平台、软件甚至品牌都可视为平台，这类商业模式的关键业务与平台管理、服务提供和平台推广相关。

8. 重要伙伴：企业商业模式的支持者和资源提供者

建立供应商与合作伙伴的网络，可以使商业模式有效运作。合作关系日益成为许多商业模式的基石，它有助于企业优化商业模式，运用规模经济，降低风险和不确定性，获取特定资源和业务。

合作关系分可分为三类：为开发新业务而构建的合资关系、非竞争者之间的战略联盟关系、竞争者之间的战略合作关系。

9. 成本结构：实现盈利的关键前提

成本结构描绘商业模式运营所引发的所有成本。画布上的其他八要素都会引发成本，如人力、办公、差旅、知识产权保护、税务、仓储物流、耗损等。这些成本在确定关键资源、关键业务与重要合作后可以相对容易地计算出来。

总结起来，在绘制商业模式画布时，首先需要确定目标客户群体和价值主张，然后打通运营渠道、建立客户关系并明确收入来源。同时要衡量核心资源和关键业务的需求，寻找重要伙伴并合理规划成本结构。通过有机协调九大要素之间的关系，可以构建出成功的商业模式并实现商业成功。顺丰商业模式画布示例如图 10-10 所示。

图 10-10　顺丰商业模式画布实例

活页工具 10-1：商业模式画布

商业模式画布（Business model canvas）

熟练掌握商业模式画布方法，将创意落地为可操作的商业模式，学习如何将创意转化为生意的商业路径。

重要伙伴Key Partners

-谁是我们的重要伙伴和供应商?
-我们从他们那里获得哪些核心资源?
-他们与我们合作的动机是什么?

关键业务Key Activities

-我们的价值主张、渠道通路、客户关系、收入来源等需要哪些关键业务?

核心资源Key Resources

-我们的价值主张、渠道通路、客户关系、收入来源等分别需要哪些核心资源?

价值主张Value Propositions

-我们该向客户传递什么样的价值?
-我们正在帮助我们的客户解决哪一类难题?
-我们正在满足哪些客户需求?
-我们正在提供给客户细分群体哪些系列的产品和服务?

客户关系Customer Relationships

-我们每个客户细分群体希望我们与之建立和保持何种关系?
-哪些关系我们已经建立了？成本如何?
-如何把它们与商业模式的其余部分进行整合?

渠道通路Channels

-通过哪些渠道可以接触我们的客户细分群体?
-我们现在如何接触他们？我们的渠道如何整合?
-哪些渠道最有效？哪些渠道成本效益最好?
-如何把我们的渠道与客户的消费习惯进行整合?

客户群体Customer Segments

-我们正在为谁创造价值?
-谁是我们最重要的客户?

成本结构 Cost $tructure

-什么是我们商业模式中最重要的固有成本?
-哪些核心资源花费最多?
-哪些关键业务花费最多?

收入来源 Revenue $treams

-什么样的价值能让客户愿意付费?
-他们现在付费买什么？是如何支付的？更愿意如何支付?
-每个收入来源占总收入的比例是多少?

二、梳理——商业模式螃蟹图

对创业团队而言，只有商业模式画布还不够，还需要梳理清楚自己的运行方式是什么、上下游分别是谁。这就需要借助“商业模式螃蟹图”进行梳理和整合，如图 10-11 所示。

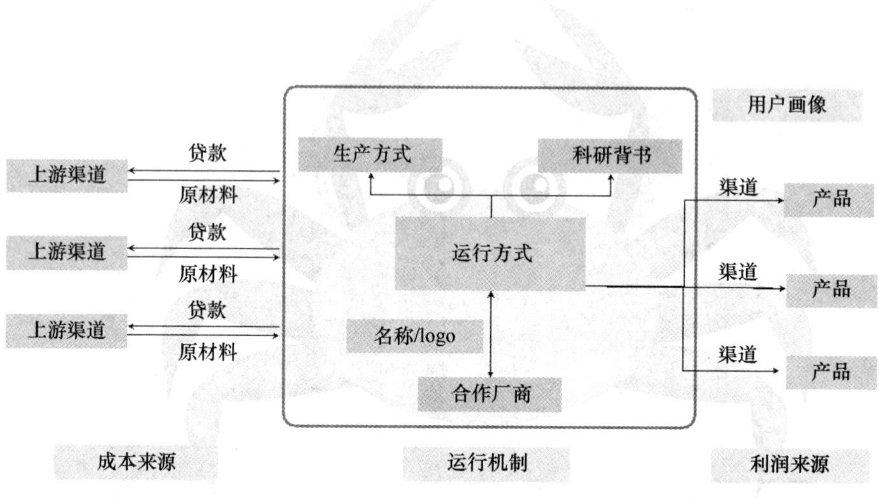

图 10-11　商业模式螃蟹图

（一）“商业模式螃蟹图”的组成

1.“壳”，即自己创业项目的运行方式，需包含项目名称（与团队标志）、生产方式或密切合作的厂商，说清楚“自己在做什么”。

2.“左腿”代表上游各渠道，囊括所有进货的渠道。

3.“右腿”代表下游各渠道，说清用户画像、渠道、产品服务。

（二）公牛电器与小熊电器的“商业模式螃蟹图”分析

公牛电器与小熊电器的“商业模式螃蟹图”如图 10-12 和图 10-13 所示。

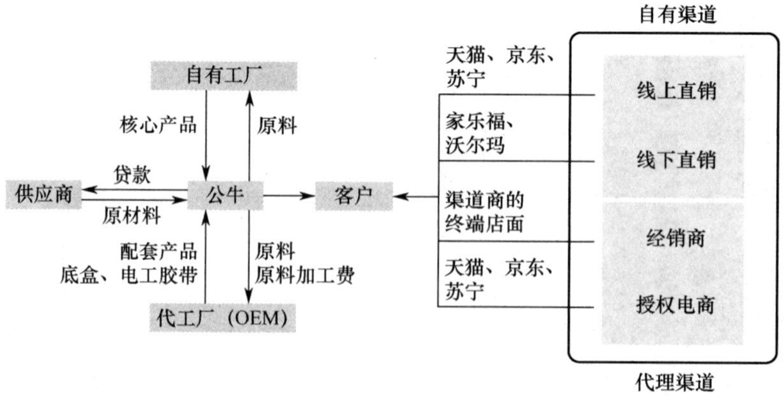

图 10-12　公牛电器的“商业模式螃蟹图”

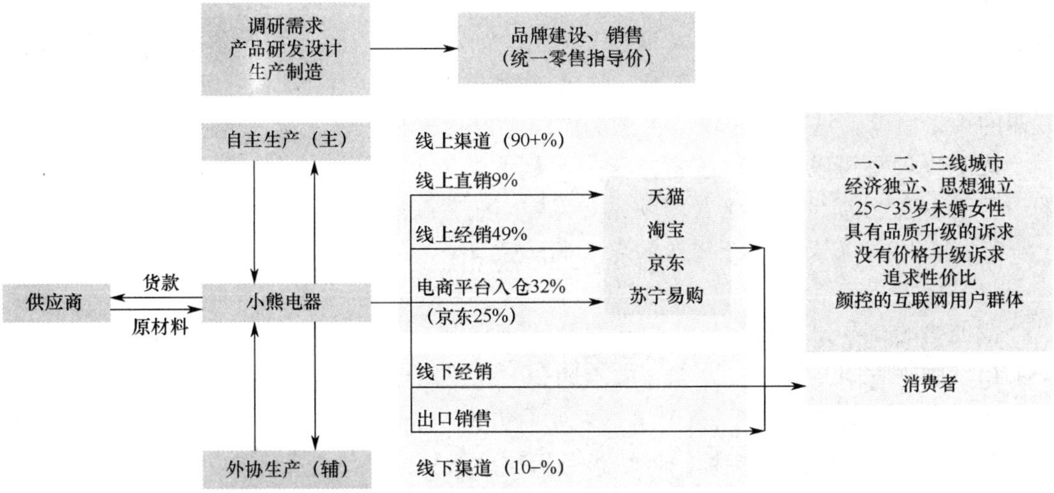

图 10-13　小熊电器的“商业模式螃蟹图”

（三）案例解析

1. 案例 1：从学校文创项目走向孵化器

（1）项目背景

该大学生创业团队最初打造的是一个校园里的文创项目，后来参股投资了打印店、咖啡店、小学培训、行知慈善等项目，之后又收购了一家主营服务器的企业（SaaS 项目，即通过网络提供软件服务）。

项目现阶段主盈利点来自服务器，并且需要不断向 SaaS 项目投资，通过其他项目的资金流来完善 SaaS 项目。因此，创业团队需要将所有的项目整合起来。

（2）项目的“商业模式螃蟹图”构建

成功的商业模式并非把多个项目简单聚集起来。创业团队决定重新构思项目，构建“行知孵化器”，并招募会员，通过“行知文创”“行知教育”“行知科技”“行知印咖”4 个子版块提供服务，赋能会员创业项目。行知孵化器“商业模式螃蟹图”如图 10-14 所示。

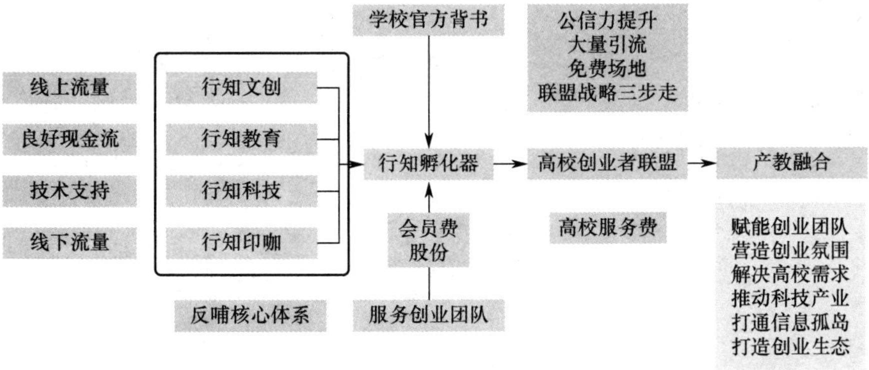

图 10-14　行知孵化器“商业模式螃蟹图”

新会员创业团队加入行知平台上后，可通过参股或交会费的方式借用流量，这样也有助于行知孵化器的现金流获取和未来发展。行知孵化器的利润来源主要包括良好的现金流、会员费、股份、高校服务费，流量来源主要为线上流向、线下流量和高校创业者联盟的大量引流。这个创业项目也正是借助了持续的利润和流量，慢慢构建起来。

接下来项目可以争取学校官方背书，从大学生创业团队 to C 的项目变成学校官方的一个 to B 服务项目。再接着可以成立高校创业者联盟，服务其他高校。

2. 案例 2：某大学创业团队的农业制肥项目

（1）项目背景

该项目源自于对农村传统秸秆处理方法的改进。

传统制肥有两个问题：发酵速度不均匀、环境温度不合适。改进后的堆肥系统使用电子控制的薄膜覆盖堆肥，利用传感器实时监测内部氧气、二氧化碳、有害气体的含量，以及水蒸气、温度等指标。计算机分析这些数据后，会采取措施控制膜的运转，让粪便和秸秆高效地进行发酵。

该项目所采用的先进技术在国内属于标准制定，在国际上也遥遥领先。

（2）项目的螃蟹图构建（见图 10-15）

在该项目的商业模式中，他们自己主要从事与堆肥、半透膜相关的部分，需要从上游采购传感器，需要塑料的提供商（PLC 供应代工），以及教授团队的技术支撑。下游包含三种服务模式：

- 建造农户、农村缺乏的相关设施；
- 为以前的棚户等设施做升级改造方案；
- 现状咨询、评估、指导。

但这个模式运作起来成本会高，利润低，项目无法做大，而且对上游的依赖度非常高。所以他们经过综合考虑，决定让出一部分股权给上游，大大降低了传感器的采购成本。其“商业模式螃蟹图”如图 10-15 所示。

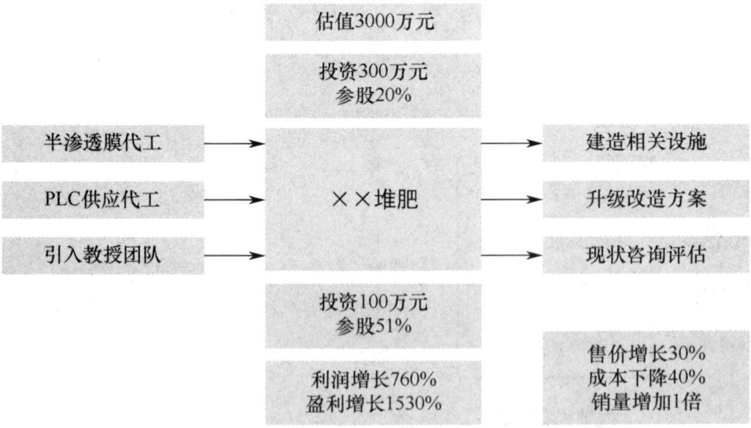

图 10-15　某农业制肥项目“商业模式螃蟹图”

调整后的商业模式使得项目在短时间内实现了降本增效，利润大大增加。

活页工具 10-2：商业模式螃蟹图

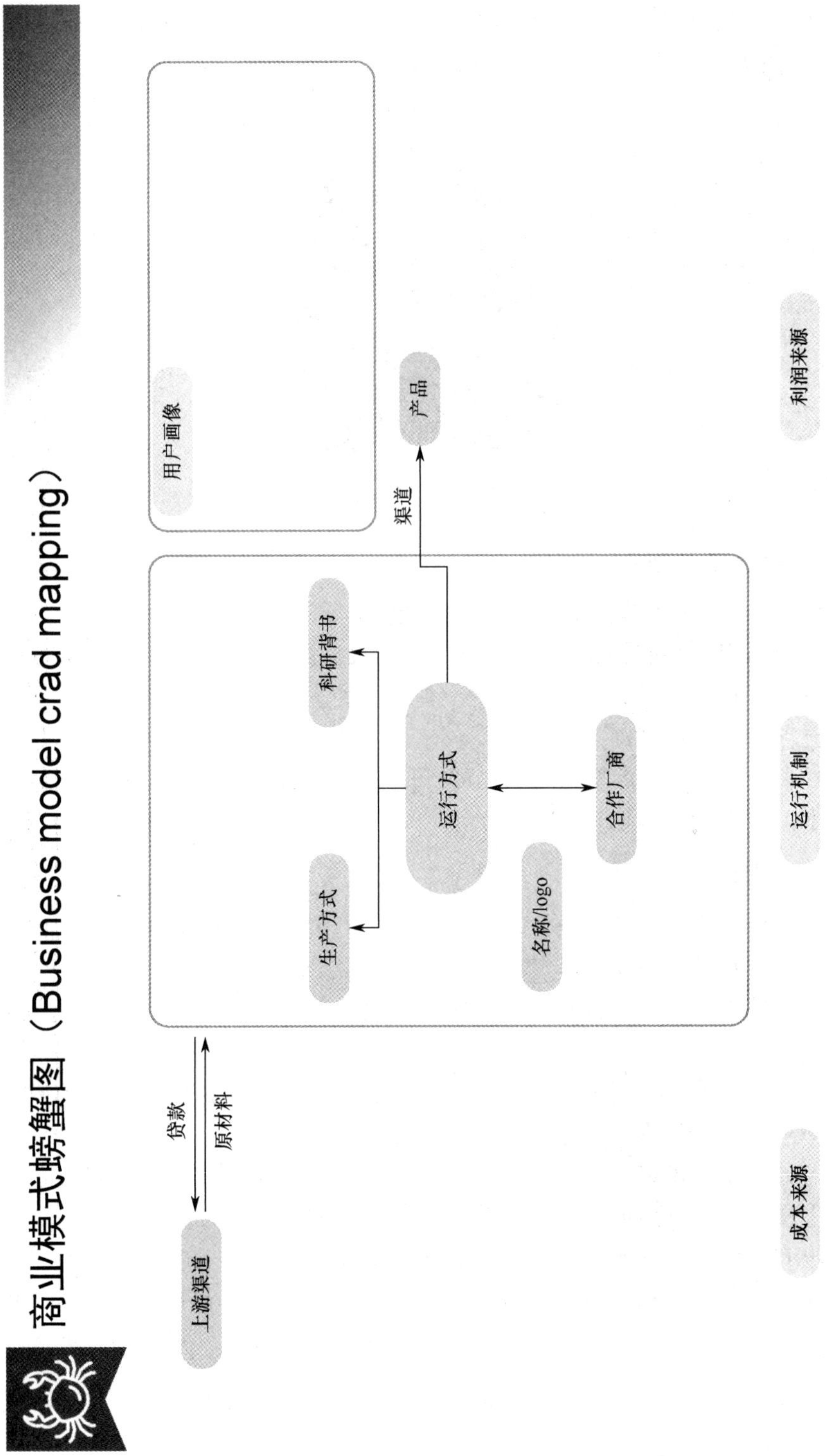

三、升维——行复盈维恩图

已经构建好的商业模式也需要从可行性、复制性和盈利性进行升维。只有同时具备“行复盈”三点的才是好项目，如图 10-16 所示。

图 10-16　行复盈维恩图

（一）“行复盈”释义

1．可行性，即项目具备短期落地的可能性。

2．复制性，这是对自己而言的，即因为自己拥有各种优势，例如某些关键资源、专利技术等，可将这种模式用在别处，但他人因为难以企及，无法复制这种模式，因此构成了自己项目的“护城河”。

3．盈利性，即收益能覆盖成本；即便是公益类项目，也要有收入来源，能基本覆盖运营成本，否则项目难以持续。

（二）“三圈”缺一不可

对一个成功的商业模式而言，项目可行性、复制性和盈利性缺一不可。

如果没有可行性，方案只能算空想。例如，某创业团队设计出一款智慧养老平台，但这需要投入数千万资金，而自己也没有技术核心，所以很难吸引融资，几乎不可能启动这个项目。

如果没有“只有自己才拥有的复制性”，这就意味着项目门槛低，人人都能做，自己反而在一片“红海”中丢了未来。例如最近几年遍地开花的奶茶店，开店一次性投入成本高，一方面自己难以复制，另一方面因为技术含量有限，别人却能复制，于是其他类似店铺大量涌现，最后商家开始“内卷”，都难以做大。

如果没有盈利性，就难以长期运营，最后要么无疾而终，要么只能转型成志愿者项目。例如某“流浪猫陪护”项目，因为本身不具备盈利性，最后全靠部分人的情怀去艰难推动。

活页工具 10-3　行复盈 3P 过滤器

3P过滤器（PPP filter）

从三个维度盘点、分析、利用身边资源；亦可明确下一步要拓展资源的方向。

		P1 可行性	P2 盈利性	P3 复制性	
概念名称1	简要描述	/10分	/10分	/10分	总分
概念名称1	简要描述	/10分	/10分	/10分	总分
概念名称1	简要描述	/10分	/10分	/10分	总分

第五节　明确营销方式——初创产品导入市场的四大战略

大学生创业项目也需要明确适合自己的营销方式，即营销过程中可以使用的方法。经典的“4P 营销理论”认为，营销策略的制定包含了产品（Product）、价格（Price）、渠道（Place）、促销（Promotion）四个因素的组合。

在初创产品刚刚进入市场的前期，需要重点利用“价格”和“促销”因素，做好初创产品进入市场的四大战略。

我们通过“价格的高与低”和“促销力度的大与小”组成四个象限，如图 10-17 所示。每个象限所代表的场景截然不同，相应的“撇脂”或“渗透”策略差别也很大，因此用在不同产品上，可达成不同的经营目标。

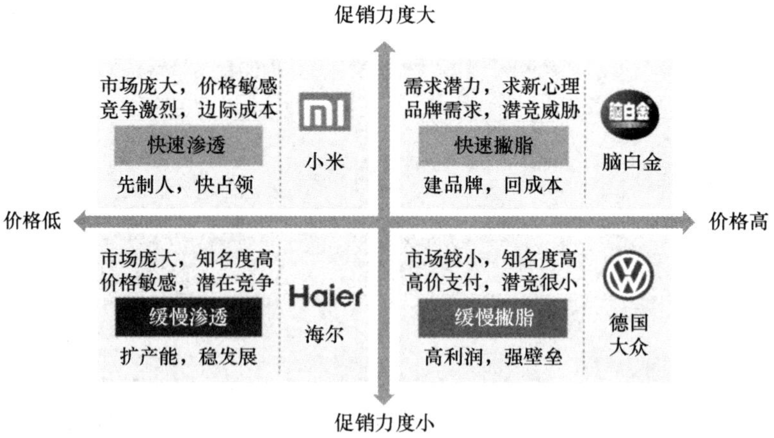

图 10-17　初创产品的四大营销战略

“撇脂”（Skimming），亦称“掠取”，指提高产品价格并加大营销力度，以攫取最大利润。而“渗透”（Penetration），指企业把产品价格定得相对较低，同时降低营销成本，并以此吸引大量顾客，提高市场占有率。

一、快速撇脂策略——以高价格、高促销费用推出新品

实行高价策略可在每单位销售额中获取最大利润，尽快收回投资；高促销费用能够快速建立知名度，占领市场。

实施这种“双高策略”需具备两大条件：①产品有较大的需求潜力，目标顾客求新心理强，急于购买新产品；②企业面临潜在竞争者的威胁，需要及早树立品牌形象。一般而言，在产品进入市场阶段时，只要新产品比被替代产品有明显优势，市场便不会过多计较其价格。

脑白金在刚进入竞争激烈的保健品市场时，就采用了快速撇脂策略。每逢节日，不仅专门制作应景的广告在全国范围内滚动投放，更有无数促销活动。可以说，正是这种高价格、大力度促销的策略使脑白金快速崛起，与之前风生水起但最后暗淡收场的红桃

K 形成了鲜明对照。

二、缓慢撇脂策略——以高价格、低促销费用推出新品

缓慢撇脂策略以尽可能低的费用开支追求更多利润，对于产品的要求非常高，所以一般情况下，并不适用于初创企业。

实施“缓慢撇脂策略”有四大条件：①市场规模较小；②产品已有一定知名度；③目标顾客愿意支付高价；④潜在竞争的威胁不大。

以德国大众为例，它不仅拥有品牌知名度，而且在汽车领域内实打实的竞争力也名列前茅。德系车的“安全”特征也帮助大众虏获了大多数顾客的心，所以大众推出新车，往往采用缓慢撇脂策略，既降低促销费用，又获得高额利润。

三、快速渗透策略——以低价格、高促销费用推出新品

快速渗透策略目的在于先发制人，以最快的速度打入市场，取得尽可能大的市场占有率。再随着销量和产量的扩大，降低单位成本，取得规模效益。

实施“快速渗透策略”的条件包括：①该产品市场容量相当大；②潜在消费者对产品了解不深，但对价格十分敏感；③潜在竞争较为激烈；④产品的单位制造成本可随生产规模和销售量的扩大迅速降低。

以小米手机为例，其优越性能、超低价位都充分保证了小米能占据国内智能机的庞大市场。多数顾客对手机的价格相对敏感，对低预算的顾客而言，性价比较高的小米无疑是最佳选择之一。小米巨大的销售额也证明了这一点。

四、缓慢渗透策略——以低价格、低促销费用推出新品

低价可扩大销售，低促销费用可降低营销成本，增加利润。这样着眼于长期耕耘，达到尽可能大的市场占有率。

采取缓慢渗透策略，需要市场满足四大条件：

1．市场容量很大，在短时间内不易被消费者接受，或短期内市场不会饱和，故须着眼于长期策略的实施；

2．用户基本了解新产品（通常是改进型新产品），所以不必大规模推销；

3．该产品的价格需求弹性较大，高价格容易引起销售量急剧减少；

4．该市场潜在的竞争较为激烈。

例如海尔早在 20 世纪 90 年代就认识到：要贯彻其国际化战略，就必须进军电子商务行业，而且进入行业就得做好，没有回头路。因为在网络平台上，企业的优劣势都会被惊人地放大。新经济时代下，企业就是在高速公路上行驶的车辆，车况好的车，能够在信息高速公路上发挥优势；而破旧的车，即使在高速公路上，也只有被远远抛在后面的结局。通过对市场条件的深刻分析，海尔选择了与自身发展最为适合的缓慢渗透策略，并通过这一策略长期保持着自身的行业领先地位。

采用类似策略的还有“红牛”，它也是在深耕中国市场十年之后，才开始发力宣传推广，一点点向市场渗透的。

第十一章　整合创业资源

学习内容

通过项目设计、打磨（第七～九章），当初的点子已经具备了有价值、有商业模式的雏形（第十章），但项目落地还离不开另外两大主题：（1）创业资源管理，做好市场调研与财务预算；（2）公司发展管理，包括寻找合作伙伴，组建核心创业团队，并从未来发展的角度运作资本。本章学习内容思维导图如图 11-1 所示。

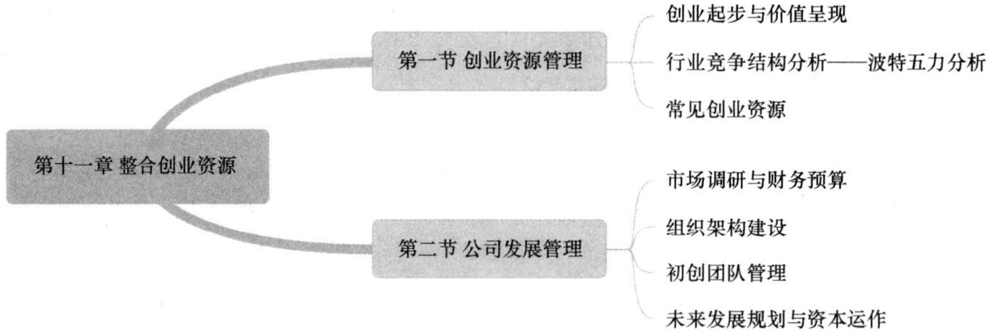

图 11-1　本章学习内容思维导图

学习目标

通过教学情境和案例学习，明确创业项目的价值体现和行业竞争优势；通过市场调研，列出五年财务预算和成本售价核算；根据组织架构的典型思路，组建创业团队并确定管理结构；运用资本运作的基本原理，规划创业项目的未来发展思路。

成果产出

价值雷达图；

资源清单；

初创成员选择“5+5+5”模型。

第一节　创业资源管理

大学生创业项目的落地需要全面的资源支持，包括资金、场地、人员和技术，以及生产制造、仓储物流、公司注册和客户关系管理等各个环节。

一、创业起步与价值呈现

在创业起步阶段有两个关键要素：整合创业资源和有效管理创业团队。它们与之前提到的“挖掘商业机会”共同构成了创业过程三要素（请勿与第一章“创业启动四要素”相混淆）。

（一）创业过程三要素

1. 三要素浅析

商业机会：这是创业的起点和核心驱动力。任何创业项目都需要有一个具有吸引力的商机，这通常来自于特定人群的需求。如果没有商机作为基础，其他资源再丰富也无法激发创业的动力。

创业团队（尤其是创始人）：他们是主导者，负责将商业机会转化为实际项目。团队的能力和执行力决定了商业机会能否被抓住，并兑现其潜在价值。

资源：如资金、场地、人员和技术等，这是创业成功的保证。如果没有足够的资源，项目可能无法顺利推进或达到预期效果。

在不少创业者眼中，资金是最重要的要素，但投资人更关注的是项目本身有多大价值、项目团队管理是否健康、是否可持续发展，否则投入再多的资金也难有效果、难有回报。

2. 三要素的匹配与平衡

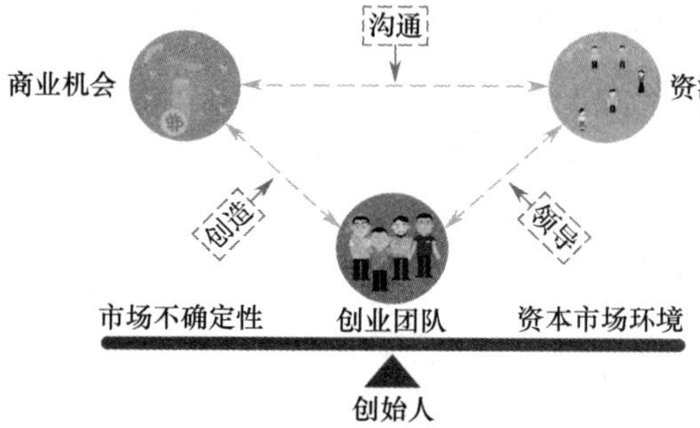

图 11-2　创业过程三要素之间的关系

三要素都随时随着环境、市场不断变化，所以在创业和经营的全过程中，我们都要不断调整三者间的重心，以实现动态的匹配与平衡，就像站在滚筒和晃板上的杂技演员一样。创业团队作为“人”的因素，需要理性分析并准确把握商机，认识并规避风险，结合实际情况最合理地利用和配置资源，并持续反思、重新认识自身，实现新的动态平衡。

创业团队必须认真评估：当前的团队是否有能力领导公司的未来成长并获取更多资源；下一阶段可能会面临哪些挑战和陷阱；如何持久调整“重心”来解决问题并进入新的平衡，以确保企业的可持续发展。

创业成功并不取决于创业团队规模或商机的数量，而在于创业团队的质量和执行力。同样，资源的多寡并不具有决定性作用，关键在于项目能够创造多少价值。

（二）创业项目的六种典型价值体现

1. 便利优势

例如便利店，一般都靠近居民小区，货品基本满足居民的日常需求，很多还是 24

小时不打烊。据统计，中国多数便利店的净利率仅在3%左右。但“便利店”这种形式从一开始给自己的定位就不是挣大钱，而是做好邻居，为社区提供便利，这就是它的价值呈现。

2. 价格优势

尽管一分钱一分货，但“廉价”或“性价比高”永远是产品吸引用户的重要原因，例如廉航、平价零售平台等，主打的就是价格优势。

既要廉价，又要质量，还要盈利——这就不可避免地要求生产方或服务提供方降低成本，或者要求渠道方（或平台方）要求上游降本降价；而在下游，生产商、渠道方（或平台方）把从中扩大的利润释放给用户，以吸引更大的群体，再通过“走量”倒逼生产方提高产业规模和生产效率，这样又能进一步降低成本，释放更大利润……形成“增效—降本—降价—增量—增效”的良性循环。

3. 设计优势

设计既包括工业、视觉等产品的设计，也包括战略、方案的设计。不同的设计体现优势的方式也有差异。例如工业设计中的手机，如果能做到操作便捷，操作逻辑符合使用习惯和用户心理，再加上界面美观，就会获得更大的优势。再如视觉设计，如果能在美观之外，再为用户带去品位象征、身份体现等附加价值（如展现“高端”“潮”“国货当自强”等），也会体现产品的优势。

4. 品牌优势

品牌是建立独特性、与众不同的瞬间联想，简言之就是差异化。差异即优势，代表比竞品质量更好、性能更强、价格更低、调性更高之类的属性。不同属性会吸引不同的用户群体，成功品牌必然会抓住目标群体的需求，响应他们的内心诉求，如高质、廉价、身份象征、品味体现等。所以我们需要思考：产品或服务的哪种（哪些）属性是目标用户群体最想要的，从而展开针对性设计。

5. 成本优势

成本优势通常来自地理位置、优惠政策、运营和管理机制、经济规模、资源优势、供应链优势、技术优势、组织成员的成本意识、创新能力等。降本增效也需要创业团队主动出击，在每个可能的细节进行优化。

沃尔玛堪称把“压缩成本”做到了极致。例如他们的货运卡车就经过了特殊设计——流线型车头可以减少空气阻力，车身轻便又能防侧翻，轮胎增强了防滑、防爆、防侧翻效果。这种卡车更快速、更安全、更省油，光是物流成本就大大降低了。沃尔玛把降本增效做到了每个细节，所以沃尔玛有底气承诺：只要用户在购买沃尔玛商品后，发现同期市场上有售价更低的同款商品，都可以找沃尔玛退差价。而成本优势进而又带来价格优势、品牌优势。

6. 风险优势

人是天然趋利避害的动物，甚至有时候“避害”比“趋利”更让人有驱动力。例如“减肥成功即可获得 10 万元奖励”与“先缴 10 万押金，减肥成功退还”两个场景，显然后者会更让人有动力。如果创业产品或服务能满足人们“避害”的需求，甚至仅是缓解焦虑，同样也是在创造价值。例如保险、高考志愿填报咨询等，就是典型的具有风险优势的行业。

当然一个项目的优势肯定不会局限于上述六种，而且不同的项目也一定具有自己独到的优势。

（三）初步评估自己创业项目的优势

无论是人还是项目，“优势”都是比较出来的。所以在梳理项目价值和优势时，我们需要和竞品做对比，这可以通过绘制“价值雷达图”来呈现。

价值雷达图的基本形状是一组同心圆，另有若干条通过圆心、与直径等长的线段（见图 11-3）。

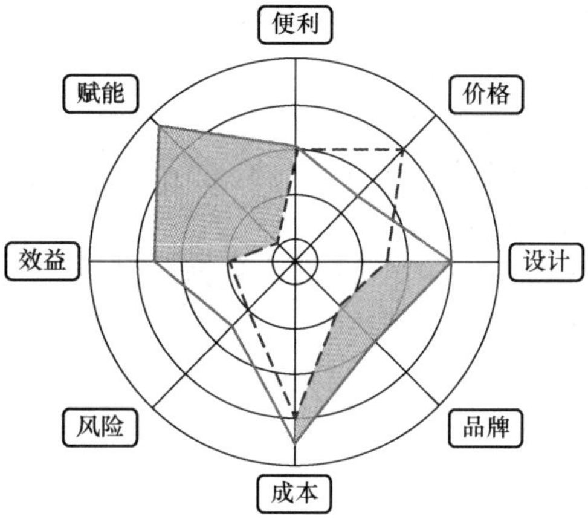

图 11-3　价值雷达图示例

不同的圆周代表不同的分值。圆心代表 0 分，越往外分值越高。满分可自行设定，一般用十分制或百分制。如图 11-3 所示，若采用十分制，外圈代表 10 分，向内的其他圈依次递减 2 分。

不同的线段代表不同的优势维度。图 11-3 列出了八个维度，但事实上维度的数量可根据现实中要比较的方面而自行设定。

绘制一幅有参考意义的价值雷达图，需要经过四个步骤。

（1）第一步：画出自身项目的雷达图

按实际情况，在各维度上估分，在相应位置上用一个点表示，最后依次连点成一个闭合的多边形（如图 11-3 中的虚线部分）。

（2）第二步：画出竞品的雷达图

用在同样的优势维度上，用同样的标准，依次为竞品评分。作为初创项目，“有对比才有伤害”，看到差距，更能明确发展方向。（考虑到清晰问题，图 11-3 中没有呈现竞品的雷达图）

竞品不能随机选择，可以遵循三个档次。

第一档：营收是自己项目当前期望营收额 1.7 倍的竞品。

1.7 倍是根据战略分析中的“兰彻斯特法则”而得出的值。简言之，面对营收为自身 1.7 倍的对手，我们可以在一年内发展自己，并运用得当战略与之“贴身肉搏”，实现逆袭。

第二档：营收是自己项目当前期望营收额 5～10 倍的竞品。它们是自己项目未来 3 年可以赶超的对象。

第三档：行业龙头或上市公司。

它们更容易走在产业的前端，更容易看到未来。研究它们在哪些领域如何布局，也会对自己项目的战略方向有所启发。

这三个档位的竞品可以不同时出现在当前的价值雷达图上，但我们自己需要清楚：当自身项目发展到不同阶段时，我们要调整参照对象。

（3）第三步：画出自身项目未来的雷达图

基于现实情况，参考竞品水平，预估未来 3～10 年后，自己的项目在这些维度上能达到什么水平（如图 11-3 中的实线部分）。

（4）第四步：找到现在的重点突破方向

第一、第三幅雷达图之间的面积较大的部分（图 11-3 阴影部分），就代表了未来我们需要投入时间和精力去提升的维度。

绘制价值雷达图的过程其实也是一种战略规划，帮助看到需要集中优势“兵力”、优势资源取得突破的方向。

活页工具 11-1：价值雷达图

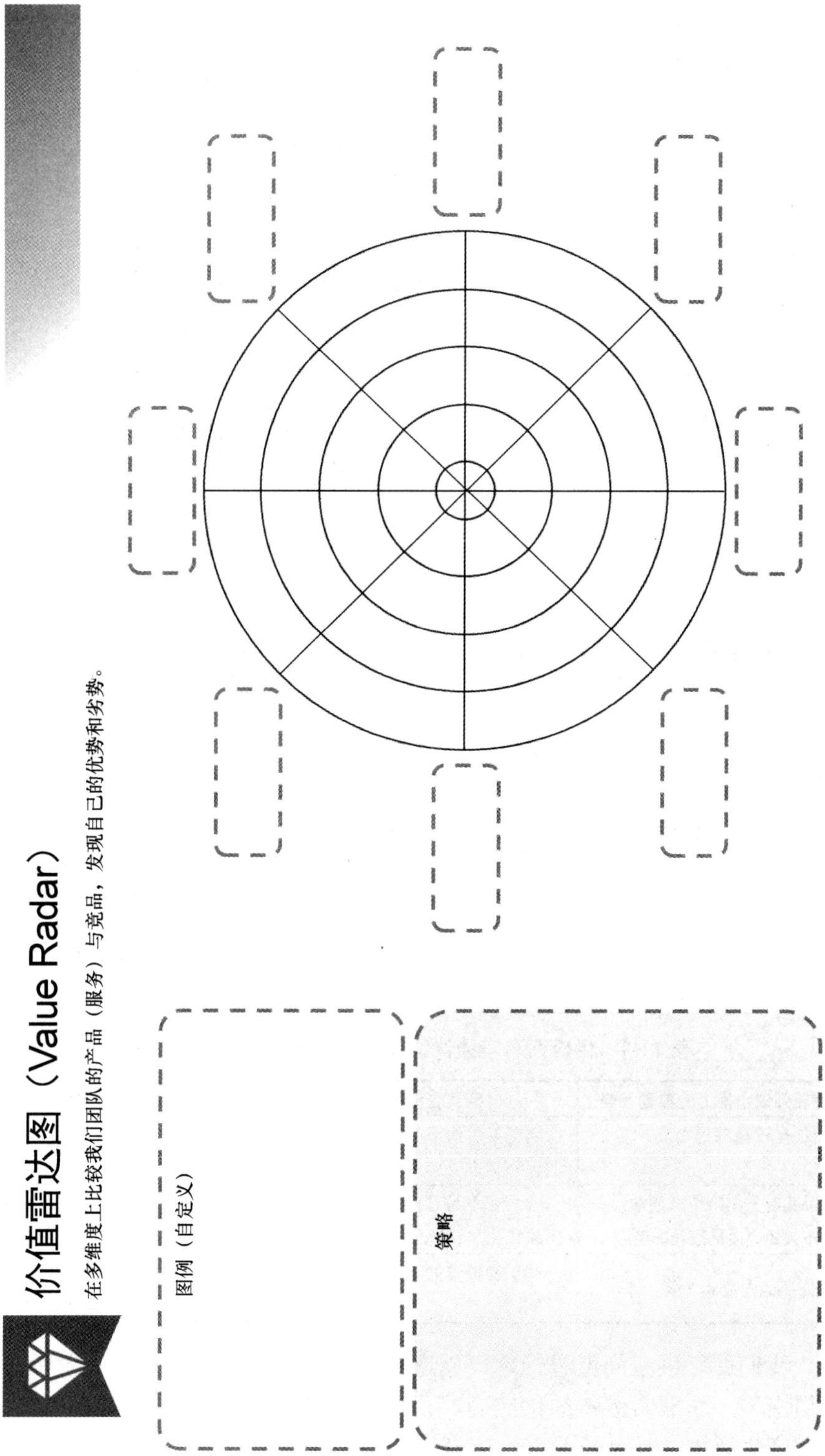

二、行业竞争结构分析——波特五力分析

创业项目不仅要呈现自身价值，也要了解市场，知己知彼。对大学生创新创业项目而言，市场分析难度不小，我们可以通过“波特五力分析”模型（见图 11-4）分析竞争者战略。

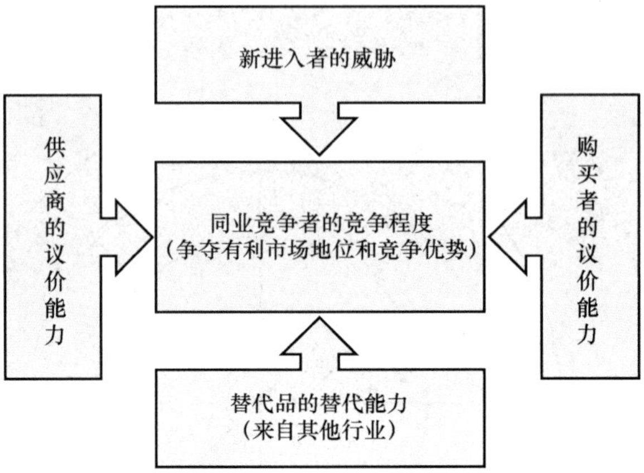

图 11-4 “波特五力分析”模型

（一）供应商的议价能力（Bargaining Power of Suppliers）

供应商主要通过“提高投入要素价格”与“降低单位价值质量”来影响行业内现有企业的盈利能力与产品竞争力。简言之，供应商为了获取更大利益，可以选择“涨价”或“降质”。

供应商力量的强弱主要取决于他们提供给购买者什么样的投入要素。如果投入要素价值在购买者产品总成本中占比高、对购买者的产品生产非常重要时，其议价能力就大大增强了。

在下列三种典型情境中，购买者有较强的议价能力，但购买者亦有应对之道。双方博弈典型场景与应对思路如表 11-1 所示。

表 11-1 供应商有较强议价能力的典型场景与应对思路

供应商有较强议价能力的典型场景	购买者典型困境	突破困境的思路
供应商行业有较稳固的市场地位，购买者多	购买者个体不可能成为供应商的重要客户	尽量避免被单个上游垄断
供应商产品具有一定特色，通常为个性化产品，不具备高度标准化的特点	购买者不易寻找到替代品，也不易转化，或转化成本高	避免高度定制化的上游产品，降低转化难度，防止被单一供方所钳制
供应商能便捷地向前联合或一体化	购买者很难去实行向后联合或一体化	切分上游渠道，甚至随着企业发展，倚仗资本布局产业链最核心的环节

总之，我们做好供应商渠道管理，创造一种安全、稳定、低价的上游供应商渠道，而不是“惯出”一个非常强势的供应商，否则一旦价格波动或供应商出问题，就会对自身项目利润产生巨大，甚至是毁灭性的打击。

（二）购买者的议价能力（Bargaining Power of Buyers）

与上游的供货商议价相似的，是下游购买者的议价，主要包括压价和要求较高质量的产品或服务，这两种方式都会压缩行业现有企业的利润。

购买者有较强的议价能力也有三种典型场景，其应对思路可参考表 11-2。

表 11-2　购买者有较强议价能力的典型场景与应对思路

购买者有较强议价能力的典型场景	供应商典型困境	突破困境的思路
购买者总数较少，每个购买者的购买量较大，占供应商销售量非常大的比例	容易被单一渠道中的大客户牵制，否则可能失去为数不多的客户	不断拓展业务，扩大下游销售渠道，防止被下游牵制
供应商行业由大量的小规模企业组成，形成“小散乱弱”的竞争格局	购买者的选项更多，供应商因此“内卷”	找到产业整合的可能性与突破口
购买者需要标准化产品，可以向多个供应商购买	行业中各产品可能会出现同质化	进一步细分市场，或迁移到相关的市场，打造自己产品的差异性

（三）新进入者的威胁（Threats of New Entrants）

行业的新进入者在产生新产能、带来新资源的同时，当然也希望在已被瓜分完毕的市场中分一杯羹，这就可能引起与现有企业产生原材料或市场份额的直接竞争，最终导致行业整体盈利水平降低，甚至危及业内大量企业的生存。

新进入者的威胁程度取决于两大因素。

1. 进入门槛的高低

进入的门槛包括规模经济、产品差异、资本需要、转换成本、渠道开拓成本、政府行为与政策（如国家统筹建设的民生企业）、自然环境、自然资源（如拥有矿产开采权）、地理环境等。有些门槛很难通过“成功经验复制”“仿造”的方式来突破。

2. 预期现有企业对进入者的反应情况

主要是现有企业面对“入侵者”，会不会采取抵抗或报复行动，采取何种行动。这又主要取决于相关企业的财力情况、过去的行动记录、固定资产规模、行业增长速度等。

总之，潜在进入者会不会真正进入一个行业，取决于他自己对“进入后能带来的潜在利益”“所花费的代价”“所承担的风险” 三方面的主观估计。

（四）替代品的替代能力（Substitutes）

一般来说，替代品来自另一个行业。两个处于不同行业中的企业，其产品或服务可能会发挥相似的作用，因而互为替代品，虽不同行，也成了“冤家”。国际知名网剧平台“网飞”（Netflix）CEO 说，一切娱乐产品服务都是他们的对手，因为其他娱乐可以取代追剧。

几乎每种产品都有替代品，只是替代程度有别。因此，即便是一个行业的垄断者也不可能把产品价格定得无限高。行业外替代品带来的竞争，会影响带行业中企业的战略。

（1）替代品生产者的侵入将倒逼业内企业：①提高自身产品的质量；②通过降本而降价；③打造自身产品更鲜明的特色，让自己更难以替代。

（2）替代品生产者的竞争强度受产品用户“转换成本高低”的影响。如果我们产品的替代品价廉物美，用户转换成本就低，我们因此受到的竞争压力就强。

（3）可以预判替代品带来的竞争强度，主要通过考察替代品的销售增长率、替代品厂商生产能力、盈利扩张情况、市场扩张情况等。

（五）同业竞争者的竞争程度（Rivalry）

大部分行业中各个企业的利益都互相交织，同业竞争不可避免，往往表现在价格、广告、渠道、产品介绍、售后服务等方面。

一般来说，同业竞争加剧的前兆包括以下几点。

（1）进入门槛低：势均力敌的竞争对手较多，竞争参与者范围广泛；

（2）增长慢：市场趋于成熟，产品需求增长缓慢；

（3）折价：竞争者企图采用降价等手段促销；

（4）同质化：竞争者提供几乎相同的产品或服务，用户转换成本较低；

（5）战略行动：一个战略行动如取得成功，其收入相当可观；

（6）并购：行业外部实力强大的企业接收行业中实力薄弱企业后，发起进攻性行动；

（7）退出门槛高："退出竞争"比"继续参与竞争"要付出更大代价，如经济、战略、情感（如不甘心退出）、社会政治关系（如政策限制）等方面。

每个企业或多或少都面临这五大威胁。企业除了正面交锋，也可以采用防守方式，例如设置进入壁垒，打造自己产品的差异化、提升客户转换成本（使之不易找到替代品）等，进而保护自己。因此，企业必须明确自己的优势和劣势，做好自我定位（例如通过 SWOT 分析、考察产品生命周期、行业增长速度等），以便因势利导，攻守兼备，而不是疲于应付，甚至坐以待毙。

三、常见创业资源

创业资源是任何一个主体，在向社会提供产品或服务的过程中，所拥有或者能够支配的有助于实现自己目标的各种要素以及要素组合。

（一）创业资源的 VRIN 框架与 VRIO 框架

1984 年，哥本哈根大学的伯格・沃纳菲尔特博士（Birger Wernerfelt）提出了"基于资源的观点"，认为各个企业之所以不同，是因为拥有的资源、资源的结合方式不同。资源包括流程、功能、资产、属性、信息和知识等，有资源的组合企业才能运作。能为企业带来竞争优势的资源有四个基本特性（VRIN 框架）。

（1）有价值（Value），这是公司构想和执行战略发展提高效率的基础。

（2）稀有（Rare），"人无我有"的资源才能带来巨大优势，例如产品或服务的专利权、智力资本或卓越团队、独特的商务关系等。

（3）无法仿制（Imperfectly imitable），这是竞争对手无法获得的资源，它可以帮助团队以小博大、走向成功，成为企业发展的核心竞争力。无法仿制的原因主要有以下三点：

- 历史条件独特——一旦错过时机，"窗口"关闭，就不太容易取得成功；
- 因果模糊性——竞争者很难从外部了解我们拥有资源的"秘诀"；
- 具备技术的复杂性和社会现象的复杂性——竞争者仿制的门槛非常高；

（4）不可替代（Non-substitutable），理想的资源不能被任何其他资源替代。

美国战略管理教授杰伊·巴尼（Jay B. Barney）在1991年将VRIN框架演变为VRIO框架。O代表“组织”问题（Organization），因为组织不仅需要资源，也要有利用资源的能力。符合VRIO框架的资源都可以为企业带来竞争优势。

（二）创业资源的类型

按照资源要素在企业发展规划中的参与程度，创业资源有直接资源、间接资源之分。

- 创业资源
  - 直接资源
    - 财务资源
    - 运营管理资源
    - 人才资源
    - 市场资源
  - 间接资源
    - 政策资源
    - 信息资源
    - 科技资源

直接资源直接参与到企业发展规划和战略执行中，而间接资源能够为企业发展提供长期的便利和支持。

1. 财务资源

创业者在创业前要考虑是否有足够的启动资金，以支持创业初期大概率会遇到的亏损。现实的财务状况直接影响企业发展战略的制定。而且，新创企业经常会因为资产不足，抵押能力弱，而难以获得足够的贷款。这些都使“资金”成为企业高速发展的重要瓶颈。如何做好财务资源规划是每个创业者必须直面的问题。

2. 经营管理资源

这是一种能把潜在生产力转化为现实生产力的无形资源。我们如何才能管理好现有的客户渠道？日常的经营管理都需要什么资源？怎么去满足才能让自己在不断变化的外界环境面前，按照最初的设想，使企业一点一点运转起来？

这些问题的答案和适合自己团队的经验都是宝贵财富，影响着团队战斗力。

3. 人才资源

强大的智力资本、人才获取、人才储备等，对于创新企业的可持续发展日益关键。企业具体的事务都要人来做，资源也会跟着人走，“聚人”才能“聚财”。

4. 市场资源

下面这些与市场资源相关的问题可帮助我们找到定位，设计合适的商业模式：

这个行业的具体特点是什么？行业经验资源怎么获取？

我们在这个行业中有什么优势？

我们的盈利模式是什么？

我们是否有最起码的商业人脉？人脉关系网络怎么去搭建？

我们的市场和客户在哪里？如何触达？

我们销售的途径是哪些？营销网络怎么搭建？客户资源怎么获取？

5. 政策资源

任何行业内的任何企业，在任何阶段都能找到相应的政策扶持，例如国家扶持大学生创业并发放免息贷款。很多政策资源都可以为相关企业所用，我们需要把握国家和地方针对相关行业、创业的政策，这也是创业者整合资源的关键。

6. 信息资源

信息资源，是指人类社会信息活动中积累起来的以信息为核心的各类信息活动要素（信息技术、设备、设施、信息生产者等）的集合。

要在市场中占据优势，我们必须要掌握更丰富、更及时和更准确的信息，但这必然又是一个长期、曲折的探索过程。市场上的专业机构对信息会做专门的整理、处理和传递，这可以为创业者的决策提供一些指导和参考。例如要了解一个行业，可以通过上市公司招股说明书，其中就有行业综述、行业分析等相关内容。

获取信息的另一大方式是与行业大咖或深耕多年的从业者交流，获取很多一手的实践信息，对自己企业的发展收集重要的决策参考。

7. 科技资源

在科技驱动发展的时代，科技创新比商业模式创新更能让创业者占据优势。对大学生创业者来说，与导师、教授、研究人员一起去做产学研探索，通过自己的商业运作能力，加快整个产品的研发和成型速度，挖掘其商业价值，打造科技壁垒的“护城河”，就显得格外珍贵，而且这还能有效缩短产品进入市场的时间。

科技资源的获取，一方面靠自己牵头，带动周边；另一方面也要靠吸纳科技人才，使技术资源与人才资源紧密结合，这在创业初期尤其关键。

我们可以通过资源清单（活页工具 11-2）盘点项目已有和需要的资源。

活页工具 11-2　资源清单

资源清单（Resource list）

从四个维度盘点、分析、利用身边资源；亦可明确下一步要拓展资源的方向。

人力资源（核心：充分利用人力资源）

团队

顾问

兼职

后备

实体资源（核心：尽量减少重资产）

店面

库存

设备

储运

支持资源（核心：充分了解信息）

合作方

政策

其他

金融资源（核心：保证资金链不断）

启动资金

备用资金

融资渠道

第二节　公司发展管理

正如“创业过程三要素”所展示的，创业项目从“发现商机”或“产生点子”到落地，既需要资源获取，也需要团队执行，这就需要做好公司发展管理。

一、市场调研与财务预算

任何公司都是在市场的“大画卷”中发展的。市场调研对初创企业尤其重要。不同的市场容量会影响我们的决策，对市场容量的调研也可以在一定程度上弥补其他竞争信息不足的缺陷，帮助我们了解市场环境及其变化。

在大学生创新创业大赛中，市场容量、财务预算等与项目生存发展密切相关的问题也是重要关注点。

（一）市场调研的四大方式

1. 文案调研（亦称“桌面调研”）

文案调研主要是通过二手资料的收集、整理，在前人研究的基础上进一步筛选、分析自己需要的信息。

2. 实地调研

实地调研又可分为询问法、观察法和实验法三种。

（1）询问法：调查人员通过各种方式，如深度访谈、好主意座谈会、问卷调查等方法，向被调查者发问或征求意见，从而搜集市场信息。

采用询问法需要注意：所提问题确属必要，被访问者有能力回答所提问题，访问的时间不能过长，询问的语气、措词、态度、气氛必须合适。

（2）观察法：调查人员在调研现场，直接或通过仪器观察、记录被调查者行为和表情，以获取信息。

（3）实验法：通过实际的、小规模的营销活动来调查关于某一产品或某项营销措施执行效果等市场信息。实验的主要内容有产品的质量、品种、商标、外观、价格，促销方式及销售渠道等。它常用于新产品的试销和展销。

3. 特殊调研

特殊调研包括固定样本、零售店销量、消费者调查组等持续性实地调查，投影法、推测试验法、语义区别法等购买动机调查，以及 CATI 计算机调查等形式。

4. 竞争对手调研

“知彼知己，百战不殆。”不了解竞争市场，不认识竞争对手，就意味着没有胜算。竞争研究旨在通过一切可行的方式来查清竞争对手的状况，包括：产品及价格策略、渠道策略、营销策略、竞争策略、研发策略、财务状况及人力资源等，发现其竞争弱点，帮助企业制定恰如其分的进攻战略，扩大自己的市场份额。另外，对竞争对手最具优势的部分，需要制定回避策略，避免以卵击石。

（二）市场容量测算

市场容量也叫“市场规模”，是在不考虑产品价格或供应商策略的前提下，市场一定时期内（一般不超过一年）能吸纳某种产品或服务的单位数目。

市场容量是经济增长的第一因素。有市场容量才能拉动企业投资，实现最终交易的生产，促进经济发展；否则，仅仅依靠企业效率来推动，就蕴藏着盲目投资、盲目生产、经济失调的风险。因此，初创企业需要测算好市场容量，制定相关的战略。市场容量的测算有“自上而下”和“自下而上”的方式。

1. 自上而下的方式

自上而下的方式前提条件是能获取目标行业或相关行业的整体数据，包括三种常见方法。

（1）源推算法

源推算法是将本行业的市场规模追溯到“源行业”，类似于数鸡蛋来推测会孵出多少鸡。例如，房地产业可视为建材、家具、家电等产业的源行业，通过房地产业的相关数据，能推算出建材、家具、家电市场的规模。

源推算法的公式为：目标行业市场规模 MSt =源行业市场规模/源行业产品均价×目标行业产品均价 Pt× 两行业产品数配比 n。

（2）强相关数据推算法

强相关数据推算法与源推算法相似，但无法追溯到源行业，或者缺少源行业数据。此时需先测算“强相关行业”的市场容量。“强相关行业”可以理解成有连带关系的两个行业，例如人们买了羽毛球拍大概率也会买羽毛球，购房后大概率还需要装修、添置家电、家具。通过调查两个行业（产品）之间的销售比例（两行业产品数配比），可以从一个行业的数据推测出另一个行业的相关数据。

强相关数据推算法公式为：目标行业市场规模 MSt = 相关行业市场规模 MSr/相关行业产品均价 Pr × 目标行业产品均价 Pt × 两行业产品数配比 n。

（3）需求推算法

需求推算法根据产品目标人群的需求出发，来测算目标市场规模。

本方法往往仅适用于目标人群或需求较明确、目标人群易获得的情况。例如，要推算某平台电商增值服务的市场容量，其目标人群就是该平台电商，而电商数量是较容易获取的数据。因此，只要在获取目标人群购买的比例、均价，就能推算市场容量。

需求推算法公式为：目标市场规模 MSt = 目标需求人群数量 Pot × 购买率 n × 目标行业产品均价 Pt。

2. 自下而上的方式

如果获取行业整体数据有困难，可以反其道而行之，以小见大。自下而上的方式包括三种主要方法。

（1）抽样分析法

抽样分析法通过抽取一定数量的样本推断总体情况。抽样方法主要包括随机抽样、分层抽样、整体抽样、系统抽样和滚雪球抽样等。例如，此前没有相关统计说明某省居民对某产品的购买意愿如何，我们就可以在全省范围随机选取 1000 名居民做电话访谈，得出相关数据，再根据全省人口反推市场容量。

抽样分析法公式为：目标市场规模 MSt = 购买数 B/样本数 Sam × 购买个数 n × 样本平均价格 P × 总体数 Sum。

使用抽样分析法时，需要注意：

- 根据实际情况选取抽样方法，尽量使样本广泛代表总体情况；
- 样本数量能决定推算准确度，根据行业经验，为保证较高的准确度，样本数量不能低于 1000，能达到万级更好。
- 样本数量与调研成本等成正比，也需企业量力而行。

（2）典型反推法

典型反推法是通过某单个品牌（尤其是龙头品牌）的销售额和市场份额，反推整个行业。一般来说，随着一个行业的发展，行业中企业的集中度也会经历三个典型的变化阶段：

散点市场阶段，市场集中度低，品牌林立，因此各自市场份额都不高；

块状同质化市场阶段，前几名品牌的市场集中度迅速上升，形成寡头垄断结构；

团状异质化市场阶段，“黑马”频现，领先企业的市场份额有所下降。

这种方法对调研者要求较高，调研者需要拥有丰富的相关从业经验，或具备对行业发展的敏锐嗅觉。因为，单个品牌的销售额可以通过不同渠道获取，但其市场份额往往要靠从业者经验判断。例如：龙头企业的市场份额一般在 3%~30%之间，具体数值要视行业发展阶段而定。

计算方法为：目标市场规模 $\text{MSt} = \dfrac{\text{单品牌销售额Va}}{\text{该品牌市场份额}E}$。

（3）经验法

个人经验判断不足以为“法”，毕竟每个人的认知、乐观悲观心态等各不相同，不同人出现相悖的判断也不意外。所以我们尽量避免经验法，如果需要万不得已而为之，可以参考多位业内人士，综合论断。

3. 市场增长率的测算

（1）测算方法

测算市场容量，得到的往往是静态数据。为了制定长远发展规划，我们还需要计算“年市场增长率”，公式为：

$$\text{年市场增长率} = \frac{\text{今年市场销售量（额）} - \text{去年市场销售量（额）}}{\text{去年市场销售量（额）}} \times 100\%。$$

（2）测算结果的参考价值

一般来说，当某行业（产品）的市场增速超过国家 GDP 增长率的 2 倍，就属于发展较快的行业；当某行业（产品）的市场增速超过国家 GDP 增长率的 4 倍，往往就属于快速发展的行业，对创业者而言，就意味着更多的机会。

当然，在规划企业长远发展时，既要看市场规模的增长速度，也要参考本身的基数。例如，如果总体市场容量非常小，即便出现数倍、数十倍的增长，也不一定意味着市场广阔。因此创业者要全盘考虑，综合分析，理性决策。

（三）五年财务预算

典型的财务预算包含“财务三表”（资产负债表、利润损益表、现金流量表）。但对于大学生创业团队来说，制作“财务三表”难度较大，而且“财务三表”中的部分内容现阶段可以不涉及，即使是在大学生创新创业大赛中，也只需要呈现一份更简洁的预算就可以达标。因此，此处所谓的“财务预算”是一种简化的呈现方法，成果是一份五年（或以上）财务预算表（如表 11-3 所示）。

表 11-3　某大学生创业团队财务预算表

	2023 年	2024 年	2026 年	2028 年	2030 年
计划新推行公里数	10	50	200	400	700
已完成公里数	10	60	260	660	1360
需要维护公里数	0	10	60	260	660
总收入（万元）	1000	4870	18920	36920	62920
新推行公路单价（万元）	100	97	94	91	88
新推行公路总收入（万元）	1000	4850	18800	36400	61600
维护公路单价（万元）	2	2	2	2	2
维护公路总价（万元）	0	20	120	520	1320
总成本（万元）	1200	4631.5	17532.4	28740	44507.6
新推行直接成本占销售额比	0.8	0.7	0.65	0.6	0.55
新推行直接成本（万元）	800	3395	12220	21840	33880
维护公路成本占销售额比	0.2	0.3	0.35	0.4	0.45
维护公路成本（万元）	0	6	42	208	594
运营管理成本占总营业额比	0.2	0.15	0.12	0.1	0.08
运营管理成本（万元）	200	730.5	2270.4	3692	5033.6
研发成本（万元）	200	500	3000	3000	5000
净利润（万元）	−200	238.5	1387.6	8180	18412.4
净利率	−20%	5%	7%	22%	29%

1. 财务预算表的纵向内容

纵向呈现三大内容：收入、成本、利润（利润 ＝ 收入 − 成本）。

收入和成本可以根据具体业务而细分。例如，成本可以细分为“直接成本”（人工成本、材料成本等）、“间接成本”（管理成本、销售成本等）。

2. 财务预算表的横向内容

财务预算表横向一般呈现 5 年数据，也可根据项目特点或行业规律，延长预算期间。

如果预算期间超过 5 年，可以只呈现隔年数据。

总之，当前我们暂且不用做巨细靡遗的预算呈现，只要预算所代表的发展趋势符合企业、行业的基本规律，能对每个数字做出明确、合理的解释即可。

二、组织架构建设

一个创业团队的快速发展，既离不开领导者的谋篇、引领，也离不开核心团队的组建。

（一）创业者的能力模型

优秀创业者应从“领导力”“影响力”“执行力”三个方面构建自己的能力。

1. 领导力

在创业初期，创业者能吸引多少人才加入团队，很大程度上靠的不是“饼”和“鸡汤”，而是领导力（Leadership）。

（1）什么是领导力

领导力不是“压制”“管人”，而是在管辖的范围内，凭借个人素质、人格凝聚力和感召力，充分利用人力和客观条件，以最小的成本办成所需的事，提高整个团体的办事效率的能力。领导力是团队管理的基础，能够助力我们做好人员管理、团队建设、适当授权、有效激励。

（2）领导力入门与快速上手

领导力的培养并非一朝一夕，对大学生创业者而言，有三种方式可以帮助自己快速上手领导力的培养。

- 为更广大人民服务：优秀的领导者善于整合、服务，而非弄权，从来不付出的人，得不到大家的跟随。大学生可以积极参与学校社团、社会兼职等，面向集体、同学、社会提供服务，展现自己可靠、值得信赖的风采。
- 培养坚定的价值观和雷厉风行的办事习惯：积极上进的“三观”是获取他人信任的基础。在职业发展初期或创业初期，年轻人在能力、资源等方面，短板、盲区多，实属正常，但端正的态度和良好的习惯是对短板的有力补充，也是补短的前提条件。
- 树立远大理想并拓宽眼界：学习之余要关心国际局势、国家大事、社会热点、行业前沿，做一个眼光长远的人，不能只顾忌眼前的利益，心中有梦的人眼中会有光，可以时刻散发正能量，形成自己的人格魅力。

2. 影响力

创业者需要寻找优秀的合伙人，需要整合身边的资源助力项目发展，需要影响用户的消费愿望和消费习惯……这些都需要创业者或创始团队的影响力。

影响力是一种试图支配与统帅他人的倾向，从而使一个人通过陈述观点、扫除障碍、化解矛盾、承担风险等说服甚至强力推行的方式，影响他人的思想、情感或行为，推动实现自己的愿望。因此，这类人通常能够在一个团队里树立个人权威。影响力一般通过较强的自我管理、个人能力、心理素质、时间管理能力塑造而成。

3. 执行力

创业者的执行力并不在于成为强有力的“工具人”，而是一种贯彻战略意图，把战略愿景变成现实结果的操作能力，这是将企业战略、规划转化成为效益、成果的关键。执行力需要我们做好事务管理、目标管理、绩效评估、沟通协调等工作。

对个人而言，执行力是办事能力；对团队而言，执行力是战斗力；对企业而言，执行力是经营能力。执行力建设的全部内容就是执行力落地，执行力落地是衡量企业生命力的核心标准。

如果用一些关键词来概括创业者的上述“三力”则如下。

领导力：人员管理、团队建设、适当授权、有效激励；

影响力：自我管理、个人能力、心理素质、时间管理；

执行力：事务管理、目标管理、绩效评估、沟通协调。

（二）初创成员选择的“三五模型”

曾经有句话：“火车跑得快，全靠车头带”，但如今动车组飞速前行的“秘密”之一就是每节车厢都自带动力。创业团队除了创始人要具备“三力”，更要有同样优秀的创始团队。

组建初创团队要遵循“共同愿景，互补优势”的原则，保证成员既“不二心”，否则人心不齐，又“不一样”，避免特质雷同。“互补”的关键是各有所长，否则团队会陷入虽无明显短板、亦无明显长板的状态。

我们可以通过“三大维度、十五指标”（三五模型）招募初创成员。

- 五共（一致性）：共同价值观、共同愿景、共同目标、共担风险、共享回报；
- 五补（互补性）：思维互补、视野互补、资源互补、技能互补、性格互补；
- 五优势（优势性）：责任心、专业能力、行业经验、抗压能力、个人机会成本。

当我们需要选择团队成员时，就可以在这 15 项指标上逐次为候选人评分，得出综合分，作为自己的重要参考（活页工具 11-3）。

活页工具 11-3：初创团队成员选择评估表

初创团队成员选择评估表（Team-forming evaluation）

从“五共”“五补”“五优势”角度组建目标一致、优势互补的精英团队。

维度	指标	成员A	成员B	成员C
一致性	了解、认同团队价值观			
	了解、认同共同愿景			
	个人团队目标契合度			
	共担风险的勇气与能力			
	回报的需求程度			
互补性	思维与认知			
	经历与视野			
	资源的互补性			
	技能的互补性			
	个人品质与性格			
优势性	责任心			
	专业能力			
	行业经验			
	抗压能力			
	个人机会成本			
	总分			

三、初创团队管理

大学生创业团队难免面临资金、资源、技术、能力不足等困境。要突破困境，除了创业团队自身不断精进，寻找合适的合伙人也是重要的渠道。

（一）寻找合伙人四原则

1. 认同企业文化

这样的合伙人会更深刻理解企业的发展战略，和创始团队站在同一战线上拼搏奋斗，创造价值，同甘共苦。合伙人作为公司运作的重要角色，某种程度上来说也是公司的门面，他对企业文化和价值观高度认同，才能帮助公司内部形成凝聚力，对外塑造良好稳定的公司形象，从而帮助公司适应内外部环境，减少整个公司的经营管理压力，这对提升公司效率、提升公司知名度以及方方面面的改善和进步都有重要影响。

2. 具备“全局视野宽广、专业领域纵深”的综合素质

“不谋全局者不能谋一域，不谋万世者不能谋一时”，合伙人的基本思维是融合不同的视角，树立全局意识，通过比较，组合、整合多方面因素，做出综合判断，从系统整体和全过程出发，调节系统内部个人和组织、组织和组织、上级和下级、局部和整体之间关系的行为规范。

在全局视野下，合伙人也要在自己的专业领域（如技术、管理、销售等）有扎实的基础和积累，用自己所长，为公司运营作贡献。

选择合伙人时，高能力、高资历当然是关键因素，但“合适”比“高”更关键。合伙人与行业职位适配，与公司发展情况适配时，整个团队才能相得益彰。

3. 合伙人互补

初创团队成员需要优势互补，团队和合伙人也需要如此，就像取经团队中的唐僧、孙悟空、猪八戒、沙和尚分别象征着完美型、力量型、活泼型、和平型四种特征。我们在人生和创业的历程中也会经历“八十一难”，走过类似西游团队的心路历程，最终战胜困难、战胜自我、破茧成蝶。

4. 建立清晰明确的合伙人选拔与退出机制

在现代企业中“加入”和“退出”都很重要，完善的选拔机制会吸引和鼓励合适的人选坐到这个位置上来，对企业合伙人进行动态调整，择优汰劣。

相应地，合伙人在不同情况下退出，其所持股权可通过什么方式退出、退出价格是否根据实际情况有不同标准，也应在合作时明确规定。这既是约定，也可以传递公司的管理导向，避免公司激励资源的不必要损耗。

有一家发展近十年、有一定规模的科技类创业公司，每两年公布合伙人的贡献，通过无记名投票淘汰掉 5%～10%的合伙人，以一定价格退出股份，并补充新的合伙人进来。这种投票当选合伙人的形式是动态的，过程是民主的。他们有非常完整的员工激励体系，突出贡献者按类别会拿到公司的奖励积分，凑齐一定积分可以兑换福利与期权。积分的获取有着明确的章程制度，这样就在公司内部形成一套完整的晋升体系，员工自然就会想方设法依公司制定的方向发挥自己的主观能动性，不断贡献业绩。

（二）初创团队管理三要素

初创团队搭建起来，正式开始付诸行动的时候，首先要做好三件事：①确定一名优秀的领军人物；②组建创业团队的核心队伍；③建立良好的治理结构。

领军人物的领导才能对于创业团队的管理起到至关重要的作用。优秀的领军人物不仅善于发现和解决问题，对于行业的趋势和前景有着自己独到的见解和精辟的分析，对于企业的短期、中期、长期目标要有详细规划，还能吸引更多人才加入，鼓舞团队士气，传授自己的经验，实现上下一统、内外协调。

但在现实中，优秀的领军人物毕竟是极少数。如果初创团队确实“蜀中无大将”，也不必硬要“廖化作先锋”，可以寻找一位“关张赵马黄”，邀请他进入股东团队，并且委以重任，而非不入股的职业经理人。虽然自己因此做不了“老大”，但相比起自己硬着头皮上但又做不好，还是要有意义得多。创业并不是为了追求位高权重，而是缔造一个伟大的团队，从事有价值的事业。

（三）初创团队管理的常见误区

1. 技术自负

当创始人或者领军人物本身是技术专家时，这一点更为鲜明。专业不是项目的全部，技术也不是经营的全部。如果团队资源过分向技术倾斜，忽略战略、设计、内容、营销等，就容易给团队带来毁灭性的打击，甚至从一开始就举步维艰，经不起市场的检验。

2. 轻视管理

管理既包括管理事，也包括管理人。所以需要一定的灵活性和“温度”，否则可能把团队一点一点带散。

3. 独享产业链

很多初创团队都有宏伟的愿景，这当然是好事，但另一方面容易忽略现实，一心只想自己做全产业链，而忽略了产业链协作、外包和合作，最后把本来就有限的资源分散到很多领域，却哪个领域都没做好。找准自己在产业链中的位置，明确细分市场，把一个“点”做好，同时通过合作、外包，稳步带起一个“面”才是更实际的操作。

4. 拒绝授权

一些创始人习惯大权独揽，事无巨细都要决策，而忽视了领导者在一些层面、领域需要授权给他人。项目在初创期，规模不大，业务聚焦，可能会因为领导者的全面管理、正确决策而快速发展。但再往后，团队必须从“一棵大树”发展到“一片森林”，必须要让在一线“听到炮声”的人有发言权和一定的决策权。否则，可能会导致决策拖延，或者判断失误而使项目无法突破新瓶颈。

（四）组建核心团队

初创项目需要核心团队来推动，尤其是总经理和部门经理。初创项目的核心团队或许只有创始人自己，或许需要与其他人合作。无论是哪种，对于没有正式职场经历的大学生创业者来说，难度都不小。

1. 总经理

（1）工作目标

长期目标：让团队成为行业龙头，并追求长期发展。为实现目标，经理需要制定企业的发展战略，并在战略指导下领导实施。这会涉及研发、推广、组织结构、人力资源、管理制度等多个方面。

中短期目标：让企业的收入和利润按计划逐步提升。主要聚焦点是实现目标的方法，包括执行相关产品计划、市场计划、建立并应用激励机制。

（2）日常工作

宏观层面，践行管理三要素：建班子、定战略、带队伍。

- 建班子：人对了事才能对，让每个方向都有一个胜任的领军人物来负责。这是总经理的第一要务。
- 定战略：包括中长期战略以及年度工作计划，包括目标、打法、资源和激励。这是经营的前提，是总体工作的指导，有了战略才能谈执行。
- 带队伍：不断打造、发扬、践行企业文化，在团队建设的过程中，完成企业文化的建设与迭代。

微观层面，执行四步法——设目标、控进度、抓考评、理规范。

总经理应该亲自设计企业的管理工具，包括制度、流程、表格、IT 系统以及企业特有的一些工作方法等。管理思想的理解和执行、经营计划的实施，都必须依仗有效的管理工具，才能更好落地。

2. 部门经理——以“3G 资本”为例

3G 资本甄选人才时，遵循着“PSD 人才法”，重点选拔那些出身贫寒（Poor）、聪明能干（Smart）并且富有雄心（Desire）的“潜力股”。因为他们摆脱贫困的意愿强烈，加上本身就像尚未经过精雕细琢的璞玉，发展潜力巨大。因为他们对于自己、对于行业还有着一定的认知和规划，所以更会全身心投入工作。

当然，我们不必机械套用“PSD 人才法”，而且只用“PSD 人才法”也不够，还需要一以贯之的激励制度来激发人才潜力、维持人才质量和拔高人才能力。事实上，容忍人才某方面的缺失对于创业团队也很必要。例如一个人可能因为童年的贫穷而影响了视野、格局，或者自己的潜力还没有被完全激发出来，这些都需要创业者给人才以时间和空间，便于他们去调整、发展。

（五）建立治理结构

公司治理结构核心是解决两个问题：股东构成及其相互比例关系、董事会和管理层之间的权力分配。创业团队的股东互为长期合作伙伴。每个创业者都必须思考如何选择股东、设置股东结构、激励股东为公司做贡献。

1. 股东人数

初创公司的股东维持在 3～5 人最佳。如果股东人数太多会导致沟通成本大、决策过程繁琐，尤其在融资、并购等重大事项上。如果股东人数太少，也可能会导致能力和资源的局限性。

2. 股东构成

股东专业背景或业务范围应多样化，最好在经营层、管理层、资源层都有涉及，否则容易导致角色错乱。经营层之外的人会提供不一样的视角，如果股东都是管理层和经营层人员，说明股东层次不够高，缺乏资源更为强大的股东。这种情况在融资之前尤为常见。

3. 股权比例的设计

很多团队在起步阶段因业务范围小、尚未盈利等，加之热情高涨，对股权分配没有太直观的体验，就不重视股权比例设计。但随着业务的发展，不合适的股权比例就会逐渐暴露问题。

股权分配主要把握两个原则：①企业必须有一个大股东，如果平分就很可能造成争权或者无人担当；②大小股东之间的股份差距不要太大，否则会导致大股东凌驾于董事会之上。

4. 股权架构设置

股权架构的设置绝非一成不变的，还要考虑到股权与期权激励。创业公司至少要保留 10%的期权给联合创始人以外的所有经营团队分享，而且这些期权应该等到企业基本稳定时，根据团队的实际贡献以及对未来的价值再进行分配。

但要注意，公司期权对于大多数基层员工的激励作用极其有限，1 万期权不如 1 万奖金有效。所以期权要留给最核心的人员，激励少数中高层的效果更佳。

四、未来发展规划与资本运作

我们在展示项目 5 年发展计划时，要避免使用“冲击千万营收”“成为行业龙头”之类的表达，因为这些是愿景，不是具体规划。如果想让项目说服投资人、用户、比赛评委，就必须说清楚自己打算如何一步步实现愿景。这需要我们有清晰的未来发展规划和资本运作方法。

（一）未来发展规划

在展示未来发展规划时，我们可以借助与“五年财务预算”逻辑相似的表格（如表 11-5 所示）。

表 11-5　某大学生创业团队未来发展规划表

	2024 年	2025 年	2028 年
资金投入	现有资本投入 100 万元，夯实“主体”平台建设	增加投资 100 万元，搭建线上平台，发展“两翼”	吸纳融资 2000 万元，探索××省旅游业模式，逐步走向省外
团队规模	全职员工达 10 人； 兼职员工达 80 人	全职员工达 30 人，成立 G 端业务事业部、C 端增长事业部；兼职员工达 150 人	全职员工达 100 人； 兼职员工达 250 人
主营业务	宣传片制作、 特色文创产品	宣传片制作、旅游宣传、特色文创产品	旅游宣传、特色文创产品、生态化服务
覆盖地区	××省	××省及周边省	国内 3～5 个重点旅游省份

续表

	2024 年	2026 年	2028 年
战略部署	深度建立政府合作关系，验证负成本引流模式	完成电商平台搭建，精准分析用户画像，提升用户粘性	完善平台服务，建成一站式品质旅游服务平台
营收规模	实现营收 500 万元	实现营收 1000 万元	实现营收 5000 万元
研发力度	大力投入平台建设研发	不断优化算力与算法，实现精准推荐	构建数据库，供应链赋能研发
核心目标	初期以“体”创造稳定现金流，负成本引流立于不败之地，同时带动两翼发展起步	中期大力发展两翼，基于算法形成线上线下联动，不断增加用户粘性	探索并复制××省模式； 走出××省，甚至走出国门，重塑旅游业

表格的纵轴代表企业经营的各方面，从不同角度描述公司的发展。

横向代表未来规划的年份，一般情况下展示项目第 1、第 2 和第 5 年的关键行动。第 5 年体现项目的阶段性远景目标，而前两年要做的事情相对明确（第 1 年可偏向于开局谋篇，第 2 年更为落地）。两年后不确定性更大，所以暂时不必详细说明。当然，如果项目或行业有自身的特殊性，或者每年计划都比较清楚，也不必拘泥于第 1、2、5 三个年份。

（二）资本运作浅析

1. 呈现产业和融资长期互动

展示项目规划的目的之一是吸引投资人，因此在描述融资计划的时候，我们可以谈及“产业和融资如何长期互动”，如图 11-5 所示。

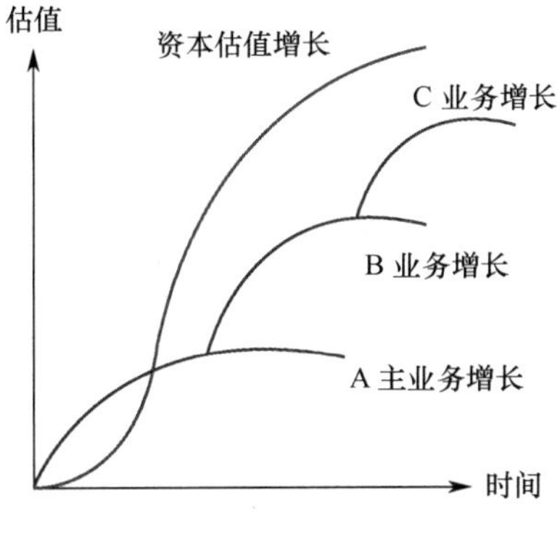

图 11-5　产融互动战略规划示意图

一般来说，团队壮大后有多项业务，这就需要产业和融资互动。如图 11-5 中 ABC 三段曲线所示，企业的产业发展曲线从 0 起步，初期需要打磨产品，打通市场，逐步增长；但后期增速会放缓，这是产品生命周期使然。企业持续成功的秘诀不在于延长产品生命周期，而是在前轮增长走向衰退前，提前布局下轮的增长基础——从产品入手，再到产业布局，准备所需的能力和资源。换言之，前一轮的增长为后一轮积累了组织、人才、资源、资金等诸多要素，使后一轮增长更快，企业变得更大更强。

团队估值增长曲线（图 11-5 中的长曲线）一开始平稳上升，随着业绩得到市场的不断验证，开始陡增，直到估值过度。团队在估值或市值陡增时，必须具备产业下一波机会所需的核心能力，在资金、并购、平台建设、产业链整合、品牌、人才、士气、抗风险能力和资源整合能力等方面，都需要支撑。因此对于创业者来说，第一轮融资非常重要。

2. 商业规划书中呈现融资计划

在商业规划书中，我们只需要简洁呈现项目的融资计划即可，主要描述：为了获得融资，自己计划出让多少股份、融资后计划用多长时间在什么领域如何布局、投入等，如表 11-6 所示。

表 11-6　某大学生创业团队融资计划

融资需求	500 万元	出让股份	10%
主要用途项	融资金额	用途解释	
人才吸纳	30 万元	未来三年招纳人才	
平台研发	130 万元	建立专属平台	
算法研发	140 万元	完善算法运行	
订单投入	170 万元	完成已有订单的设备建设	
市场推广	30 万元	品牌推广和营销团队搭建	

模块四　项目呈现

第十二章　走进创新创业大赛

学习内容

我国举办大学生创新创业大赛旨在激发学生创造力，激励广大青年扎根中国大地了解国情民情，锤炼意志品质，开拓国际视野，在创新创业中增长智慧才干，把激昂的青春梦融入伟大的中国梦，努力成长为德才兼备的有为人才。在众多大学生创新创业大赛中，最具代表性的有中国国际大学生创新大赛、“挑战杯”全国大学生创业计划竞赛。本章内容思维导图如图 12-1 所示。

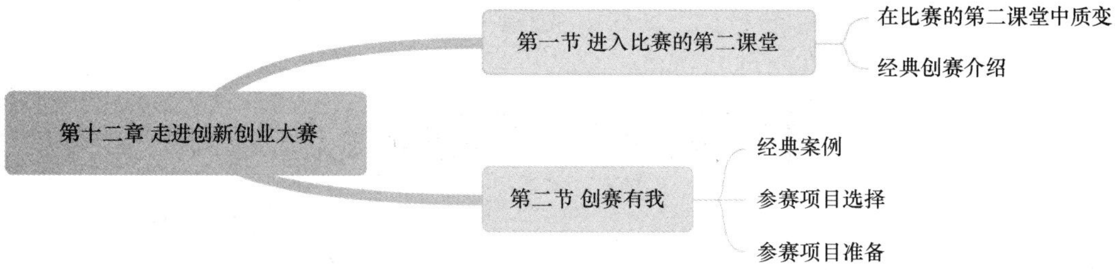

图 12-1　本章内容思维导图

学习目标

通过教学情境和案例学习，了解中国国际大学生创新大赛和“挑战杯”全国大学生创业计划竞赛，解读竞赛规则，理清参赛思路。

成果产出

了解参赛流程；

初步参赛计划。

第一节　进入比赛的第二课堂

一、在比赛的第二课堂中质变

当前，创新创业大赛发展迅速，为高校学生提供了更多展示双创能力的机会。随着各级政府部门的高度关注，此类大赛规模越来越大、影响力越来越强，在培养锻炼学生创新创业能力、推动更高质量创业就业等方面起到了促进作用。最具代表性的全国性比赛有两项，分别是中国国际大学生创新大赛、“挑战杯”全国大学生创业计划竞赛。

（一）举办创新创业大赛的意义

1. 弘扬文化，营造氛围

充分利用各种媒体，宣传创新创业人物、事迹和“双创精神”，树立创新创业品牌，激发全民创新创业热情，弘扬创新创业文化，营造创新创业氛围。

2. 搭建平台，服务企业

聚集和整合人才、技术、资本、市场等各种创新创业要素，提供辅导培训、金融投资、技术转移、展览展示、市场对接等各类服务，加速中小微企业的成长壮大，打造全国最强的“众扶”机制。

3. 创新方式，促进改革

探索以创投专家为评委、以市场化方式进行项目评审的新途径，建立便于媒体和社会监督的、公正、公开、公平的筛选方式，深化科技体制改革和财政资金支持方式创新。

（二）参加创新创业大赛的获得

1. 极大地锻炼公文写作能力和 PPT 制作能力

在比赛过程中需要完成一本将近 150 页的申报书，以及一个展示团队项目全部优点的路演 PPT。在不断完善修改文稿的过程中，能在潜移默化中提高选手的书面与口头表达能力。

2. 提升团队协作能力

在进行创新创业大赛时，需要组建一支包括多方面人才的优秀团队。这种多元化的团队，可以让选手走出舒适圈，与各个专业的卓越人才充分交流。这不仅可以拓宽自己的视野，极大地锻炼自己的团队合作能力，还可以和队友甚至是对手，获得一份宝贵的“战友情”。

3. 对奖学金和升学的巨大帮助

从丰厚的综合素质加分中可以看到，许多大学非常鼓励大学生参与创新创业比赛。而且，只要晋级到对应等级的比赛，就能获得相应加分，与排名无关。另外，目前很多省份都有关于国家级竞赛获奖免于专升本面试等相关优惠政策。

二、经典创赛介绍

（一）中国国际大学生创新大赛

大赛始于 2015 年的“中国‘互联网+’大学生创新创业大赛”，2020 年更名为“中国国际‘互联网+’大学生创新创业大赛”，其主题“我敢闯，我会创”沿用至今。2023 年大赛改为现名。

大赛要求，参赛项目能够将移动互联网、云计算、大数据、人工智能、物联网、下一代通讯技术、区块链等新一代信息技术，与经济社会各领域紧密结合，服务新型基础设施建设，培育新产品、新服务、新业态、新模式；发挥互联网在促进产业升级以及信息化和工业化深度融合中的作用，促进制造业、农业、能源、环保等产业转型升级；发挥互联网在社会服务中的作用，创新网络化服务模式，促进互联网与教育、医疗、交通、金融、生活等领域的深度融合。总体目标为更中国、更国际、更教育、更全面、更创新，传承和弘扬红色基因，聚焦“五育”融合创新创业教育实践，激发青年学生创新创造热情，线上线下相融合，打造共建共享、融通中外的国际创新创业盛会，开启创新创业教育改革新征程。

大赛的设置、组织、举办等细节会与时俱进，有关赛道介绍、最新赛程安排、报名流程、奖项设置、评审规则和常见问答等，可从大赛官方咨询平台获取。

（二）“挑战杯”全国大学生创业计划竞赛

“挑战杯”全国大学生系列科技学术竞赛是由共青团中央、中国科协、教育部和全国学联共同主办的全国性大学生课外学术实践竞赛。竞赛有两个并列项目，一是“挑战杯”全国大学生创业计划竞赛（俗称“小挑”），二是“挑战杯”全国大学生课外学术科技作品竞赛（俗称“大挑”）。两个项目两年一届，“小挑”偶数年举办，“大挑”奇数年举办。

1. “挑战杯”全国大学生创业计划竞赛

“小挑”始终紧贴时代脉博，服务时代需要。“小挑”早已风靡全球高校。它借用风险投资的运作模式，要求参赛者组成优势互补的竞赛小组，提出一项具有市场前景的技术、产品或者服务，并围绕这一技术、产品或服务，以获得风险投资为目的，完成一份完整、具体、深入的创业计划。

在中国，“小挑”采取学校、省（自治区、直辖市）和全国三级赛制，分预赛、复赛、决赛三个赛段进行。大赛设科技创新和未来产业、乡村振兴和农业农村现代化、社会治理和公共服务、生态环保和可持续发展、文化创意和区域合作五个赛道，注重市场与技术服务的结合，偏重考察参赛人员商业性与商业嗅觉敏感性。大赛努力培养广大青年的创新、创业意识，造就一代符合未来挑战要求的高素质人才。作为学生科技活动的新载体，创业计划竞赛在培养复合型、创新型人才，促进高校产学研结合，推动国内风险投资体系建立等方面发挥着越来越积极的作用。

2. “挑战杯”全国大学生课外学术科技作品竞赛

“挑战杯”全国大学生课外学术科技作品竞赛，是一项具有导向性、示范性和群众性的全国竞赛活动。竞赛也设校级初赛、省级复赛和全国决赛三项。

参赛项目要突出实践导向，在考察项目商业价值基础上，更加注重考察学生了解社会现状、关注社会民生、解决社会问题的意识、能力和水平。具体包括项目的社会价值、实践过程、创新意义、发展前景和团队协作等方面。

“大挑”参赛作品按照类别主要分为：自然科学类学术论文、哲学社会科学类社会调查报告和学术论文、科技发明制作，更注重学术科技发明创作的实际意义与特点，偏重考察学生科技创新能力、对社会问题的关注与解决问题的能力。

关于“挑战杯”的更多具体问题，可从大赛官网查询。

第二节　创赛有我

一、经典案例

（一）中科光芯—硅基无荧光粉发光芯片产业化应用——南昌大学

中科光芯公司与南昌大学国家硅基 LED 工程技术研究中心进行产、学、研、用全面合作，致力于“硅基无荧光粉发光芯片”产业化推广工作。目前，技术产业应用已涵盖户外照明、家居照明，教育照明、特种照明，农业照明等领域。

2015 年 12 月，由南昌大学江风益院士科研团队自主研发的“硅衬底高光效 GaN 基蓝色发光二极管”获得国家技术发明一等奖，由此打破了美日 LED 照明技术垄断，开拓了“中国芯”世界 LED 照明第三条技术路线。传统 LED 照明技术是通过蓝色发光二极管激发荧光粉混合出不同颜色的光线，存在较高的蓝光危害：首先，易引起视觉疲劳，造成近视。其次，蓝光影响睡眠质量，导致失眠。基于以上两大痛点，他们提出的解决方案是以“硅衬底”为基础，研发硅基纯 LED 照明技术，开发健康照明系列产品。“无蓝光伤害”LED 在市场上拥有两大核心优势。

第一，技术领先。全球先进的多基色混合 LED 芯片与传统的 LED 发光原理不同，此芯片不使用稀缺资源荧光粉，采用的是多基色混合 LED 芯片发光，实现了高显指，具有更高的色彩还原度，做到与自然光相当的白光。全球首创“无蓝”金黄光 LED 芯片。临床实验表明，该光源能促进人体褪黑素的分泌，提高深度睡眠比，具有低色温、高显指、无频闪等功能。在金黄光 LED 芯片中黄光的发光效率属于世界领先地位，高于世界水平一倍以上。

第二，市场规模大。2017 年中国 LED 行业总体产值已达 6368 亿元，2022 年突破 1.2 万亿元。本项目目前销售规模达到 1.3 亿元，在众多场景广泛应用，被列为政府重点推荐项目。同时，该技术具有调节人体昼夜节律，维持生物钟的功效，尤其适用于极地科考、战略坑道、潜艇、空间站等国防领域。

项目预计在 2025 年突破 10 亿元销售规模，力争科创板上市。

（二）甘肃“胖娃娃助农”

胖娃娃名叫张明霞，甘肃定西陇西县人，甘肃工业职业技术学院测绘专业 2019 届毕业生。在校期间，为减轻家里负担，胖娃娃便忙着做兼职，因此认识了 4 个好朋友。

看到家乡定西的土豆、粉条，这些大宗产品的生产者——小而散的农户们，一直只能坐等收购，缺少有效致富渠道。甘肃工业职业技术学院测绘专业的张明霞、旅游专业的杨小强在校成立了创业团队“甘肃胖娃娃”，通过电商平台销售花牛苹果等当地特色农产品。实习期间，她们还在抖音开通直播间卖农货，以诚信质朴的选品态度和优质的产品介绍赢得了粉丝的青睐。胖娃娃在直播间坚持素颜不开美颜直播，为观众呈现农产品最真实的状态。

团队通过天水樱桃销售打响直播间名气，到定西土豆粉爆单缺货停播，他们深刻感知到通过互联网创业的巨大潜力。冬天卖粉条、柑橘、刘家峡的草莓，初春在民勤卖人参果、蜜瓜等。团队入驻学校孵化园区，先后注册了 2 家公司，注册商标“甘小胖”也成为甘肃区域特产推荐选品值得信任的品牌，年产值 700 万元左右。

团队于 2019 年参加中国国际大学生创新大赛甘肃省分赛，获“青年红色筑梦之旅”赛道精准扶贫奖。

二、参赛项目选择

（一）蓝海项目

1. 紧跟时代发展，贴合国家政策

从 2015 年举办大赛至今，伴随着我国进入高质量发展阶段以及相关政策的落实，“一带一路、人类命运共同体、精准扶贫、绿色低碳、大数据、人工智能、健康中国、共享经济、人口老龄化”等热点问题，不断吸引着大学生创新创业团队的关注。

2. 立足校园，走向社会，着眼全球

项目应用热点领域以服务业为主，涉及电商、文化传媒、旅游、教育、医疗卫生等商业和公共服务领域。一方面，大学生的很多项目会瞄准校园生活的需求和痛点，“校园、高校、大学生、教育”一直是大赛的热点词汇。另一方面，随着大学生视野的扩大和社会经历的增多，项目方向又增加了新的应用领域，从校园走向社会。

3. 符合地域特色、院校特色，个性化发展

根据区域的优势产业以及经济社会特征，项目选题和当地发展相结合。在科技创新能力较强的区域，项目的科技含量也较高；在科技创新能力相对较弱的区域，“互联网+”大学生创新创业更倾向于使用信息技术改造传统产业。

（二）红海项目

1. 生计类创业项目

如奶茶店、咖啡店、花店、摄影工作室等，技术含量较低，项目特色少，创新性极低，而成本相对又太高，且难以大规模开展，不具备太大的社会价值。

2. 学习/心理咨询/心理辅导类手机应用

类似项目参赛数量巨大，重复率极高，但现实问题是：市面上已有大量头部企业研发出了此类产品，竞争早已经入白热化。新产品，尤其是小团队开发的同类产品难以立足，注定会被边缘化或淘汰。

3. 共享类选题

如共享雨伞、共享厨房、共享自习室等。如今，“共享经济”早已不再是新事物，此类项目在比赛中完全不具备“创新性”优势，而且很多都没有真正落地，项目盈利难度高。

4. 校园资源整合型平台

如校园兼职平台、校园二手物品交易平台、校园互助平台、大学生考研平台等。这

些项目的初衷是解决大学生生活学习的具体难题，总的来说可行性不高，开发者却不少，因此在大赛中体现不出创新性。

5. 直播电商开发类项目

典型的如乡村旅游直播电商，其组成可以概括为：景点开发 + 电商平台 + 直播带货 + 文化旅游 + 村民培训 + 农作物栽培。但事实上，这是典型的大杂烩思路，要整合的资源庞大，可行性低，而且多数项目缺乏真正的特色。

但如果自己对某个项目情有独钟，或者已经在执行了，也不必太在意蓝海红海，更重要的是利用比赛平台，让老师、投资人等专家帮我们检验项目，从而提高项目质量、可行性和自身的创新创业能力。

三、参赛项目准备

（一）参赛“七步诗”

1．定赛道：基于自己的兴趣和特长，选定做某一类的竞赛及赛道，并把它的持续性做深做透做好，努力让自己成为这一领域的佼佼者。

2．选项目：一般来说，“有专利”和“创新性”的项目会具有一定优势。创业类项目的导师也十分重要，导师的资源和经验会很大程度上影响商业计划书的质量。此外，项目的“可行性”是大赛评审的关键之一。

3．找导师：尽量找专业性强，有一定科研成果的指导老师，帮助团队打磨项目。

4．组团队：比赛必须依靠团队协作，因此需要有志同道合、优势互补、执行力强的团队共同努力。

5．懂规则：吃透比赛规则、评分标准和具体要求，从而针对性设计商业计划书和路演。

6．勤打磨：任何一项比赛，要想取得好成绩，都是花费大量时间和精力去准备和打磨，这是能力提升的必经过程。项目本身有实力是一方面，呈现效果惊艳也是需要把握的点。除了 PPT 制作精美，选择表现张力强的演讲人、准备感染力强的路演稿同样关键。

7．善复盘：包括竞争对手的优点、自己的优点、存在的不足等，为的是不断检视项目的优劣势，了解市场行情，从而持续迭代。

（二）参赛材料“三件套”

1. 商业计划书

商业计划书常简称“BP”（Business Plan），是公司、企业或项目单位为了达到招商融资和其他发展目标，在经过前期对项目科学调研、分析、搜集与整理有关资料的基础上，根据一定格式和内容的具体要求，而编辑整理的一个向投资者全面展示公司和项目状况、未来发展潜力的书面材料。

商业计划书以书面形式全面描述企业所从事的业务。它详尽地介绍了一个公司的产品服务、生产工艺、市场和客户、营销策略、人力资源、组织架构、对基础设施和供给的需求、融资需求，以及资源和资金的利用。

2. 路演 PPT

路演时播放的 PPT 可以理解为“PPT 版商业计划书”，主要以图文展示为主。其重点在于向观众展示项目的主要内容，版面应该尽量清晰简洁，避免出现密密麻麻的文字，尽量用简单的图表代替文字。PPT 页面最好控制在 20 页上下。

3. VCR

VCR 原义是“模拟式磁带录放机”（Video Cassette Recorder），在介绍或展示中，人们常会播放 VCR 拍摄的短片。如今 VCR 技术虽已被淘汰，但人们习惯性保留了这种叫法。中国国际大学生创新大赛项目如果进入国赛，一般会要求提供一分钟以内的视频。项目展示 VCR，主要通过视频将项目的重点及核心进行罗列展示。相比文字及图片描述，视频更容易吸引评委注意，做好项目展示 VCR 对项目而言也是一大加分项。

第十三章　商业计划构思

学习内容

在本章中，我们将学习如何撰写一份完美的商业计划书（BP）。商业计划书是创业者向投资人展示项目的价值、潜力和可行性的重要文件，也是创业者规划和管理项目的有效工具。我们将介绍商业计划书的内涵、特征、结构和注意事项，以及一些常用的创意构思方法和技巧。我们还将通过一些优秀的商业计划书案例，分析和学习其成功的要素和经验。本章学习内容思维导图如图 13-1 所示。

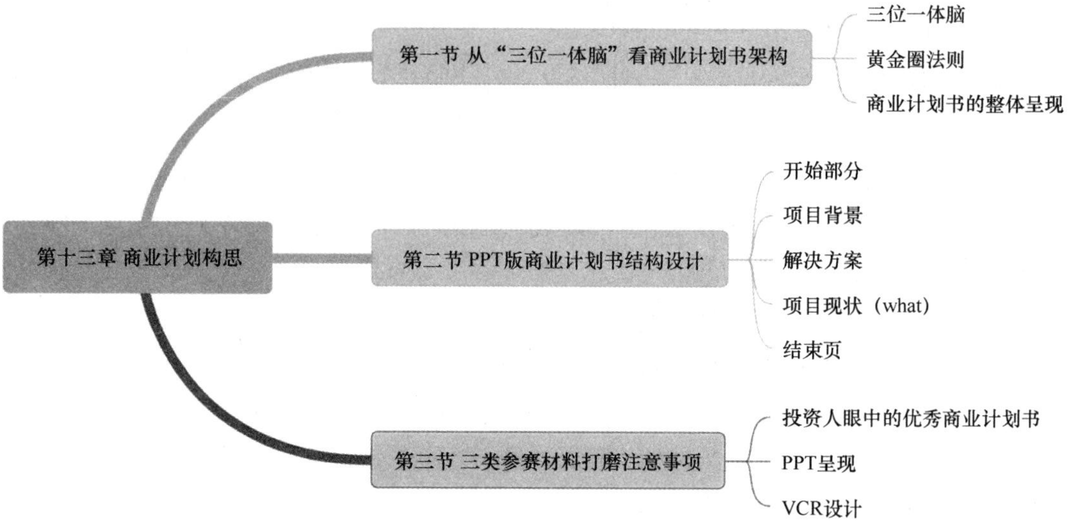

图 13-1　本章学习内容思维导图

学习目标

理解商业计划书的定义、功能和主要内容；

掌握商业计划书的基本结构和撰写步骤；

了解商业计划书的六个特征和注意事项；

掌握一些创意构思的方法和技巧；

分析和评价商业计划书的优缺点。

成果产出

根据自己的项目，选择一个合适的商业计划书模板；

使用商业画布或假设提问的方式，生成创意并填充商业计划书的各个部分；

对商业计划书进行修改和完善，使其符合商业计划书的六个特征；

将商业计划书转换成 PDF 格式，并准备好 PPT 演示；

与同学分享和讨论自己的商业计划书，互相学习和提出改进意见。

第一节 从“三位一体脑”看商业计划书架构

商业计划书不仅是创业者向潜在投资者展示自己的项目和愿景的重要文件，也是叩响投资人大门的敲门砖。一份优秀的商业计划书，往往会使创业者达到事半功倍的效果。那么，如何才能让商业计划书的呈现更加有效和有说服力呢？

一、三位一体脑

“三位一体脑”（triune brain）是美国神经学家保罗·麦克林（Paul MacLean）于20世纪 60 年代提出的理论。他根据大脑在进化史上出现的先后顺序，将人类大脑分为三个部分。

（一）爬行动物脑（reptilian brain）

爬行动物脑是最原始的大脑结构，主要负责控制生理功能和本能行为，如心跳、呼吸、饥饿、恐惧等。它对外界的刺激反应迅速，但缺乏逻辑和理性。

（二）古哺乳动物脑（paleomammalian brain）

古哺乳动物脑又称为边缘系统（limbic system），是在哺乳动物出现后形成的大脑结构，主要负责处理情绪、记忆和社会关系，如喜怒哀乐、奖惩机制、亲子关系等。它对外界的刺激反应较慢，但有一定的判断和选择能力。

（三）新哺乳动物脑（neomammalian brain）

新哺乳动物脑又称为新皮层（neocortex），是在灵长类动物出现后形成的大脑结构，主要负责处理认知、语言和创造，如思考、沟通、解决问题等。它对外界的刺激反应最慢，但有最高的智力和创造力。

这“三个”大脑相互影响，人的行为就受它们不同程度的驱动和制约。例如，人在丛林面对猛兽时，爬行动物脑会驱使人不假思索地逃跑或者应战，古哺乳动物脑让人产生恐惧和紧张的感觉，而新哺乳动物脑则会让人分析和评估形势，寻找最佳的应对策略。

二、黄金圈法则

英国作家西蒙·西涅克（Simon Sinek）于 2009 年提出了一种营销和领导的理论——黄金圈法则（golden circle rule，见图 13-2），与“三位一体脑”相呼应。外圈的“做什么”对应“新哺乳动物脑”，它能传达事实和数据，但不能激发情感和忠诚。中间的“怎么做”对应“古哺乳动物脑”，它能够传达方法和策略，但不能激发信念和愿景。内圈的“为什么”对应“爬行动物脑”，它能传达信念和愿景，从而激发情感和忠诚，驱动行动和决策。

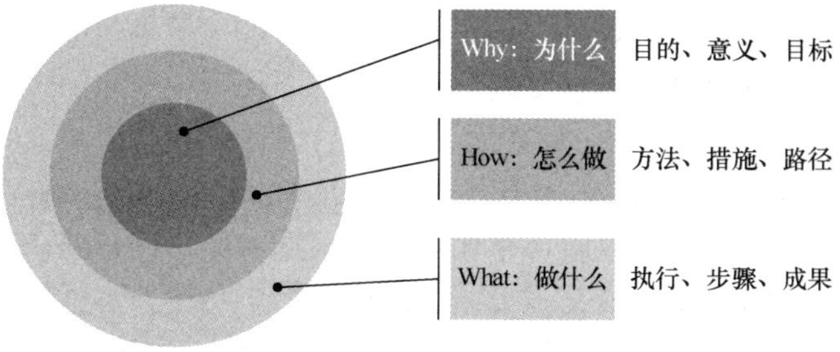

图 13-2　黄金圈法则示意图

成功的组织和领导者在思考和表达时，都是从事物最内核的“为什么”开始，逐次向外，而不是像很多人那样，先思考“做什么”。例如，马丁·路德·金的演说、乔布斯的产品发布会，都是先向听众清晰地表达出信念、目标和愿景（为什么），再展示他们的方法和策略（怎么做），最后才是具体的行动、产品或服务（做什么）。这样的表达方式能触动人们的“三个大脑”，吸引和激励志同道合的人，把他们转化为自己的合作者、追随者或客户。

三、商业计划书的整体呈现

商业计划书呈现往往会按“黄金圈法则”展开。

（一）整体框架

1. 明确“为什么”

这涉及创业团队的信念、目标和愿景。我们需要清晰回答类似这样的问题：
我们为什么要做这个项目？
我们的信念是什么？
我们的目标和愿景是什么？

2. 阐述“怎么做”

这涉及团队的方法、策略和优势。我们需要清晰回答类似这样的问题：
我们的项目是如何运作的？
我们的产品或服务是如何设计和提供的？
我们的商业模式和盈利模式是什么？

3. 说明“做什么”

这涉及产品或服务、目标市场和竞争策略。我们需要清晰回答类似这样的问题：
我们的产品或服务是什么？
我们的目标市场是谁？
我们的竞争策略是什么？

（二）整体呈现

1. 吸引注意力的开场白

在呈现商业计划书的时候，首先要用一句话概括我们的项目是什么，为什么要做这个项目，以及你的信念、目标和愿景是什么。我们可以运用生动的故事、有趣的数据或者引人深思的问题来引起投资人的兴趣。

2. 有说服力的主体部分

这部分需要用图表、数据、案例等方式展示项目是如何解决用户和行业痛点的，方法、策略和优势是什么，产品或服务是如何设计和运作的，以及商业模式和盈利模式是什么。主体部分要清晰、有逻辑、有说服力，可以运用对比、类比等修辞手法来强调项目的独特性和优势。同时，要注意数据的准确性和图表的美观性，以增强说服力。

3. 简洁有力的结尾部分

最后需要用数据、证据、预测等方式展示项目已经取得的业绩、市场规模和潜力、项目竞争优势和差异化、团队发展规划和目标、团队和合作伙伴的实力、融资需求和退出机制等。结尾部分要简洁、有力、有诚意，同时要注意与投资人建立情感联系和信任感，让他们对项目有信心，愿意合作。

第二节　PPT 版商业计划书结构设计

PPT 版商业计划书是一种简洁、直观、有说服力的呈现方式，适合在投资人面前展示你的项目和愿景。一份好的 PPT 版商业计划书应该包含以下五个部分。

一、开始部分

开始部分是 PPT 的封面和目录，要吸引投资人的注意力，让他们对项目感兴趣。这个部分包含以下内容。

1. 项目名称：用一句话概括项目是什么，例如“一个预定体育场馆的 App”。

2. 项目标语：用一句话表达项目的信念、目标和愿景，例如“体育爱好者和体育场馆一键连接”。

3. 项目 Logo：用一个简洁、有辨识度的图标来代表项目，例如一个运动鞋的图案。

4. 目录：列出 PPT 的主要内容和页码，例如“项目背景（why）”“解决方案（how）”“项目现状（what）”等。

二、项目背景

项目背景是 PPT 中不可或缺的一部分，它向听众展示了项目的起源、动机和价值。这个部分需要充分展示问题的严重性和市场需求的紧迫性，从而引发听众的兴趣和共鸣。

（一）问题描述

首先，我们需要对问题或痛点进行详细的描述。这可以通过数据、图表、案例等方式来展示，通过具体的案例来进一步说明问题的严重性。

（二）市场分析

其次，我们需要对目标市场进行深入分析。这包括市场规模、潜力、趋势、机会和挑战等方面。这些数据和信息可以帮助我们更好地了解市场现状和未来发展趋势，为项目的实施提供有力的支持。

（三）竞争分析

最后，我们需要对竞争对手进行分析。这包括竞争对手的情况、优势和劣势，以及我们的差异化和优势等方面。通过对竞争对手的分析，我们可以更好地了解市场需求和竞争状况，为项目的实施提供更加明确的指导。

三、解决方案

解决方案是 PPT 中的核心部分，它向听众展示了项目的方法和策略。这个部分需要充分展示产品的特点和优势，以及项目的可行性和可持续性。

（一）产品介绍

首先，我们需要对产品进行详细的介绍，这包括产品的设计、功能、运作方式等方面。例如，我们可以通过视频等方式来展示产品的实际运作效果和使用体验，从而让听众更加直观地了解产品的优势和特点。

（二）商业模式

其次，我们需要对项目的商业模式进行详细的介绍。这包括项目的盈利模式、收入来源等方面，也可以通过具体案例进一步说明商业模式的可行性和可持续性。

（三）发展规划

最后，我们需要对项目的发展规划进行详细的介绍。这包括项目的发展目标、阶段和计划等方面。例如，可以通过具体案例来进一步说明发展规划的可行性和可持续性。

四、项目现状（what）

项目现状是 PPT 的亮点部分，要展示项目的成绩和优势。这个部分包含以下内容。

1．项目成绩：用数据、图表、证据等方式展示项目已经取得了什么样的成绩。

2．项目优势：用数据、图表、证据等方式展示项目有什么样的优势。

3．项目潜力：用数据、图表、预测等方式展示项目有什么样的潜力。

五、结束页

结束页是 PPT 的收尾部分，要简洁、有力、有诚意，让投资人对项目有信心，愿意合作。这个部分包含以下内容。

1．团队介绍：用文字、图片等方式展示团队的成员、背景、经验、角色和贡献，突出团队的能力、专业性和契合性。

2．联系方式：用文字、图片、二维码等方式展示团队的联系方式，包括电话、邮箱、微信、网站等，方便投资人进行沟通和跟进。

3．致谢语：用文字、图片等方式表达对投资人的感谢和期待，展示诚意和信心。

第三节　三类参赛材料打磨注意事项

一、投资人眼中的优秀商业计划书

要打磨出一份优秀的商业计划书，首先要了解投资人的心理和需求，站在他们的角度思考：什么样的商业计划书才能吸引他们的注意力，让他们对项目感兴趣。一份优秀的商业计划书应该具备以下几个特点。

（一）简洁明了

一份完整商业计划书可以长达数百页，投资人一般没有时间和精力去阅读冗长的文字和复杂的数据。因此，商业计划书应尽量简洁明了，用最少的文字和最直观的图表，传达最核心的信息，避免无关的细节和废话。

（二）逻辑清晰

投资人看重的是项目的逻辑，而不是故事。因此，商业计划书应按照一定的结构和顺序，从“为什么”到“怎么做”到“做什么”，依次展示项目的动机、方法、成果和潜力，让投资人能够清楚地理解项目的价值和可行性。

（三）亮点突出

商业计划书应该突出项目的创新性、优势和差异化，用数据、证据、案例等方式，展示项目如何解决用户和行业的痛点，如何超越竞争对手，如何拥有巨大的市场空间和盈利能力。

（四）诚意十足

商业计划书应真实可信，不要说大话、空话、假话，不要夸大市场规模、低估竞争压力、隐瞒风险因素，不要用虚假的数据、证据、案例来误导投资人，要让投资人感受到我们的诚意和信心。

二、PPT 呈现

商业计划书的呈现方式有多种，其中最常见的是 PPT 版。PPT 版商业计划书是一种简洁、直观、有说服力的呈现方式，适合在投资人面前展示项目和愿景。一份好的 PPT 版商业计划书应包含以下五个部分：开始部分、项目背景、解决方案、项目现状、结束页。这五个部分应该有详有略，合理分配时间。

（一）时间分配

1. 开始部分

开始部分时间占总时间的 5%。这个部分包含以下内容：项目名称、项目标语、项目 Logo、目录。这个部分不需要过多解释，只需要简单地介绍项目是什么，为什么要做这个项目，信念、目标和愿景是什么，以及 PPT 的主要内容和页码。

2. 项目背景

项目背景是核心，我们可以用 25%的时间路演，从“为什么”开始，阐明项目的动机和价值。这个部分包含以下内容：问题描述、市场分析、竞争分析。这个部分需要用数据、图表、案例等方式展示要解决的用户和行业的痛点，目标市场的规模、潜力、趋势、机会和挑战，竞争对手的情况、优势和劣势，以及差异化。

3. 解决方案

解决方案是重点部分，时长可以占总时间的 25%。要从“怎么做”继续，展示项目的方法和策略。这个部分包含以下内容：产品介绍、商业模式、发展规划。这个部分需要用文字、图片、视频等方式展示产品或服务是如何设计和运作的，项目的盈利模式和收入来源，项目的发展目标、阶段和计划。

4. 项目现状

项目现状是亮点部分，我们也可以分配 25%的时间，从“做什么”结束，展示项目的成绩和优势。这个部分包含以下内容：项目成绩、项目优势、项目潜力。这个部分需要用数据、图表、证据等方式展示项目已经取得了什么样的成绩，有什么样的优势，有什么样的潜力。

5. 结束页

结束部分时间占总时间的 20%。这个部分包含以下内容：团队介绍、联系方式、致谢语。这个部分需要用文字、图片等方式展示团队的成员、背景、经验、角色和贡献，突出团队的能力、专业性和契合性。

（二）感官呈现

路演不仅是呈现 PPT 的内容，还包括用语言和肢体表达提高材料的内容、听觉、视觉呈现的效果。

1. 内容呈现

要确保 PPT 的内容是完整、准确、有逻辑的，没有遗漏、错误、矛盾的地方。要用最少的文字和最直观的图表，传达最核心的信息，避免无关的细节和废话。要用数据、证据、案例等方式，支持自己的观点和总结，避免主观的判断和推测。要用简单明了、有力的语言，表达出信念、目标和愿景，避免复杂、模糊、弱化的语言。

2. 听觉呈现

要确保我们的语言表达是清晰、流畅、有感染力的，没有咬舌、停顿、口误的地方。要用适当的语速、语调、语气，表达思想和情感，避免过快、过慢、过高、过低、过硬、过软的语言。要用恰当的重音、停顿、转折，突出项目重点和亮点，避免平淡、单调、冗长的语言。

3. 视觉呈现

要确保肢体表达是自然、协调、有魅力的，没有僵硬、紧张、尴尬的地方。要用合适的眼神、表情、姿势，展示出自信和诚意，避免散漫、冷漠、不礼貌的肢体语言。要用有效的手势、动作、走位，增强说服力和影响力，避免过多、过少、过大、过小的肢体语言。

三、VCR 设计

商业项目 VCR 重在展示项目愿景和价值。

（一）整体风格

- 背景要干净，忌杂乱无章。
- 脚本要逻辑清晰，内容要精简凝练，表达通俗易懂。
- 内容重点突出为什么要做这个项目、项目第一优势、项目能带来的价值，从而抓住投资人的注意力和兴趣。
- VCR 的形式应该多样化，可以用动画、漫画、访谈、实拍等方式，展示项目的特色和亮点，让投资人能够感受到我们的创意和魅力。
- VCR 的音效应该配合内容和形式，可以用音乐、配音、音效等方式，增强项目的氛围和感染力，让投资人能够听到我们的声音和情感。
- VCR 的结尾应该简洁、有力、有诚意，通过团队介绍、联系方式、致谢语让投资人对项目有信心，愿意合作。

（二）制作方式

1. 寻找专业视频制作公司

专业视频公司拥有专业的人员和设备，能够将项目的优点更好地具象化展示出来。缺点就是成本（资金、沟通）高、打磨时间较长（需要自己制作脚本大纲）。

2. 自己制作

团队自己制作，对项目有更好的把握度，可以最快的将项目优点提炼出来，但视频制作有一定的专业要求，没有相关专业背景，做出的视频比较“粗糙”，可能会影响到项目整体形象以及评委对项目的印象。

（三）脚本撰写

1. 脚本的作用

脚本相当于电影拍摄中的剧本，它将项目的思路、产品、研发过程等信息记录于纸上，可以方便视频拍摄人员了解视频制作的思路，制作出合适的视频。

2. 制作脚本的原则

关于视频脚本的制作，一定要目标明确，让制作人明确你的项目思路和产品，无需团队提供太多的帮助就能够根据它拍摄出合适的视频。因此，在脚本中需要明确规定视频需要的文字、图形、动画、声音、视频等内容，并明确它们之间的关系和出现的顺序等。

3. 脚本的大致内容

脚本的大致内容包括项目的总体描述、项目展示的逻辑结构、需展示的内容预览、文字内容清单、声音说明清单、动画描述清单、图像内容描述、视频内容描述等。

在脚本中将内容完全罗列，后续根据脚本，一步一步完成内容即可。某三维显示技术的 1 分钟 VCR 脚本如表 13-1 所示。

VCR 的内容应该遵循“黄金圈法则”，依次展示项目的动机、方法、成果和潜力。

4. 创意技巧与方法

创意技巧主要有讲故事、举例子、用数字、作比喻、做联想、对比体验等，运用这些方法可以使 VCR 更加直观有趣，引起观众共鸣，加深观众印象。

5. 展示的内容与重点

（1）技术类项目

如果市场痛点是大家熟知的，则轻描淡写市场问题，然后介绍产品如何操作、运行，把特点、优势表述清楚，说清楚产品可以改善哪些方面。

如果市场痛点并非人尽皆知，则要分析市场痛点及其原因，然后进入产品介绍环节，讲明白产品如何运行，让人一目了然，最后说清楚产品可以带来哪些变化以及正面积极作用。

技术产品如何操作、运行，可以采用动画形式，也可以视频剪辑。动画形式生动、全面，但是造价高（动画制作成本高的原因不仅在于首次制作，更在于后期修改，基本上每次修改都要重新做一遍）。

（2）商业模式类项目

纯商业模式的项目一般所解决的问题是大家比较熟悉的，因此在分析问题原因的时候，深度、独到，切莫落入俗套、千篇一律。然后提出解决方案，重点陈述方案的可行度高、优势独特、创新。最后展示成果，尽量数据化。

公益项目，可以强调社会问题的严重性，直接的、间接的以及二次衍生的痛点、难点，体现解决的必要性，占据社会价值制高点。讲解决方案要清晰明了、突出重点、扬长避短，避免落入下乘。最后重点展示项目介入前后，目标对象发生巨大的变化，不管是带动就业、改良程度、增加创收等，数据化展示，让人一目了然、印象深刻。

表 13-1　某三维显示技术的 1 分钟 VCR 脚本

镜号	画面内容	秒数	旁白要点	备注
1	三维显示技术介绍	10	技术发展的【终极梦想】	三维显示展示（现代科技电影中的未来场景）
2	需要解决问题及痛点	5	【应用环境】、【用户体验】痛点	表格
3	产品模型	5	【自主研发】	模型展示（产品俯视图等）
4	技术展示	15	【首创】的扫描式体三位显示技术，实现全方位裸眼展示、动态交互等功能	技术展示（体验场景）
5	产品应用、愿景	7	【更自然更真实】的用户体验，适用于【多种行业】，【一整套三维成像解决方案】	照片墙-应用场景、模拟实际应用
6	团队介绍	6	丰富的开发经验和极高的创业热情	工作、研发画面
7	结束语	12	开启显示技术新篇章	产品 Logo、学校 Logo

第十四章　商业计划实务

学习内容

对于中国国际大学生创新大赛来说，商业计划书主要是给专家评委和投资人阅读的，其主要目的是获得评委的高分和投资人投资。根据商业计划书的特点，本章从商业计划书的核心作用、关键读者视角中的商业计划书、商业计划书重点呈现内容、注意事项等四个方面详细介绍商业计划书，帮助同学们了解商业计划书的设计逻辑和设计因素。最后，登台路演实务部分详细介绍路演呈现怎么做，包括材料的检验和相关的路演技巧。本章学习内容思维导图如图 14-1 所示。

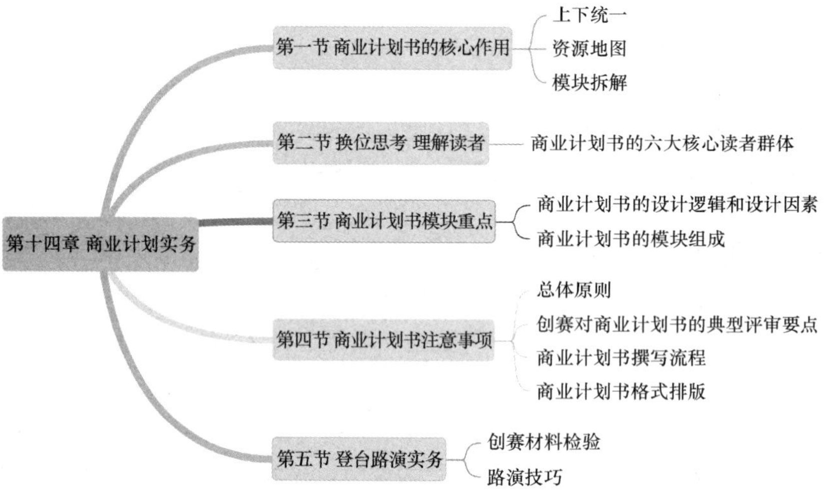

图 14-1　本章学习内容思维导图

学习目标

了解商业计划书的核心作用；知晓不同场景、不同阅读人对商业计划书的关注点；掌握商业计划书的主要组成部分和撰写注意事项；掌握登台路演基本技巧。

成果产出

Word 版商业计划书；

创新创业大赛材料定稿；

登台路演模拟。

第一节　商业计划书的核心作用

商业计划书在创业过程中发挥着至关重要的作用，其核心作用主要体现在三个方面。

一、上下统一

创业团队制定商业计划书的过程，本质上是一个统一团队上下决心和意志的过程。在这个过程中，团队成员一起明确战略方向，了解资源配置，分析创业风险，坚定必胜信心。通过共同参与商业计划书的制定，团队成员能够形成共同的目标和愿景，增强团队的凝聚力和战斗力。

在商业计划书中，明确战略方向是至关重要的。团队成员需要共同讨论并确定公司的定位、目标市场、竞争策略等关键要素，以确保公司在市场中能够取得竞争优势并实现可持续发展。团队成员还需要了解公司的资源配置情况，包括资金、人力、物力等方面的投入和分配，以确保资源的有效利用和效益的最大化。

此外，分析创业风险也是商业计划书制定过程中不可忽视的环节。团队成员需要充分评估市场、技术、竞争等方面的风险，并制定相应的应对措施和预案，以降低创业过程中的不确定性和风险。

当商业计划书制定完成之后，每个团队成员都能清楚地知道创业目标是什么，行动方向在哪里，以及行动的整体情况是怎样的。这样，团队成员就能够形成统一的思想和行动，共同努力实现公司的目标和愿景。

二、资源地图

在创业实际中经常出现计划赶不上变化的情况，这时商业计划书可以充当我们的资源地图。简单来说，面对突变情况时，因为之前有详细的计划，可以帮助我们快速判断当前的情况，找到可调配的资源，厘清创业思路，努力朝着既定目标前进。

商业计划书作为资源地图的作用主要体现在以下几个方面。

商业计划书能够帮助我们快速识别当前所面临的挑战和问题。通过对市场环境的深入分析和对竞争对手的充分了解，我们可以迅速找到问题的症结所在，并采取相应的措施加以解决。

商业计划书能够帮助我们找到可调配的资源。在制定商业计划书的过程中，我们已经对公司的资源进行了详细的梳理和规划。当遇到突变情况时，我们可以迅速找到可调配的资源来应对挑战。这些资源包括资金、人力、物力、技术等方面的支持，以及合作伙伴、供应商等外部资源的协助。

商业计划书能够帮助我们厘清创业思路并朝着既定目标前进。通过回顾商业计划书中所制定的目标和战略方向，我们可以根据实际情况对商业计划书进行调整和优化，以确保公司能够始终保持在正确的轨道上发展。

三、模块拆解

商业计划书中的每个模块都可以视为一个小型的执行单元。在计划实施过程中，虽然整体计划很容易被打乱，但是组成计划的每个小单元仍然非常具有生命力和战斗力。

模块拆解的作用主要体现在以下几个方面。

1．它能够帮助我们将整体目标分解为可执行的小目标或任务。在商业计划书中，每个模块都对应着一个具体的目标或任务，这些目标或任务可以被进一步细化为更小的执行单元。通过拆解，我们可以将整体目标变得更加具体和可操作，从而更容易被团队成员理解和执行。

2．模块拆解能够帮助我们合理分配资源和时间。不同的模块可能需要不同的资源和时间来完成。通过模块拆解，我们可以清楚地了解每个模块所需的资源和时间，从而进行合理的分配和调度，以确保计划的顺利实施。

3．模块拆解能够激发团队成员的积极性和创造力。每个团队成员都可以根据自己的特长和兴趣选择相应的模块进行执行，这样可以充分发挥他们的优势和潜力，提高团队的执行力和创造力。同时，模块拆解也可以让团队成员更加清晰地看到自己的努力对于整体目标的影响，从而增强他们的责任感和成就感。

第二节　换位思考　理解读者

一、商业计划书的六大核心读者群体

我们除了跟投资人和银行合作的需要商业计划书，与联合创始人、创业团队、供应商与合作伙伴、创业导师与管理人员沟通时也需要商业计划书。一般来说，商业计划书有六大核心读者群体，不同的人关注点差异比较大，如表 14-1 所示。

表 14-1　商业计划书的六大核心读者群体及关注点

读者	关注点
投资人	市场容量、团队优势、投资回报、退出机制
银行	财务计划、贷款偿讨、风险评估、风险担保
联合创始人	项目定位、成长可能、决策机制、利益分成
创业团队	成长可能、战略规划、股权结构、薪酬奖励
供应商与合作伙伴	市场前景、项目优势、合作条件、货款周期
创业导师与管理人员	完整可行、家国情怀、盈利模式、综合素质

（一）投资人

投资人是一类非常特殊的利益相关者，他们往往会主动寻求具有高成长潜力的创业项目进行投资。在商业计划书中，投资人最为看重的方面包括以下几个。

1. 市场容量

投资人非常关注项目所在市场的规模和增长潜力。在商业计划书中，需要清晰地阐述项目所处市场的规模大小，增长速度以及市场发展趋势等关键信息。

2. 创业团队优势

对于投资人来说，一个优秀的创业团队是项目成功的关键因素之一。商业计划书中应突出强调创业团队的核心成员背景、专业知识和技能，以及他们如何能够为项目的成功做出贡献。

3. 投资回报率

投资人都期望能够获得高回报。在商业计划书中，需要充分展示项目的盈利能力和投资回报率。这可以通过详细的财务预测和敏感性分析来支持。

4. 退出机制和退出时间

投资人还关心投资的退出方式和时间。商业计划书中应明确说明潜在的退出途径（例如 IPO、并购等），以及预计的退出时间。

此外，对于不同的投资人，他们可能还会关注其他特定的方面。例如，一些天使投资人可能会关注创始人的个人品质和创业初心，而风险投资人可能会更加关注项目的风险评估和风险管理措施等。

（二）银行

银行是另一种重要的利益相关者，他们通常会为创业者提供贷款或融资支持。在商业计划书中，银行最为看重的方面包括以下几个。

1. 整体财务计划

银行需要了解企业的整体财务状况和发展规划。商业计划书中应该包括详细的财务计划，包括预计的收入、成本、利润和现金流等。

2. 贷款偿还方式

银行会关注贷款的安全性和保障措施。商业计划书中应该明确说明贷款的偿还方式和还款计划，并提供相应的担保和抵押措施。

3. 风险评估方式

银行需要评估贷款的风险和收益。商业计划书中应该清晰地阐述项目的风险因素和风险管理措施，以及企业应对潜在风险的策略。

4. 是否有风险担保

银行可能要求提供第三方担保作为贷款的保障。商业计划书中可以包括有关风险担保的详细信息，如担保人、担保金额和担保期限等。

除了上述几个方面，银行还可能关注企业的信誉、管理层的专业能力和经验等其他因素。

（三）联合创始人

联合创始人是在创业过程中与创始人共同承担责任和风险的人。他们通常会关注以下几个方面。

1. 项目整体定位

联合创始人需要了解项目的整体定位和发展方向，以确保他们的投入和努力能够实现预期目标。

2. 项目成长的可能性

联合创始人需要评估项目未来的成长潜力和发展空间，以确定他们的投资是否有长期回报。

3. 未来的天花板

了解项目的未来发展上限和可能遇到的瓶颈是非常重要的。这可以帮助联合创始人决定是否值得长期投入和合作。

4. 团队决策机制

联合创始人还需要了解团队内部的决策机制和权力分配，以确保他们在企业中的地位和影响力得到合理的平衡。

5. 未来利润与利益分成

联合创始人需要关注未来的利润和利益分配方案。他们应明确了解各自的角色和责任，以及在企业成功后将获得的回报。

（四）创业团队

1. 创业团队中的普通成员通常关注以下几个方面。

（1）个人成长的可能性

团队中的普通成员通常希望在企业中获得个人成长和发展的机会。商业计划书中可以强调企业未来的战略规划、培训计划和职业发展路径等，以吸引他们的加入并提高工作积极性。

（2）福利与薪酬体系

这是吸引和留住人才的关键因素之一。商业计划书中应明确说明企业提供的福利和薪酬待遇，以及相关的政策和标准。

2. 核心成员则更加关注以下几个方面。

（1）项目发展的可能性

核心成员通常对项目的未来发展，抱有更高的期望和责任感。他们需要评估项目的市场前景、竞争地位和技术可行性等关键因素，以确保项目具有持续发展的潜力。

（2）战略规划

核心成员需要参与制定企业的战略规划和决策。商业计划书中可以展示企业的战略目标和实施计划，以及如何实现这些目标的具体措施。这将有助于核心成员了解他们在企业中的角色和责任，增强他们对项目的信心。

（3）股权结构

股权结构是关系到核心成员利益的关键因素之一。他们需要了解企业股权分配方案、股权激励计划以及相关的政策和规定。这将有助于核心成员评估自己在企业中的地位和未来可能的回报。

（五）供应商与合作伙伴

1. 市场前景与市场优势

供应商与合作伙伴需要了解企业所在市场的规模、增长趋势和潜在机会等关键信息。商业计划书中应强调企业在市场中的定位和发展战略，以证明企业具有合作价值和发展潜力。同时还需要分析市场竞争情况以及企业的竞争优势，以展示企业在市场中的独特性和不可替代性。这有助于说服供应商与合作伙伴相信企业的实力和市场前景，从而建立稳定的合作关系。同时，还可以通过提供市场分析和竞争对比，来展示企业的竞争优势和市场地位，通过强调企业的独特价值和创新点来吸引潜在的合作伙伴。

2. 合作条件与细则

商业计划书中应明确说明合作方式、合作期限、合作内容、双方的权利和义务等关键信息。此外，还需要说明合作的流程和机制，以及如何保障双方的利益和权益。

3. 货款周期与支付方式

商业计划书中应明确说明企业的付款条件、付款周期和支付方式等关键信息，以及如何处理纠纷和违约情况。

（六）创业导师与管理人员

1. 项目完整性

他们希望确保项目是完整可行的，具备明确的业务模式、市场前景和发展潜力。

2. 创始人和创始团队的家国情怀

他们通常会关注创始人和创始团队是否具有家国情怀，是否真正关心社会和国家的发展，以及是否具备实现项目目标的决心和毅力。

3. 盈利模式

他们希望了解项目的盈利模式是否清晰、可持续，并具备市场竞争力。

4. 创业团队的整体综合素质

他们关注创业团队的整体综合素质，包括成员的专业背景、经验、技能以及团队协作能力等。这可以帮助他们判断团队是否具备实现项目目标的能力和潜力。

在商业计划书中，可以针对这些关注点进行详细阐述，展示项目的优势和潜力，以及创业团队的能力和决心。同时，也可以强调项目对于社会和国家发展的贡献，以吸引创业导师与管理人员的关注和支持。

第三节　商业计划书模块重点

一、商业计划书的设计逻辑和设计因素

（一）设计逻辑

商业计划书的设计逻辑是其灵魂所在，它确保了商业计划书的条理清晰、逻辑严密，从而能够有效地传达项目的商业价值。无论使用何种格式或模板，商业计划书都应遵循一个基本的设计逻辑。这个逻辑可以概括为：在特定的市场背景与趋势下，通过提供特定的产品或服务，解决目标客户的问题或满足其需求，并通过特定的盈利模式获取收益，同时依靠核心竞争力支持项目的可持续发展。

具体来说，设计逻辑包括以下几个关键步骤。

1. 分析市场背景与趋势：了解目标市场的现状、发展趋势以及潜在机会，为项目提供有力的市场支持。

2．确定目标客户：明确项目的目标客户群体，包括他们的需求、痛点以及购买行为等。

3．提供产品或服务：针对目标客户的需求或痛点，提供具有创新性和差异化的产品或服务。

4．制定盈利模式：设计项目的盈利模式，包括定价策略、销售渠道以及收益预期等。

5．展示核心竞争力：强调项目所具有的核心竞争力，如技术优势、品牌优势、渠道优势等，以支持项目的可持续发展。

（二）设计因素

商业计划书的设计因素涉及客观和主观两个方面。这些设计因素对于制定一个全面、有说服力的商业计划书至关重要。

1．客观因素

（1）市场痛点分析。深入了解现有市场存在的问题是创新创业项目的出发点。例如，产品单一性可能限制了消费者的选择；用户体验不佳可能反映了产品或服务的质量问题；技术难题可能阻碍了行业的进步；供需失衡可能影响市场价格稳定性；性能价格不满足相关应用场景则可能揭示了市场细分的机会。

（2）市场解决方案。创新创业项目应提出具体解决方案来应对市场痛点。这可能包括技术攻关以突破现有技术限制，强化用户体验以提升品牌忠诚度，或改变供需结构以实现市场平衡。

（3）市场状况分析。对项目所在市场进行深入分析是至关重要的。这包括评估市场容量以确定潜在市场规模，分析成本收益比以预测项目盈利能力，考察市场增长率以判断市场发展潜力，评估市场预期性以了解未来市场趋势。

2．主观因素

（1）实施路径。清晰地描述创新创业项目的实施步骤对于获得投资者信任至关重要。这包括研发、生产、销售、采购和运营等关键环节的详细规划。

（2）技术匹配。说明项目所采用的技术路径、性能指标和技术来源，是展示项目技术可行性的关键。这有助于投资者判断项目在技术上的竞争优势和持续发展能力。

（3）人才匹配。强调创业团队的组织治理结构、股权分配和专业技术能力以展示团队实力和经验。一个优秀的团队能增加项目的成功概率和投资者的信心。

（4）商业模式。选择合适的商业模式是项目盈利的关键。根据项目特点和市场环境选择适合的商业模式，如加价模式、直供模式、总代理制模式等，以实现项目的盈利目标。

（5）竞争分析。全面分析项目的优劣势、内外部环境，并进行深入的辩证分析。这有助于制定有效的市场策略。它要求项目团队对市场有深入了解，并能够客观评估自身在竞争中的地位和潜力。

（6）项目风险及控制。识别并评估政策、市场、技术和人才等方面的风险，是项目管理的重要组成部分。制定相应的风险控制措施，以降低项目的不确定性和潜在损失，这对于投资者来说至关重要。

（7）财务规划。提供详细的财务预算、筹资情况和融资需求等信息是商业计划书中不可或缺的部分。这有助于投资者了解项目的财务状况和资金需求，从而做出投资决策。

（8）项目进展。展示创新创业项目的成果、收入、利税、就业和奖励等方面的信息，有助于投资者了解项目的当前状态和未来发展潜力。这要求项目团队在项目执行过程中，保持一定透明度并且及时更新相关信息，以增加投资者的信任度。

综上所述，商业计划书的设计因素涵盖了从市场分析到项目执行的各个方面。这要求项目团队在项目规划和执行过程中，充分考虑各种因素，以确保项目的成功实施且获得投资者的青睐。

二、商业计划书的模块组成

一般说来，一份完整的商业计划书一般由 13 个方面组成。

（一）封面

要充分体现审美性和艺术性，一个好的首页会使读者产生最初的好感，形成良好的首因效应。一般包括项目 Logo、项目名称、公司愿景、参赛类型、参赛组别、参赛人信息及指导老师等。

（二）目录

商业计划书全部内容完成后要生成目录，该部分可以让评委和读者快速了解商业计划书的结构和简要内容，起到提纲挈领、纲举目张的作用。

（三）计划摘要

这是整个商业计划书的“凤头”，是对整个创新创业项目的高度凝练和概括。从某种程度上说，它是创新创业项目能否吸引风险投资公司关注的关键，主要包括项目背景、市场痛点、市场容量、产品和服务、创业团队、项目优劣势、商业模式、融资需求与回报、风险分析等。

（四）项目介绍

项目介绍的组成内容及重要性如表 14-2 所示。

表 14-2　项目介绍的组成内容及重要性

组成内容	重要性
项目背景	★
客户和痛点	★★★★
项目简介、主营业务	★★★★★
核心竞争力、项目优势	★★★★
项目团队及股权结构介绍	★（可放后面）
运营现状	★（可放后面）
价值主张	★★★

该部分类似于面试中的 3 分钟自我介绍，是整个商业计划书的概括与精华提炼，需要从各方面简洁的介绍项目整体情况和各个关键指标，体现最核心的竞争力。此部分也可与计划摘要合并。

1．项目背景：能凸显项目背后的故事、情怀以及前期的周全准备，此部分不是必须的，若无则不写。

2．客户和痛点：一句话讲清楚我们为谁解决了什么问题，一般分为三个维度。宏观层面与政策导向、国家战略和地方政策结合起来；中观层面写明行业存在的具体问题，包括行业报告及相关数据调查；微观层面写清楚用户或企业存在怎样的困扰，用具体的数据和事实把使用场景描述出来。

3．项目简介：用最简短的语言让读者记住项目，需要有一个亮点，一般不超过 500 字，切忌大而全。

4．核心竞争力：与竞争对手相比公司的优势是什么？团队、资源、技术还是产品？找出项目最核心的优势，不需要面面俱到。

5．团队介绍：在此部分可以简单介绍，不必详述。如果是明星团队可以好好介绍。

6．运营现状：将现有成果概括总结出来，重点关注用户数量、营收数据、用户增长率等，如无可不写。

7．价值主张：团队的使命、愿景、价值观。

（五）产品服务

产品服务的组成内容及重要性如表 14-3 所示。

表 14-3　产品服务的组成内容及重要性

组成内容	重要性
产品介绍	★★★★★
客户需求与市场机会	★★★★
产品定位	★★★★★
产品特色	★★★★★
服务特色	★★★★★
研发与技术	★★★
设计与生产	★★

该部分是商业计划书的核心业务部分，是整个商业计划书中占据篇幅最大的部分。在该部分，一定要清楚地把核心业务到底是做有形的产品还是无形的服务，或者是做一个平台，要把产品说清楚。

1．*产品/服务介绍*

用半页到一页的篇幅总体介绍产品是什么，即用户可以得到的是怎样的实体产品或者服务体验。如果是产品需要附上原型或照片，如果是服务的话需要讲出服务的流程。

另外，需要写出产品的优势是什么，创新性如何，是否已有专利或正计划申请专利，市场上是否有可替代产品，若有，列举 2～3 个（包括能解决同类问题的产品或服务），并说出产品的优势与劣势。

2. 客户需求与市场机会

主要包括目标客户定位是什么，客户在什么场景下有什么痛点，客户目前是如何解决痛点的（市面上已有解决方案），这些解决方案的问题是什么，为什么我们可以更好地解决痛点。

3. 产品定位

主要包括产品（服务）最重要的一个价值是什么，它是怎么更好地解决痛点的，产品的创新性在哪里，同时，要聚焦目标客户定位和价格定位，对于不同的客户群体，需要制定一套组合价格策略。可以围绕年龄、性别、收入、受教育程度等几个方面去分析产品客户。价格策略的制定也十分重要，是获得客户提高市场竞争力的重要手段。

4. 产品特色

可以从产品的价格低廉性、使用便利性、节能环保性、安全舒适性、美观时尚性、功能多样性和科技含量等多个方面加以描述。

5. 服务特色

围绕创新服务模式和特色服务模式去描述，讲清楚服务内容是什么，与别人的服务有什么不同，服务特色和服务的创新性是什么；如何围绕产品定位、价格定位、服务定位开展服务，如何整合优质资源，如何建立渠道去开拓市场获取用户；以前传统的服务模式是怎么做的，现在借助互联网思维的模式又是怎么做的，是否采用了跨界融合的思想来提升服务能力，是否采用了分享和共享的理念等。

6. 研发与技术

可以按照项目产品的技术水平是处于国际领先、国际先进、国内领先、国内先进等四个不同的等级去陈述，如果该项技术填补了国际空白或国内空白，也一定要补充进去。

同时，与本项目相关的知识产权（包含专利、注册商标、著作权等），已获得（或正在申请中）的请列出具体名称与代码。

对于学校科技成果转化项目，需说明科技成果的完成与团队的关系；对于大学生创业项目，有些专利是属于学校和老师的科研成果专利，并不属于创业团队的，为了避免知识产权纠纷，一定要请学校和老师给创业公司或创业团队专利使用授权，签订专利使用授权协议。

7. 设计与生产

项目大多处于创业初期，创业资金十分有限，实施批量化的产品生产，资金难以保证，且前期投入大，生产成本高，项目建设周期长。所以，建议产品设计与生产可以更多地考虑采用 ODM（Original Design Manufacturer）或 OEM（Original Equipment Manufacturer）方式来实现生产制造过程。由于创业公司没有强大的资金实力，不建议公司自己去租厂房、买设备、建工厂，而应该更多地去考虑如何通过与现有的具备生产能力的公司合作，借助现有的厂房、生产加工设备和熟练的技术工人，完成产品的生产环节，尽可能借鸡下蛋，借力发展。

如果有多代产品，可以用相似的模式写出 2.0 代、3.0 代的相关内容。

（六）创业团队

创业团队的组成内容及重要性如表 14-4 所示。

表 14-4　创业团队的组成内容及重要性

组成内容	重要性
创业团队成员信息	★★★
团队成员的专业能力	★★
专业知识与个人能力互补情况	★★★★★
团队结构	★★★
股权结构	★★★★

投资人对于初创项目的评判很大程度上取决于团队成员是否靠谱，投资初创项目本质上是在投人。这部分需要展示出团队的优势与可信度，主要包括团队成员的基本信息、专业能力、突出通用能力、基本素质、团队成员之间的互补性、团队结构与分工的合理性等。

1. 创业团队成员信息

创业团队成员的姓名、性别、年龄、学校、专业、年级、技能、学历等基本情况要描述清楚。

2. 团队成员的专业能力

团队成员的专业能力包括技术研发能力、软件编程能力、产品设计能力、项目策划能力、信息查询能力、市场营销能力、广告宣传能力、项目执行能力、组织协调能力、财务管理能力、融资筹资能力等。

3. 专业知识与个人能力互补情况

尽可能地将每个团队成员的专业知识和专业技能呈现出来，从而可以更好地评估创业团队是否具备专业互补、能力互补、优势互补，能否达到梦幻组合的状态。

还包括抗挫折能力和创业激情与创业梦想，曾经获得的荣誉与奖励情况，参加社会实践与社团活动情况，创业团队的价值观、经营理念保持一致。

4. 团队结构

人力资源管理是企业生产活动中的重要环节。所以，要明确谁是项目负责人，每个成员各自分工情况。注意两点：一是团队结构要与项目的核心竞争力保持一致（重要的方面由重要的人来管）；二是个人能力与岗位的匹配度，保证团队在专业知识、个人能力、社会经验、脾气性格等方面保持互补性。

5. 股权结构

创业合伙人的选择十分重要，合伙人之间一定是在价值取向上达成一致，在专业能力上彼此互补，在资源配置上能合理优化实现 1 加 1 大于 2 的效果。一般来说，合伙人股东数量为 2～10 人，股东人数不宜太多，以免在召开股东会时众说纷纭，各持己见，意见不统一，最后延误公司决策，影响正常运营。

（七）创新分析

创新分析的组成内容及重要性如表 14-5 所示。

表 14-5　创新分析的组成内容及重要性

组成内容	重要性
核心技术支撑	★★★★★★
准入门槛	★★★★
自主知识产权	★★★★★★
技术研发的基础条件	★★★
技术的成熟度	★★★

该部分可以单独列出，如果内容较少也可以与产品服务部分合并，或者放在产品介绍或团队介绍的后面，不同位置取决于商业计划书的梳理逻辑和创业团队是否具有优势。

1. 核心技术支撑

一般情况，该部分要写通过什么技术解决了什么问题，这个技术的创新点是什么，通过这个关键技术可以解决什么问题。

如果没有核心技术突破，可以梳理出其他的核心竞争力，可以是团队、资源、技术、产品、服务等方面，要找出最核心的优势。

2. 准入门槛

准入门槛一般指政策、牌照、技术等的限制。即使现阶段没有，可以写明未来在技术突破方面的详细计划。例如未来项目打算与谁合作，如何一步步夯实项目的技术核心竞争力，构建后来竞争者无法进入的门槛。

3. 自主知识产权

该部分需要写明是否申请过专利或者软著，是否具备科技成果转化背景或拥有有价值的知识产权等。

4. 技术研发的基础条件

写明技术研发是否要满足一定的基础条件，包括硬件环境条件、技术团队、实验设施设备等情况。

5. 技术的成熟度

技术的成熟度指技术成果的发展水平、工艺流程、配套资源、技术生命周期等所处的产业化实用程度，技术的成熟度是制约项目转化和落地的一个重要因素。

（八）市场环境分析

市场环境分析的组成内容及重要性如表 14-6 所示。

表 14-6　市场环境分析的组成内容及重要性

组成内容	重要性
细分领域的选择与市场综述	★★★
市场容量	★★★★★★
所处细分领域痛点	★★★★★★

续表

组成内容	重要性
行业现状以及竞争格局	★★
消费者画像	★★★★★★
竞品分析与优劣势分析	★★★★★

市场环境分析包括政策环境、行业情况、市场容量、竞品情况、产品定位、渠道分析等等。这些内容可以参考相应的上市公司招股书中的行业研究部分，或者是行业研究报告，不能编造数据。该部分需要尽量详尽，尤其要图文并茂，并辅以大量有据可查的数据说明。一般在 5～10 页。

（九）竞争分析

竞争分析的组成内容及重要性如表 14-7 所示。

表 14-7 竞争分析的组成内容及重要性

组成内容	重要性
竞品分析	★★★★★
竞争策略分析	★★★
SWOT 分析、PEST 分析、波特五力分析	★★★

有关竞品分析的部分需要详尽说明，要通过真实的调研给出具体的数据，不能机械性地套公式，也不要写一些模糊词汇。同时，在选择竞争公司时，建议选择两个对标公司，一个高标公司，加上自己的项目，相当于四个项目或公司进行对比。两个对标公司一个营收 1.7 倍，另一个营收 5～10 倍，高标公司一般选择行业龙头或者上市公司。

常见的分析工具有 SWOT 分析、PEST 分析和波特五力模型。

SWOT 分析一般用于内部和外部优劣势对比。

PEST 分析更多用于行业研究，分为政治、经济、社会、技术四个方面。

波特五力模型多用于竞品分析，例如同行业现有竞争者的竞争能力、潜在竞争者进入的能力、替代品的替代能力、供应商的讨价还价能力与购买者的议价能力等。

（十）风险因素

风险因素的组成内容及重要性如表 14-8 所示。

表 14-8 风险因素的组成内容及重要性

组成内容	重要性
技术风险及应对	★★★★★
管理风险及应对	★★★
市场风险及应对	★★★★★
人员风险及应对	★★★
政策风险及应对	★★★
其他风险及应对	★★★

风险因素在 PPT 中没有呈现，但这一部分非常重要，评委提问时很可能问到。一般来说，创业中最重要的风险是资金风险和政策风险。在资金风险方面，需要有源源不

断的现金流才能保证企业的政策运行和发展。在政策风险方面，需要重点对比创业项目是否与国家产业发展政策相背离，是否属于夕阳产业或限制性发展行业。

（十一）营销策略

营销策略的组成内容及重要性如表 14-9 所示。

表 14-9 营销策略的组成内容及重要性

组成内容	重要性
商业模式	★★★★★★★
产品与服务策略	★★★
营销策略	★★★
营销渠道管理与分析	★★★

该部分有两种布局方法，一是把商业模式并入产品介绍部分，本部分只需写营销策略、营销方法即可；二是把商业模式和营销策略合并写为一部分。一般来说，对于 C 端项目，该部分至少要 4～6 页；对于 B 端或 G 端项目，该部分需要两页左右。

1. 商业模式

建议用“商业模式螃蟹图＋一段话”的形式描述项目是如何运作的，并用商业模式画布列举出 9 个板块的分析结果。

2. 产品和服务策略

在价格策略方面，确定公司的产品定位，明确产品的销售对象是谁，针对不同的销售对象，结合生产成本、市场需求和竞争对手来确定相应的产品价格定位。

在销售策略方面，结合 4P、4S、4C、4R 等现代营销理论进行分析。

此外，也可以借助互联网工具做好宣传推广。

3. 营销策略

选择 2～4 个合适的方法进行实操，从而找到最适合的方法。

（1）情感营销策略：从消费者的情感需要出发，唤醒和激起消费者的情感需求，产生心灵上的共鸣，将情感寄于营销之中，让有情的营销赢得无情的竞争。

（2）体验营销策略：通过看、听、用、参与等手段，充分调动和刺激消费者的感官、情感、思考、行动、关联等感性因素和理性因素，从而建立积极的情感联系。

（3）植入性营销策略：将产品或品牌及其代表性的视觉符号甚至服务内容策略性融入电影、电视剧或电视节目等内容之中，通过场景再现，让观众在不知不觉中留下对产品和品牌的印象，进而达到营销目的。

（4）口碑营销策略：指企业在调查市场需求的情况下，为消费者提供需要的产品和服务，同时制定一定的口碑推广计划，让消费者自动传播公司产品和服务的良好评价，从而让人们通过口碑了解产品、树立品牌形象、加强市场认知度，最终达到企业销售产品和提供服务的目的。

4. 营销渠道管理与分析

创业公司一定要想好产品如何销售，才能使现金流得到保障。例如有哪些人脉关系和销售渠道，有哪些平台可以快速建立分销渠道，怎样搭建自己的销售平台，采取怎样的创新销售模式，这些都应该考虑在内。

当然，并不是渠道越多越好，而是越精准越好。

（十二）三年发展规划

三年发展规划的组成内容及重要性如表 14-10 所示。

表 14-10　三年发展规划的组成内容及重要性

组成内容	重要性
项目三年规划	★★★★★
财务规划、融资规划与用途、项目资金筹措与使用	★★★★
营收愿景	★★★★

据相关数据统计，创业公司寿命大于三年的比例不足 5%。有媒体统计，创业公司的失败率高达 98%以上。一般来说，初创公司能否生存下去，三年是一个重要的时间节点。

在创业的前三年，公司要尽快磨合好创业团队，提升团队人员的素质与能力；不断完善创业项目，探索创新商业服务模式，提升公司市场核心竞争力；要不断提高市场占有率和市场覆盖率；加强人脉关系与销售渠道建设；加强企业诚信建设、品牌培育和形象宣传；不断整合、优化和配置资源，将资源形成竞争力和生产力。在公司发展方面，创业公司可以根据不同的科目内容，按照年度时间进度，设定预期完成目标。

未来三年的发展规划需要从产品团队、客户上游情况、财务情况等方面，分别列出三年规划，重点说明未来融资或者筹资时，资金怎样筹集和使用。

（十三）其他

这一部分可以作为附录，是对主体部分的补充。

有些内容不宜在主体部分做过多描述，或需要提供参考资料的内容，可放在附录部分，供投资人阅读时参考。一般来说主要包括附件、附表和附图。其中，附件包括营业执照复印件、主要经营团队名单及简历、董事会名单及简历、公司章程、专利证书、注册商标、鉴定报告、企业形象设计、场地租用证明、产品说明书、市场调查资料、专业术语说明、简报及报道、宣传资料等；附表包括主要产品目录、主要客户名单、主要供货商及经销商名单、主要设备清单、市场调查表、预估分析表、现金流量预测表、资产负债预测表、损益预测表等；附图包括产品市场成长预测图、企业组织结构图、工艺流程图、产品展示图、产品销量预测图、项目选址图等。

第四节　商业计划书注意事项

一、总体原则

（一）一致性

确保商业计划书、PPT 和 VCR 中的每一次修改，前后都要保持一致，相关内容都要同步修改。

（二）准确性

要做到有数据就要清楚数据来源，二次整理的数据也要提前验算出计算公式，避免主观臆断。在创新创业大赛路演后，文件上的所有细节部分，尤其是各种数据，都有可能被评委提问，因此商业计划书的细节不仅要准确，我们自己还要熟悉，否则容易被问倒。

二、创新创业大赛对商业计划书的典型评审要点

（一）创意组

总体来说，这部分强调的是计划的合理推导。

大部分大学生创业项目处于创意组阶段，因此很多大学生在写商业计划书的时候非常头疼，没有成果，没有技术，甚至没有成型的产品，如何写商业计划书？

其实，创意组的商业计划书主要考察计划的可行性，体现在机会识别与利用、竞争与合作、技术支撑的基础、产品或服务设计、商业模式设计的完整性可行性和盈利性、推导过程的逻辑性、资金使用的计划性、人员配置的合理性、现行法律法规限制等。

在调查研究方面，不要仅限于文献调研，一定要将一手调研资料和二手文献搜集相结合，强调田野调研和实际操作检验的重要性。

（二）初创组、成长组

这部分重点考察的是项目的持续盈利能力、市场占有率与未来五年的成长性。

此外，在经营绩效方面，还会重点考察存续的时间、营业收入、纳税情况、持续盈利能力、市场份额、市场营销策略带来的良性业务增长、总资产收益、净资产收益、销售收入增长、投入产出比。

市场调研方面，强调市场总容量大小及可扩展性，该项目未来 5 年的高速增长的计划与可能性，包括团队成长、营收增长和技术产品迭代等方面。

融资方面，强调融资需求及资金使用规划。

三、商业计划书撰写流程

（一）内容撰写三部曲

1. 前期准备

由于商业计划书涉及的内容较多，编制前必须进行充分准备、周密安排。要通过文案调查或实地调查的方式，了解创业公司所在行业和领域的发展趋势，收集同类企业的相关资料，确定计划的目的和宗旨，拟定商业计划书的总体框架。

2. 草拟计划

根据商业计划书的主要用途，全面撰写商业计划书的各部分内容，并进行细致的分析，初步形成较完整的创业计划方案。

3. 完善计划

在这一阶段，要进行更深层次的思考与探索，站在更高的层面审视创业计划。要检查商业计划书是否完善、务实、可操作，是否突出了创新创业项目的独特优势及竞争力，创新创业项目在技术、管理、生产、研究开发和营销等方面是否具有竞争性。

（二）定稿流程四步走

1．根据前期所讲的各个版块的 SOP 完成商业计划书的各部分内容；

2．调整格式，包括标题、正文、引用、图表等，保证商业计划书的规范性；

3．生成目录并调整目录格式；

4．最终检查，包括错别字、排版等，无误后定稿。

四、商业计划书格式排版

（一）标题排版

标题排版要求如表 14-11 所示。

表 14-11　标题排版要求

标题	
一级标题	宋体二号，加粗
二级标题	宋体小二号，加粗
三级标题	宋体小四号，加粗
四级标题	宋体小四号，加粗
五级标题	宋体小四号，不加粗

（二）图表引用

有图表必有图注和表注，必有图表标题。图注写在下方，表注写在上方。居中，宋体五号；中间需要两个空格，如：“图注 1-1XXXX”；

正文需要解释，如：有关常见组织结构图如“图 2-3-1”所示；

引用使用五号字，加括号，右对齐；连续的相同引用只写一次，无须重复写（已标注引用的话，无需“洗文”）；

纯表格式的不要截图，要做成文字；

图片尽量高清。

第五节　登台路演实务

一、创新创业大赛材料检验

在登台路演前，一定要检查一下创新创业大赛资料，检验一下项目的基本情况，通常可以采用以下 10 个检验原则。

（一）电梯检验法

电梯检验法又叫 30 秒法则，来自著名的咨询公司麦肯锡，即用一句话简单明了的说清楚自己的项目。

（二）最多三件事检验法

找到达成目标最重要、最核心的三件事，为了达成这三件事需要具备怎样的能力？整合哪些资源？没有的话该怎么获得？这就是基于三件事找资源、练能力的过程。

（三）假如你是顾客检验

换位思考去打磨项目，把自己放在潜在客户的角度发问，我会买这个产品和服务吗？我会在什么样的情况下购买这个产品，全价还是半价？……

之后，再回到创业者的角度去发问，现在的商业计划可以满足用户的需求吗？怎样可以让用户用更低的成本获得更好的服务？

（四）差异化和市场领导权检验

在这个检验方法里，需要详细了解自己产品的差异化到底是什么，在哪个细分领域可以掌握主动权和领导权。

（五）我是否会被包围检测

先做一个失败被围剿的假设，然后转过头来找到相应的原因和对策。在创业之前，必须预估那些常见现象带来的潜在风险，这是妨碍你成长的重要原因。

（六）成本翻番检验

假设第一年收益减半，但成本翻番，此时还能不能坚持下去？实际中可能比想象的还要悲观得多。你需要算这样一笔账，保证自己的项目在极端情况下也能活下去。

（七）犯错误试错空间检验

怎样用最小的代价测试来获得更大的收益？需要思考用怎样的方式可以少走一些弯路，怎样以更低的成本去尝试一些未来有可能踩的坑。

（八）依赖性检验

不能对某个供应商、某个客户或某个渠道有着巨大的依赖，如果相应的大客户、供应商断供是否存在重大影响。有一个基本原则，单一客户或单一供应商不能超过销售额或者产品生产的 35%，一旦超过，将会被上游或下游钳制。

（九）脆弱性检验

用来分析商业最坏情况的方法是在开始的时候问自己这样一些问题：假如公司开业运转后突然倒闭了，最有可能是遇到了什么情况？

（十）不止一条路检验法

需要想清楚自己的目标是什么，不要把目标和手段混淆了，手段是为了达成目标的，所以要在目标上下功夫。为了达成目标，可以有多个手段，不要在一条路上死磕，永远给自己留一个备选计划。

二、路演技巧

（一）选择汇报人

尽量选择创始人或项目负责人，因为汇报人必须对全局非常了解。在答辩的时候，尽量由汇报人来回答，场上的其他人仅在特殊情况时进行补漏。

（二）表情管理

表情管理有五个关键词如下。

1．乐观：当代青年大学生本该有的魅力，必须保持积极向上的态度；

2、阳光：从上场那刻起，要将青春阳光的表情传递到观众席上的每个人；

3、青春：青年大学生是这个时代的佼佼者，是最有未来最有潜力的人；

4、自信：不慌不忙，从容有度，用最好状态将项目展现出来；

5、亲和：路演的目的是让别人相信你的团队、你的项目，包括你自己，只有把话说到观众心底才能得到大家的信赖。

（三）微笑三板斧

一个好的微笑可以快速拉近你和评委之间的感情。而且，同样一句话，微笑和不微笑时讲出来，它传递的语气、亲和力以及能量都是有所差别的。

1．引：说“引”字时，嘴角会自然的微微上翘，属于基本的微笑，路演中大部分时刻都适用，帮助我们提高自信心，增加亲和力。

2．钱：说钱字时，基本会露出 8 颗牙齿，在紧张的时候，试着说一下这个字，可以快速缓解面部肌肉，调整面部表情和状态。

3．茶：说“茶”字时，嘴巴会明显张开，一般拍照的时候会用到，相当于“茄子”。在上场之前可以说一下“茶”，让自己的状态打开。

（四）眼神三字经

答辩的时候，与评委的眼神交流非常重要。三个字可以帮汇报人管理好眼神。

1．圈：上场之后先用眼神在整个场地四周圈一下，把握住有人的四个角落。因为当汇报人上场的时候，评委和观众一般都会下意识地抬头看一下，这个第一印象非常重要，这时可以用“圈视”的方式和大家进行短暂的第一次互动。

2．片：在上场后的 60 秒左右的时间里，用“片视”的方式去看评委和观众，每一小群人大概停留 3～5 秒，不要和某个具体的观众有直接的眼神接触，这样可以防止被你锁定的那个观众的行为或神情影响到你的情绪，打乱你的路演计划。通过片视的方式打一圈之后，也能和每个人大概地打个招呼。

3．直：路演约一分钟后，可以慢慢开始把眼神聚焦到某个人身上，尤其是一些评委身上，和评委进行一些眼神的交流，但切忌直盯着对方，防止因为突发紧张而引起的忘词或尴尬。在不影响路演的情况下和评委保持有效的眼神交流，可以在评委头顶一拳左右的距离上制造一个假象点位，通过注视这个假象点位和评委保持一定的交流。需要注意的是，盯着每个人的时间最好不少于 3 秒，但也不要多于 10 秒，短时间内快速地移动目光会体现出不自信，但长时间地盯着一个人看也不礼貌。

（五）手势

1．手势五字诀

（1）一阳指在手：手指刚劲有力，伸直向上指，一般用于数数或者提出首要、其次等关键要素，或者用于强调。例如一是、二是、三是。

（2）屠龙刀看走：一般用于展示和示意，五指并拢，手做刀状，清晰有力，且避免用手指而显得有礼貌。

（3）神鹰爪出击：指头向内扣押，显出自信的状态，动作刚劲有力，说出的话也更容易传递正能量和自信心。例如：这样就可以大大提升……

（4）七伤拳无敌：攥拳出击，在讲愿景凸显力量的时候和凸显决心的时候非常好用。例如：最后说到我们的愿景就是希望世上没有难做的生意，攥拳出击会显得非常有力度。

（5）小拳拳锤你：汇报人讲述时，可能会有一只手空闲下来，这时可以将指尖轻轻的触及到一起，形成一个空心的拳头，当讲述项目的时候，跟着自己的节奏来做轻微的伴奏，让整个路演过程变得更有观赏性一些。

2．手势自注意

手势的使用也要适可而止，避免弄巧成拙。

（1）频次别太高：大约每 20 秒左右 1～2 个手势，太频繁会显得手舞足蹈，喧宾夺主。

（2）额头到腰间：做手势的时候，上下的幅度范围大概是从额头的上方到腰间，左右的范围大约是双手张开向前伸展 120° 左右。动作过大会略显浮夸。

（3）肩膀带手臂：用大臂带动小臂做动作，这样做出来的动作才不会显得很局促，会显得更加大气，更有企业家风范。

（4）手势不向下：向下的手势是有消极暗示的，除非在特殊情况下要表达不行、不对、不可以的时候。如果要用手势表达否定含义，可以将双手在胸前交叉向下画一个十字叉，其他时候尽量不要向下去走。

（六）站姿

1．男生站姿：稳如泰山，开肩下沉，双脚半肩，无小动作。

从下往上来说：双脚脚跟靠拢，脚尖展开 45°～60°，身体重心在支撑的脚掌和脚弓上，两腿并拢直立，带着髋部微向上提，后背挺直，胸向前挺，双肩放松下沉，双臂自然下垂，脖子挺直尽量贴紧后衣领，头向上顶，下颌微收。

2．女生站姿：优雅又大方，不左右叉脚，不中放重心，不拘泥紧张。

女生站姿突出优雅、大方、淡定的状态，双脚不要交叉，更不要内八字，身体重心不要放在两腿中间，偏向其中一腿，最好站成一个小钉子步的情况。

3．鞠躬：以髋骨为轴，整个上身向前倾斜，角度一般 30°～45° 为好。女生在鞠躬的时候需要注意，要用一只手轻轻的挡在胸前，轻轻的按住领口的衣服，这样会显得礼貌得体。

参 考 文 献

[1] 林夕宝. 大学生创新创业教育教程[M]. 成都：电子科技大学出版社，2016（10）：P.5.

[2] 顾准. 大学生创新能力评价指标体系的构建与应用[J]. 盐城工学院学报（社会科学版），2015（1）

[3] 孔宇航. 大学生创新创业素质评价研究[D]. 大连：大连理工大学.

[4] 高来鑫. 大学生创新创业能力组合评价模型的研究[J]. 重庆工商大学学报，2018.

[5] 朱英. 大学生创新创业能力评价指标体系的构建[J]. 华北水利水电大学学报：社会科学版，2020，036（001）：P.42-46.

[6] 吕强. 创新创业基础教育[M]. 成都：电子科技大学出版社，2017（07）：P.46.

[7] 薛永基. 大学生创新创业教程[M]. 北京：北京理工大学出版社，2017（07）：P.16.

[8] 傅安洲. 大学生创新创业教育的理论与实践[M]. 北京：中国地质大学出版社，2015（12）：P.89-91.

[9] 克莱顿·克里斯坦森. 创新者的窘境[M]. 北京：中信出版集团股份有限公司，2021.

[10] 安德里·赛德涅夫. 商业创意工厂——产生成功商业创意的顶级方案[M]. 杭州：浙江出版集团数字传媒有限公司，2014.

[11] 郭丽君，刘强，卢向阳.中外大学生创业教育政策的比较分析[J]. 高教探索，2008（1）：135.

[12] 亚历山大·奥斯特瓦尔德，伊夫·皮尼厄. 商业模式新生代[M]. 北京：机械工业出版社，2019.

[13] 亚历山大·奥斯特瓦尔德，伊夫·皮尼厄，格雷格·贝尔纳达，艾伦·史密斯. 价值主张设计[M]. 北京：机械工业出版社，2018.

[14] 赵新军. 优势设计思想及其技术手段[J]. 科技进步与对策，2001（1）.

反侵权盗版声明